本书获暨南大学“华侨华人研究”优势学科创新平台、教育部人文社会科学重点研究基地重大项目“海外华裔新生代文化认同研究”（项目批准号：12JJD810010）资助

《世界华侨华人研究文库》编委会

教育部人文社会科学重点研究基地
Key Research Institute of Humanities and Social Sciences at Universities

暨南大学华侨华人研究院
Academy of Overseas Chinese Studies in Jinan University

·世界华侨华人研究文库·

日本华侨华人子女文化传承与文化认同研究

鞠玉华　著

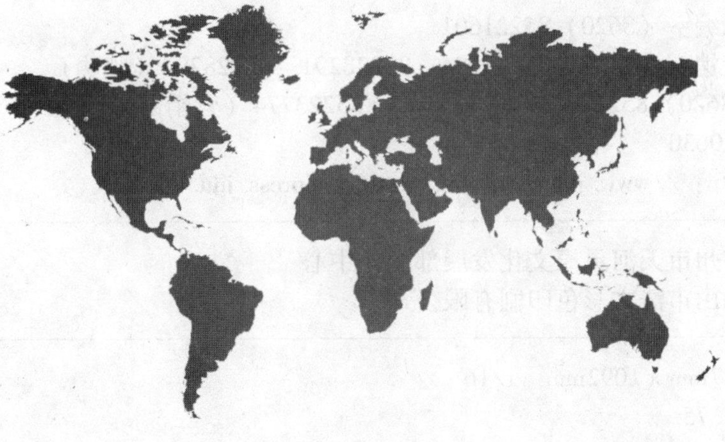

暨南大学出版社
JINAN UNIVERSITY PRESS

中国·广州

图书在版编目（CIP）数据

日本华侨华人子女文化传承与文化认同研究/鞠玉华著．—广州：暨南大学出版社，2015.1

（世界华侨华人研究文库）

ISBN 978-7-5668-1296-4

Ⅰ.①日…　Ⅱ.①鞠…　Ⅲ.①华侨—文化研究—日本　②华人—文化研究—日本　Ⅳ.①D634.331.3

中国版本图书馆 CIP 数据核字（2014）第 286846 号

出版发行：暨南大学出版社

出 版 人：徐义雄
责任编辑：黄圣英　华文杰
责任校对：何　力

地　址：中国广州暨南大学
电　话：总编室（8620）85221601
　　　　营销部（8620）85225284　85228291　85228292（邮购）
传　真：（8620）85221583（办公室）　85223774（营销部）
邮　编：510630
网　址：http://www.jnupress.com　http://press.jnu.edu.cn

排　版：广州市天河星辰文化发展部照排中心
印　刷：佛山市浩文彩色印刷有限公司

开　本：787mm×1092mm　1/16
印　张：15.75
字　数：309 千
版　次：2015 年 1 月第 1 版
印　次：2015 年 1 月第 1 次

定　价：42.00 元

总 序

在20世纪，华侨华人问题曾经四次引起学术界关注。第一次是20世纪初关于南非华工的问题；第二次是“一战”后欧洲华工问题；第三次是五六十年代东南亚国家出现的“排华”问题；第四次则是80年代中国经济崛起与海外华侨华人关系的问题。每次华侨华人研究成为研究热点时，都有大量高水平研究著作问世，不胜枚举。

进入21世纪以来，随着全球化进程的加速和中国国际化水平的提升，海外华侨华人与中国的发展日益密切，华侨华人研究掀起了新一轮高潮。华侨华人研究机构由过去只有暨南大学、厦门大学、北京大学、华侨大学等少数几家壮大至目前遍布全国的近百所科研院校，研究领域从往昔以华侨史研究为主，拓展至华人政治、华人经济、华商管理、华文教育、华人文学、华文传媒、华人安全、华人宗教、侨乡研究等涉侨各个方面，研究方法也逐渐呈现出多学科交叉的趋势，融入政治学、历史学、社会学、民族学、教育学、新闻与传播学、经济学、管理学、法学等学科方法与视角。与此同时，政府、社会也愈益关注华侨华人研究。国务院侨办近年来不断加大研究经费投入，并先后在上海、武汉、杭州、广州等地设立侨务理论研究基地，凝聚了一大批海内外专家学者，形成了华侨华人研究与政府决策咨询相结合的科学发展机制。而以社会力量与学者智慧相结合的华商研究机构也先后在复旦大学、清华大学等地成立，闯出了一条理论研究与社会实践相结合的华侨华人研究新路径。

作为一所百年侨校，暨南大学在中国华侨华人研究中具有特殊的地位。暨南大学创立于1906年，是中国第一所华侨高等学府。华侨华人研究是学校重要的学术传统和特色。早在1927年，暨南大学便成立了南洋文化事业部，网罗人才，开展东南亚及华侨华人的研究，出版《南洋研究》等刊物。1981年，经教育部批准，暨南大学在全国率先成立华侨华人研究的专门学术机构——华侨研究所，由著名学者朱杰勤教授担任所长。1984年在国内招收首批华侨史方向博士研究生。1996年后华侨华人研究被纳入国家“211工程”1—3期重点学科建设行列，2000年获批教育部人文社会科学重点研究基地（华侨华人研究）。暨南大学于2006年成立了华侨华人研究院，并聘请全国政协常委、国务院侨务办公室原副主任刘泽彭出任院长和基地主任。2011年，学校再次整合提升华侨华人研究力量，将华侨华人研究院与国际关系学系（东南亚研究所）合并成立国际关系学院/华侨华人研究院，继续聘请刘泽彭同志出任华侨华人研究院院长和基地主任，由华侨华人与国际问题研究知名专家曹云华教授出任国际关系学院院长兼华侨华人研究院执行院长。同时，学校还加大科研经费投入，努力打造“华侨华人研究优势学科创新平台”。研究院在加强自身科研能力的基础上，采取以研究项目、开放性课题为中心，学者带项目、课题进院的工作体制，致力于多学科和国际视野下的前沿研究，立足于为国家的改革开放和现代化建设服务，为社会服务，为政府决策咨询服务，努力将之建设成为世界一流的学术研究机构和人才培养基地。

值华侨华人研究在中华大地百花齐放、百家争鸣之际，为进一步彰显暨南大学科研特色，整合校内外相关研究力量，发掘华侨华人研究新资源，推动华侨华人研究学科的发展，学校推出“世界华侨华人研究文库”。本套丛书的著作多为本校优势学科的前沿研究成果，作者中既有资深教授、学科带头人，也有学界新秀。他们的研究成果从多学科视野探索了国内外华侨华人研究的一些新问题、新趋势，具有较高的学术价值和现实意义。

本套丛书的出版得到学校领导的大力关心与支持。学校从“211工程”经费中拨专款予以资助。国际关系学院/华侨华人研究院领导与部分教师也付出了艰辛的劳动，他们在策划、选题、组稿、编辑、校对等环节投入大量精力。同时，暨南大学出版社对丛书出版也给予高度重视，组织了最优秀的编辑团队全程跟进，并推荐丛书申报国家级优秀图书。在此，我们对所有为本丛书出版付出宝贵心血与汗水的同仁致以最衷心的感谢！

最后，我们期盼本丛书的出版能在华侨华人研究领域激起一点小浪花，引来国内外同行更加深入、广泛的研究，为学界贡献更多高水平的成果！

《世界华侨华人研究文库》编委会

2014年10月

目 录

绪 论

在全球化浪潮的推动下，不同民族、不同宗教、不同文化背景的人“脱离国家、超越国境”，进行着地域迁移。世界各国社会越来越开放，促进了移民在不同文化之间的互动迅速增加，文化交流更加深化。特别是现代交通工具便捷程度的提高、各种丰富多彩的传媒面世、互联网的发明和应用，使“人、物、信息”得到迅速的移动和传播，致使各地域的社会、民族、国家所“特有”的文化发生着重大改变。在这一过程中，各国的移民，经历着文化的碰撞、调适、认同、融合的各个时期。因此，厂家“异文化理解”、“文化传承”、“文化认同”、“多文化共生”具有了更加重大的意义

2012 年 12 月 17 日，我国第一部年度国际人才蓝皮书《中国国际移民报告 2012 No. 1》中公布的数字显示，2005 至 2010 年国际移民总数从 1. 95 亿人增长到 2. 14 亿人，占世界人口的比例达 3. 1%。根据 IOM（国际移民组织）预测，到 2050 年，世界范围内的国际移民总数将达 4. 05 亿。[①] 当今世界国际人口迁移较之历史上任何时期都呈现出更加多样化的状态，其移民的目的、原因、规模、文化认同等因素在新形势下也不断发生着诸多新的变化。

随着跨国移民人口的增多，国际家庭、移民家庭中有关子女教育的问题日益突出。移民子女不断受到来自家庭、居住国社会、学校、媒体等对他们的身份认同、民族认同、国家认同等各种因素相互交织的影响和困扰。这些影响和困扰，使移民子女在文化体验、成长的过程中，经历着文化认同和认同变迁的忧虑与苦恼。如何帮助这些移民子女冲破文化、身份认同的困境，减少其在生活、学习等方面的不适应情况，使之适应新的社会环境，这一问题越来越得到各国政府的重视，学术界对此进行认真思考和研究也显得尤为重要。

中国人移居海外历史悠久，形成遍布世界各地的移民群体——华侨华人。尤其是 20 世纪 80 年代以来，伴随着中国的改革开放，走出国门、移居海外的华侨华人数量急剧增长。目前，旅居世界各地的华侨华人已经达到 6 000 多万[②]，加

① 王辉耀、刘国福主编：《中国国际移民报告 2012 No. 1》，北京：社会科学文献出版社 2012 年版。

② 《约 5 000 万：全球华侨华人总数首次得出较明确统计数字》，新华网，http：//news. xinhuanet. com/fortune/2011 – 11/30/c_111206719. htm。

之混血后裔，数量则更加庞大。

日本是继朝鲜之后，中国人移居海外最早的国家。历史上，大批中国人带着先进的文化、生产工具和生产技术移居日本，对古代日本社会的进步作出了巨大的贡献。但近代以来，由于中日两国关系、移民政策、经济状况等各种条件的限制，移民人数一直很少。据日本法务省入国管理局1974年的调查，大陆各省籍的华侨华人总数为21 864人，台湾省籍的为24 080人，两者相加得出老华侨华人的总数是45 944人。①

20世纪80年代以来，伴随着中国的改革开放，走出国门的人越来越多，日本也随着国际化、全球化的发展，逐渐对中国开放。特别是1978年《中日友好条约》签订以后，两国人员交往日益频繁，各个领域的合作越来越密切。因此，在日华侨华人的数量发生了空前巨变。从2007年起，在日中国人首次超过在日韩国人和朝鲜人数量，跃居在日外国人榜首，并连续6年成为在日外国人中人数最多的"第一大族群"。

据日本法务省入国管理局2012年6月13日发布的2011年"平成23年（2011年）末外国人登录者统计"数据显示，在日中国人登录者达674 879人，占在日外国人总数的32.5%；② 截至2011年底，取得日本国籍的中国人总数已达123 602人，③ 战后残留中国孤儿归国者及眷属12 608人（共5 882个家庭，12 608人中6 000人左右是日本人）④。综合各类数据，目前在日本的华侨、华人、留学生、就学生、研修生、日本人配偶、非法滞留者（其中11 700人⑤持有工作签证）等在日中国人可统计人口已达822 789人。

在日的大多数华侨华人基于浓郁的家国情结与传统观念，努力保持并希望子女延续中华传统文化，并努力延缓被同化的进程，也更希望子孙后代在融入当地主流社会的同时，能够保留中华文化和民族的优良传统。他们都有一个共识，即"加强民族意识，促进母语教育和弘扬中华文化"。

一、日本华侨华人子女的基本状况

据日本法务省入管协会2011年统计，0～19岁（日本法律规定，成年人的

① 陈鹏仁：《日本华侨概论》，台北：水牛图书出版事业有限公司1989年版，第21页。

② 日本法务省在留外国人登录统计，http：//www. e－stat. go. jp/SG1/estat/List. do？ lid＝000001089591。

③ 周宏：《每三个在日外国人中就有一中国人》，（日本）《中文导报》，2011年6月8日。这篇文章中的人数是截至2010年年末入籍华人120 343人，笔者再加入2011年3 259人，因此华人共123 602人。

④ ［日］财团法人入国管理協会：《在留外国人統計》（001年版）第17页。

⑤ 孙辉：《日本被强制遣送外国人减少 违法滞留者逐年下降》，（日本）《中文导报》，2013年4月2日。

年龄为20岁）的持中国护照的在日华侨子女为71 872人；另据日本厚生劳动省人口动态调查结果显示，中日国际婚姻家庭所生儿童数增长较快，2010年已达82 277人。[①] 仅此两项加起来就有154 149人，加之已经加入日本国籍的华人子女，目前在日华侨华人子女的总数约16万多人。

在日华侨华人的子女大部分是在日本出生，在日本社会接受教育；也有部分子女是在中国出生，因父母移居日本，他们也离开原来的生长环境，跟随父母来日进入日本学校学习，在新的环境中成长。这些成长于华侨华人家庭的子女，时刻感受到身处两种文化之中，经历了冲突、调适、融合的过程。他们在与不同传统、不同文化、不同语言以及不同族裔群体的互动中生存，面临着许多新挑战和新问题。由于父子两代人同化的取向和速度不同，华人的父母经历了子女教育过程中文化碰撞的烦恼和忧虑。

新华侨华人子女是第二代移民，日本的社会文化和父母文化背景不同，家庭文化和学校文化不同，处在两种文化的夹缝之中，子女们有时分不清自己是哪国人，体验、经历了文化认同的困惑和彷徨。由于与父母生长在不同的时代、成长于不同的文化环境，孩子与父母之间不能顺畅地交流、沟通，因而产生认识上的"文化摩擦"。因此，华人家庭中不仅存在任何家庭中都常见的父子两代的代际冲突，也时常发生移民家庭中特有的文化冲突。

日本华侨华人子女在成长过程中，因文化认同、自我认同等问题产生很多的困扰，他们在日常生活、人际交往中的"文化摩擦"、"文化冲突"，最初具体表现为以下三个层面：

第一，在日本社会中，因为是中国人（即使是加入了日本国籍的华人，也很难会被认为是日本人）而被另眼看待，有些孩子还有过被歧视和欺辱的痛苦体验与经历。

第二，来自父母方面的"你是中国人必须要这样做"的压力。例如，要学好汉语、继承中华文化等。

第三，对形成自身的"中国人"、"外国人"、"华侨"、"华人"这种立体形象的历史及社会不了解，他们对外部给予自身的这些称呼的意义也不能够深刻地理解。

他们生存在"中国人"、"在日中国人"、"日本人"、"华侨"、"华人"身份的交错中，生活在中国文化和日本文化之间，生活在代沟的烦恼之中，生活在对自己身份、文化认同的苦恼之中。他们在"自我"的形成过程中，在与日本人

---

① 张石：《人才辈出：中日国际婚姻21年为日本贡献7万儿童》，（日本）《中文导报》，2009年11月29日。

及其他族裔人群的日常生活交往中，有时感到一种自己“既是中国人，也是日本人”以及“既不是中国人，也不是日本人”的“异种混合”现象。然而，在他们自我成长的过程中，这种现象中的“中国人”、“日本人”的区分不是固定的，而是根据个人的意志而选择，并且会伴随着年龄的增长而发生变化，更会使他们之中的很多人成为具有“多元文化身份的公民”。

日本华人子女中华文化意识形成的背景，除日本社会、学校（关于中国的宣传内容）等日常生活的大背景以外，还有一些华侨界的主要场所，包括：①正规的全日制华侨学校；②周末中文补习学校；③华侨社会的各种活动；④华人家庭的传统文化教育。

二、研究框架与内容

本书研究在日本的华侨华人子女学习与传承中华语言和文化的状况；考察不断受到来自家庭、日本社会、学校、媒体等各种相互交织因素的影响对他们文化认同、身份认同的困扰；研究华侨华人子女在成长的过程中、在日常生活和周围人的相互作用中，作为外来者、不同文化持有者被差异化后，他们为了消除差异所作出的不懈努力；研究被来自外部的概念规定为“中国人”、“日本人”、“在日中国人”、“华侨”、“华人”后，华侨华人子女自己本身又将怎样定位和置换；从不同国家、不同文化接触状况下“文化传承”与“文化摩擦”的角度来考察华侨华人子女的成长过程；研究中日文化接触中的“文化摩擦”对华侨华人子女人生成长的影响、所带来的利弊及家庭教育所应发挥的作用。

研究对象是：①招收华侨华人子女的全日制正规华侨学校；②华侨华人创办的周末中文补习学校；③华侨华人社会；④华侨华人家庭。

本书内容分为七章：

第一章，对日本华侨华人社会的形成和发展进行简要的历史回顾。在此基础上，对 1978 年以前赴日的老华侨华人及其子孙在逐渐适应异国环境，融入日本社会以及文化认同和被同化的过程中，如何坚守、传承中华语言和文化进行了研究与分析。

第二章，对改革开放后走出国门的新华侨华人在日本社会的生存状况进行分析，揭示他们眷国思乡的情怀，以及为中国所作出的贡献。分析新华侨华人重视子女教育，加强和促进中文学习与弘扬中华文化的状况。

第三章，研究老华侨华人创办和经营的全日制华侨学校，在一百多年的办学过程中如何坚持“以侨助教，以教兴侨”的办学原则，坚守传承中华文化的坚定信念和刻苦自勉的教育实践，以及所取得的历史功绩；分析全日制华侨学校的办学和教育特色，探讨学校发展的动力及面临的问题，研究全球化时代日本华侨学校继承和发扬中华文化的前景。

第四章，对新华侨华人创办的周末中文学校的教学特色、办学与发展状况进行分析研究，并以日本最大的东京同源中文学校为个案，分析周末中文学校中华侨华人子女的中华语言和文化的传承状况，并提出改进的建议。

第五章，对新华侨华人子女的中文学习状况进行了分析，论述了华人家长在子女的中文学习上所作出的努力及其发挥的重要作用。

第六章，论述华侨华人家庭教育中所取得的成绩和应改进的措施，通过对华人母亲和日本母亲教子观念、方法的比较，分析其中的共性与差异，论述了华侨华人家庭对中华语言传承与文化认同所发挥的重要作用。

第七章，研究信守中华价值观的新华侨华人家长在文化传承与子女教育等方面所遇到的问题，探讨如何解决不同文化给子女带来的正面和负面的影响，提出确保孩子能健康愉快成长的建议；论述华人子女在不同文化、不同族群习俗的碰撞、冲突、互动融合之中，渐渐地走出文化认同、身份认同的迷惘，同时汲取优秀文化，显现“视角越界”后，产生出崭新文化的生存状况。

第一章　日本华侨华人社会的发展与文化认同

中日两国间的交流源远流长，华人[①]移居日本具有悠久的历史，日本古代史籍如《日本书纪》、《古事记》中屡有“秦人”、“汉人”和“新汉人”等记载。之后，这些称谓经历了“唐人”、“清国人”、“中国人”、“华商”、“华侨”、“华人”的变化。这些不同时代对中国人的不同称谓，反映了华人移居日本经历的漫长历史时期。

《史记·秦始皇本纪》载：“遣徐福发童男童女数千人入海求仙人。”《史记·淮南衡山列传》又载：“徐福得平原广泽。止。王。不来。”徐福东渡的传说是中国人最早移民日本的记录。[②] 隋唐时期，中国经济繁荣、文化发达，是当时亚洲最强大的国家。日本为了更好地吸收中华文明，不断派遣隋使、遣唐使来中国学习，隋朝和唐朝也会派出使团前往日本。此外，还有大量的僧侣、商人和艺人前往日本。历史上，大量的中国人带着先进的文化、生产工具和生产技术移居日本，对古代日本社会的进步和发展作出了巨大的贡献。此后的宋元之交、明清之际，中国社会发生动荡，促使很多百姓纷纷避乱而移居日本。

近代以来，中国被各国列强侵略瓜分，沦为半殖民地半封建国家。与此同时，国内人口增长迅速，人均土地分配少，政治混乱，社会动荡，导致人民生活贫苦不堪。在这种内忧外患、民不聊生的时代，沿海地区的很多贫苦无业的劳动者和商人为求生计，不得不背井离乡、漂洋过海，外出迁移到近邻的日本，以求生存。

---

① 这里的华人是对中国人的泛称，“华人”，从广义上讲是指继承了中国文化的中国大陆裔和台湾裔的人。在后文中，对华侨、华人、在日中国人、留学生等有详细的分类统计。

② 关于徐福东渡的动因，史学界的研究较多，见罗晃潮：《徐福东渡的传说与日本最早的中国移民》，《华侨华人研究》（第二辑），广州：暨南大学出版社 1991 年版；贺国波：《秦始皇求仙使臣、日本神武天皇徐福之谜》，《中州古今》2004 年第 9 期；宣兆琦、邱文山：《徐福东渡动因析》，《山东理工大学学报》（社会科学版）1995 年第 1 期。

第一节　日本华侨华人社会的发展状况及其特点

日本位于太平洋西岸，是一个由北海道、本州、四国、九州 4 个大岛和其他近 4 000 个小岛屿组成的“千岛之国”，领土的陆地面积约 37.79 万平方公里，人口 1 亿 2 754 万人（截至 2012 年 11 月 1 日）①。主要民族为大和族，北海道地区约有 2.5 万阿伊努族人。日本是个四面环海的岛国，在其近代国家体制确立前，对外实行“锁国政策”②，禁止外国人进入日本。至德川幕府时代，也只允许在长崎同中国、荷兰通商。

1571 年，中国处于明朝中后期，明朝政府不允许国民出国，他们只能乘船秘密航渡。由于当时日本严格限制外国人进入，中日贸易也只限于长崎一地，长崎也就自然地成为日本华侨的发祥地。中村新太郎在《日本和朝鲜的两千年》一书中说：“就是在这种锁国时期，中国人与荷兰人也得到了例外，可以自由地进行贸易和人员往来。因为当时中国工业先进，生活水平高于日本，所以进行的贸易主要是从中国输入砂糖、药品、生丝、皮革和其他原料。而日本向中国输出的只有金、银、铜，以取得平衡。在这种情况下，中国产品备受欢迎，对日本经济产生很大影响。”③ 因此，当时日本华侨的经济地位较高。

1853 年发生“黑船事件”④ 之后，日本与美国于 1854 年在神奈川签订了《日美亲善条约》（又名《神奈川条约》），日本同意向美国开放除长崎外的下田、箱馆（函馆）两个港口。1858 年日本政府实行“安政开国”政策，相继在横滨、神户、新潟、函馆、长崎建立通商口岸，使这些港口成为同外国交往的重要门户，致使贸易盛行，来日的外国人逐渐增多。大批中国人也相继来到各开放港口城市从事商贸等活动，并在人数较多的聚居地逐步形成了稳定的华侨社会。

明末清初（日本的江户时代）赴日华侨与后期美国、加拿大、东南亚及其他地区以苦力出身的华侨完全不同，他们多数是具有经济实力并从事商业贸易活

① 日本总务省统计局，http：//www. stat. go. jp/data/headline/pdf/201212. pdf#page =8，2012 年 11 月 20 日。

② 日本的“锁国”时期，一般是指从 1639 年（宽永 16 年）的禁止葡萄牙船入港，到 1854 年（嘉永 7 年）《日美亲善条约》签订的这一期间。

③ ［日］中村新太郎：《日本と朝鲜の二千年》（上、下），東京：東邦出版社 1976—1977 年版。

④ 1853 年，美国海军准将马休·卡尔布莱斯·佩里（Matthew Calbraith Perry）率领舰队进入江户（今东京）门户浦贺，把美国总统写给日本天皇的信交给了德川幕府，要求同日本建立外交关系和进行贸易。史称“黑船事件”。

动的商人，或者是具有专门技能的熟练手工技艺者，经营着诸如裁缝、理发、工艺、酿造、餐饮等行业。除此之外还有僧侣、船主、儒者、医者等文化人，整体素质较高。

日本学者山田信夫说："日本'安政开国'以来的120余年间日本华侨的最大特点是：华侨的大多数是由上层的贸易商、银行、商社买办和中下层的商贩、杂货业主等广义上的商人集团构成，即属于商人型移民类型。这与美国、东南亚大部分地区的情况大不相同。"①

日本学者内田直作说："日本华侨社会中，不存在因单纯劳动者的入境而产生的恶性低薪竞争、苦力船待遇、卫生条件恶化、苛刻的苦力工头制度等复杂的社会问题。由于日本华侨社会的主体是贸易商、杂业者等'中产阶层'，故其发展比较平稳、健全。"②

正像以上两位学者所说的那样，日本华侨社会与其他国家的，特别是与东南亚华侨社会相比，无论在经济、文化、社会生活等各方面都有很多不同。

一、经济发展起伏大，总体实力较东南亚华人薄弱

日本开港后，对外贸易盛行，来日的外国人包括中国人激增，一时间华商船只来往穿梭，络绎不绝。日本政府出于国内政治、经济的需要，也开始积极发展海外贸易，开辟商埠以吸引外商。在开放的函馆、横滨、长崎、神户等通商口岸，华侨除了经营商贸业之外，也有很多人是跟随着欧美商人一同来日，受聘于欧美商社任司账、买办、翻译等职，还有人从事土木建筑业、印刷业、餐饮服务业等各种经济活动。

日本明治维新（1868年）以后，随着神户、大阪、横滨等港口城市的开拓和发展，很多新来的和长崎的华侨来到这些港口，长崎港的窗口作用日趋下降，逐渐让位于大阪、神户、横滨。1871年7月29日，《中日修好条规》签订，两国正式建交。根据《中日修好条规》的规定，清政府可以在日本各港口设贸易区，开展自由贸易。因此，日本华侨社会的情况发生了变化，华侨的人数明显增加，职业上也有所改变，以经商为目的的华侨开始大量移居日本，华侨的贸易商社在日本各地日渐增多，并掌握了日本对北美和南美的贸易以及日本对中国的贸易的实权。因当时中国工业生活水平高于落后的日本，中国产品很受欢迎。通过华侨进行的中日贸易，给日本人的经济生活带来很大影响。在神阪地区，仅1873

① ［日］山田信夫：《日本華僑と文化摩擦》，東京：严南堂1983年版，第45页。
② ［日］内田直作：《日本華僑社会の研究》，東京：同文館1949年版，第311～312页。

年，华侨便占据日本对外贸易额844.186 9万日元中的1/3。[①] 直到1896年，日本对外输出额的74.2%、输入额的70%仍为外商把持。而当时所谓外商，几乎全是居日华侨。[②]

随着人数的增多，华侨为了更好地生存和发展，维护自身的合法权益，按同乡和行业设立了很多的同乡会、宗亲会、中华会馆等社会互助性的各种社团组织，并在华侨居住比较集中的长崎、神户、横滨形成了中华街，近代华侨社会逐渐形成。在此期间，由各种社团组织、华侨同事之间协力，集资建造了具有精神依托作用的关帝庙，以及在异国他乡临时埋葬故去同胞（以后准备回归故乡）的中华墓地等。

在此期间来日的华侨华人经济上虽有一定的发展，但日本政府对外国侨民采取严格限制的政策，近代以后，更针对中国侨民颁布了一系列的禁制规定，对华侨职业和经济严加打击与限制。仅自1899年颁布第352号敕令到"九·一八"事变爆发的30年间，公开实施的限定就有十多种。例如，限制外国人参加制造业，因此日本华侨极少从事各类产品的生产经营事业，只能在贸易业（小商业）和"三把刀"（即饮食、理发、裁缝）等极其有限的服务性行业中求生存。此外还有印刷、漆工、藤艺工业等，都是小规模的工商业。因此，洗衣业、饮食业、杂货业是近代早期日本华侨赖以生存的支柱行业。

由于华侨技术超群，很受日本人的欢迎，华侨经营的中华餐饮店、西服裁缝店、理发店等不断增多，华侨的"三把刀"越来越发展壮大。然而，"二战"期间华侨受到日本政府的监视压迫，生命财产无法得到保障，华侨华人多被排斥在主流社会、主体经济结构之外。轻工业和重工业，或较重要的经济部门，华侨根本无法参与。因此，"二战"前日本的华侨经济不可能有很大的发展，更难占重要的地位，大多数的华侨都从事着传统的行业，与东南亚华商无法比拟。

"二战"结束后的十多年中，日本华侨的社会环境与战前相比发生了很大的变化。他们上升为战胜国国民的地位，获得驻日盟军的保护，在工商业方面获得了与世界各国自由贸易的一些特权和利益，华侨经济也开始复苏，人口不断增加，生活充裕，出现繁荣景象。但是，随着日本经济的快速发展，在高科技迅速崛起的大形势下，华侨的传统经济受到严重挑战。为了适应社会发展和富裕起来的日本国民日益增长的消费需要和对娱乐美食的追求，华侨们调整了行业领域，在饮食业、旅馆业、娱乐业、房地产业、金融业、贸易业等领域都有新的发展，

---

① ［日］鸿山俊雄：《神户大阪の華僑——在日華僑百年史》，東京：華僑問題研究所1979年版，第17页。

② 卢冠群：《日本华侨经济》，台北：海外出版社1956年版，第35页。

经济比重和职业结构发生了很大变化。20世纪50年代及60年代初期，日本全国有大小华侨贸易商社300多家，在整个华侨事业中发挥着极其重要的作用。① 可是随着日本经济的不断恢复和好转，特别是日本恢复主权国家身份后，可以直接和世界各国通商，华侨在经济上的优势渐渐衰落。现在日本华侨华人的经济实力、生活水准基本处于平民阶层。

自20世纪60年代开始，日本的经济繁荣，对外贸易被日本政府扶持的商社所垄断。商社拥有专业知识人才，经济基础雄厚。相反，华侨华人的事业不但得不到当地政府支持，反而受其政策影响徘徊不前。受日本政策限制和高税率影响，以及自身文化水平的局限，老华侨的事业发展速度、企业扩张规模受到制约，没有出现华侨超级富豪，特别是华侨贸易商多为小型企业主，无法与经济实力雄厚的日商竞争。

然而，这时的东南亚华人企业迅猛发展，经济实力大增，已经形成强大的商业资本，在零售业占优势地位，在现代金融业、工矿和交通领域也占有一席之地，成为当地经济支柱之一和亚太经济的重要组成部分。与东南亚的华人经济相比，日本的华侨华人群体从事贸易的比较少，整体经济力量相对薄弱，再加上日本民族固守拒外的特性，他们经济处境的艰难困苦可想而知。总体而言，日本华侨经济力量在日本并不显著，其生活水准在当地居民中并无突出之处，人均收入与日本国民相当，也没有像东南亚那样规模巨大的家族企业集团。

二、在日华侨华人受政治因素影响大

纵观日本华侨华人的历史，受中日两国政治因素的影响以及卷入政治纷争的情况比其他国家都要明显，几乎为世界各地华侨社会所罕见，因此，华侨华人的数量更是随着中日政治关系的善恶而增减。

如前所述，近代以来，日本被迫打开国门，长崎、神户和横滨这些港口城市成为同外国交往的重要门户。欧美商人从海上来日，华人亦相继来日经商。1871年，《中日修好条规》签订后，来日谋生、定居的人逐渐增多。

---

① 池步洲：《日本华侨经济史话》，上海：上海社会科学院出版社1993年版，第62页。

表 1－1　19 世纪 60 年代至 1920 年日本六大港口华侨人数的变化

（单位：人）

港口	时间			
	19 世纪 60 年代	1880 年	1893 年	1920 年
横滨	40～50	2 172	3 325	5 928
长崎	95（1865 年）	549	约 700	1 664
神户	240（1865 年）	516	933（1892 年）	5 193
大阪	21（1865 年）	116	330	1 826
东京	—	20	—	4 057
函馆	—	33	—	142（1912 年）

资料来源：罗晃潮：《日本华侨史》，广州：广东高等教育出版社 1994 年版，第 191 页。

从表 1－1 中可以看出，根据《中日修好条规》，日本华侨获得了在各开放城市通商和居住的合法地位，中国人亦相继来日经商，人数激增，尤其横滨地区最为显著。1859 年横滨开港时的中国人只有 40～50 人。到 1880 年，已达 2 172 人，约占当时旅日华侨总数 3 739 人的 60%①，至 1893 年已达 3 325 人。日本政府把外国人划定在几个开港区居住和生活，因此，日本老一代华侨居住比较集中，主要在以上所述的港口大城市，并有稳定的华侨社会。横滨华侨主要居住在日本政府划定的“居留地”，即今横滨山下町一带。随着在横滨山下町居留的中国人日渐增多和其自身经济的发展，华侨呈现出长期化、定居化的倾向，特别是经过华侨们辛勤的营建，逐渐形成了保持着较多民族风俗习惯和民族文化的集居地——横滨中华街。中华街的建立标志着横滨华侨社会的形成，而华侨社会的形成标志着华侨生活的稳定和经济上的平稳立足。

但是，甲午战争爆发后，横滨有三分之一的华侨回国，中华街也随之萧条。战争结束后，华侨纷纷返回，同时又有新的中国人来到横滨，中华街逐渐恢复了生机。1898 年，华侨创办了中华学校，成为继承发扬中华传统文化、教育华侨子女、培育侨界接班人的重要阵地。

1920 年，横滨华侨人数增加到 5 928 人，他们成立了商会，建立了省份不同的同乡会等组织。中华街上店铺林立，主要从事中华料理、理发等服务行业。

1923 年关东大地震，使横滨中华街遭到了毁灭性的打击，大批房屋倒塌、烧毁，人口流失，华侨人数跌至 1 726 人。② 地震后，华侨们纷纷返回中华街，

① ［日］内田直作：《日本華僑社会の研究》，東京：同文館 1949 年版，第 220 页。
② ［日］王维：《素顔の中華街》，東京：洋泉社 2003 年版，第 54 页。

重整餐馆等店铺和公共设施。

20 世纪 30 年代，由于日本政府出台反华、排华政策和发动“九·一八”事变（1931 年）以及发动全面侵华战争（1937 年），中日两国关系恶化，多数华侨被迫返回了祖国，华侨人数大量减少，1940 年仅剩 20 284 人。[①] 留在日本各地的华侨经营的事业大多陷于停顿，生活陷入困苦状态，过着悲惨生活。

纵观日本华侨社会的发展历程，清晰体现出日本社会的政治经济状况、中日关系的冷暖，始终左右着日本华侨[②]社会的走向和发展。即便是在第二次世界大战以后，由于海峡两岸相隔、对立，日本华侨卷入政治纷争的情况也特别明显，最具代表性的是横滨华侨学校至今仍分裂成两所，即与台湾关系密切的横滨中华学院和与大陆关系密切的横滨山手中华学校。

中日之间不稳定的政治关系使得移居日本的华侨华人深受影响，正像池步洲所说：“日本华侨卷入政治纷争的情况特别显著，几乎为世界各地华侨社会所罕与其匹。”[③] 中日两国之间每一次友好或交恶，都会使华侨人数骤然增减，生存状况发生重大的改变，引起“华侨社会‘量’与‘质’的巨变”[④]。这些都给日本华侨社会留下深刻的时代烙印。

三、对日本的文化认同及归化缓慢

早期的中国移民绝大多数是临时侨居者，他们大多为生计目的而留居日本，把赚来的钱带回或寄回家乡，供养家人。他们在日本打拼的目的是：挣钱并积蓄、还债、回中国与家人团聚、过安定和舒适的生活。老一代华侨华人出国时，考虑的是早晚要“落叶归根”，期盼着在日本有所积蓄后有朝一日能够“衣锦还乡”、“荣归故里”。也就是说，他们的初衷是作为“侨居者”，而不是“定居者”留在日本。但随着时代的变迁和历史形成的种种因素，一批又一批的中国人在日本安家定居。

日本政府不断制定种种政策和各种各样的国籍条款，严格限制外国人的进入国；1951 年，日本又颁布《出入国管理令》，确定了对外国人实行出入国管理的基本政策为“原则上不承认以永久居住为目的的外国人入境”[⑤]。日本的《国籍

① 罗晃潮：《日本华侨史》，广州：广东高等教育出版社 1994 年版，第 319 页。

② 日本社会中，日本国民一般对华侨、华人、在日中国人的区别并不明确，称谓大多混用为“在日中国人”、“华侨”。

③ 池步洲：《日本华侨经济史话》，上海：上海社会科学院出版社 1993 年版，第 20 页。

④ 朱慧玲：《中日关系正常化以来日本华侨华人社会的变迁》，厦门：厦门大学出版社 2003 年版，第 167 页。

⑤ ［日］山本敬三：《国籍》（增補版），東京：三省堂 1987 年版，第 201 页。

法》一贯奉行“严格控制外国人加入日本国籍”的原则①，更限制了华人数量的增长。

日本社会对外国人的歧视政策和国民的“岛国心态”根深蒂固，使外国人融入主流社会非常困难。其主要原因大体是：

第一，日本德川幕府实施的两百多年的锁国政策，使整个日本几乎与世隔绝，国民长期活动在日本各岛屿上，容易形成一种狭隘、保守、排外的“岛国”性格。尽管日本自19世纪60年代结束了“闭关锁国”状态，但由于土地面积狭小、人口众多、资源匮乏，加上其所处的政治地理环境，容易产生危机感和紧迫感，因此长期以来不愿意接受和吸收外国移民。

第二，长期以来，与大陆隔绝的地理位置限制了日本与其他地区的人员往来，从而形成和保持了较高的单一民族特性。基本上是单一语言、单一信仰、单一民族的日本，以神道治国，通过对遍布全国的大小神社的祭拜，牢固地维系着民族的纯净和团结。对于其他民族，日本人都倾向于把他们同化，不能容忍日本成为一个多民族、多文化的国家。正如池步洲先生所说：“（日本）对于异民族自始就是闭锁性的，害怕外族闯居其中，有碍于其社会的纯一性。”② 日本前首相麻生太郎在2005年任内阁大臣时曾自豪地称赞日本为“一个国家、一种文明、一种语言、一种文化与一个种族”。

因此，虽然华侨华人长期在日本居住，渐渐地熟悉了日本的文化、习俗、生活，但是日本政府长期的歧视政策，使大多数华侨与日本社会的接触很有限，他们的婚、丧、嫁、娶等生活和工作的地盘都在中华街和华人地方自治团体之中。

日本明治维新以来，政府在文化方面基本上实行强制的同化政策，不仅在殖民地国家中向被统治的民族进行奴化教育，实行强制措施，强迫他们接受日本文化政策的同时，在国内也排除异质要素，实施同质文化教育。例如，矫正各地方的方言，强制实施标准语教育等。正是由于长期、彻底地实行同化主义政策，日本成为世界上罕见的拥有高度统一的“单一民族”、“均质文化”的国家，多数日本人对“日本国民都是日本人”这样的观念毫不怀疑地接受，并一直持续到20世纪后半期。因此，直至1979年，来日本的各国留学生总数不到6 000人，到1985年，也只有15 000人。20世纪80年代中期，在全世界的100万留学生中，前往日本留学的仅占总数的1.6%，排名第12位，这与当时经济位居世界第

① ［日］择木敬郎：《中国国籍法的意义及其背景》，《日中经济协会会报》1998年第3期，第21页。
② 池步洲：《日本华侨经济史话》，上海：上海社会科学院出版社1993年版，第20页。

二的日本的地位极其不相称。①

第二次世界大战后，世界各国华侨华人急速当地化，纷纷加入所在国国籍。然而，日本华侨则不同，他们还处在试图融合于当地社会，并力图保持民族文化特征的状况之中。在此期间，日本政府在外国人归化入籍的问题上，既没有像东南亚国家那样采取强制的归化政策，也没有制订劝导归化的措施，因此与其他华人较多的国家相比，日本华侨的比例较大。

表 1－2　中国人加入日本国籍的推移表

年份	人数	年份	人数
1900—1952	163	1966	753
1952 年 5—12 月	18	1967	589
1953	2	1968	114
1954	5	1969	124
1955	5	1970	320
1956	0	1971	249
1957	57	1972	1 302
1958	200	1973	7 338
1959	238	1974	3 026
1960	270	1975	1 641
1961	201	1976	1 323
1962	233	1977	1 113
1963	421	1978	1 620
1964	617	1979	1 420
1965	532	1980	1 619

资料来源：［日］日本経済新聞社编：《華僑：商才民族の素顔と実力》(1981 年版)。

由于历史、社会等各种因素，在日的外国人要加入日本国籍非常难。从表 1－2 中可以看出：至 1971 年，日本华侨加入日本国籍者，每年不过几十人至数百人；1900—1952 年底的 50 多年中，在日中国人取得日本国籍者仅 181 人，其余都是华侨。

1972 年中日邦交正常化以后，加入日本国籍的人数猛增。日本政府也改变

① ［日］坪井健：《国際化時代の日本学生》，東京：学文社 1994 年版，第 37 页。

了以往的政策和方针，开始较大幅度地批准华侨入籍，台湾侨胞加入日本国籍者也不断增多。如上表所示，1972 年 1 302 人、1973 年 7 338 人、1974 年 3 026 人，这三年之和超过 1 万人，其中台湾侨胞占多数。其原因是，中日邦交正常化以后，台湾侨胞对大陆的侨务政策不了解，加之台湾当局制造谣言煽动和推波助澜，致使加入日本国籍者猛增。该情况自 1975 年便恢复了稳定，基本上每年是以 1 500 人左右的速度递增。华侨及在日中国人加入日本国籍有多方面的原因，例如为了生活方便，工作上易于求职和升迁，出入国签证容易，以及心理上、认识上的认同，等等。

老华侨大多不愿融入日本主流社会、加入日本国籍。其中一个重要的原因就是历史上日本几次侵华战争和在台湾问题上作出的伤害中国人民感情的行为。老华侨华人自身也经历过战争期间的各种迫害，加之日语又不十分流利，不少华侨从感情上有着一种抵抗归化的心理。而且在日本的老华侨有很多是经营中华餐馆生意，入籍与否和生存状况关系不是很大。老华侨的后代虽然掌握了当地语言，但由于日本政府对少数族群的歧视政策，使他们在社会上各方面都受到了排挤，特别是在就业上，虽然是大学毕业，但因为是外国人而受到不公正的待遇，或找不到工作的现象频繁发生，这些情况都影响了他们在心理、社会、经济、文化、风俗习惯等方面的社会认同。

日本的出入国管理法经历了从《出入国管理令》到《出入国管理及难民认定法》及历次修订的发展完善过程。日本于 1951 年公布了第一个出入境管理法，即《出入国管理令》，第二年制定《外国人登记法》。1982 年公布了《外国人登录法》，并且再次修订了《出入境管理令》，将其更改为《出入国管理及难民认定法》（日本国内一般称为《入管法》）。虽然和以前相比，日本政府对加入日本国籍的政策有所放宽，但是相对来说仍很严格，致使有些人申请几次都不被批准而成为“无国籍者”。

直至 1972 年中日邦交正常化以前，老华侨华人的总数是 49 280 人，[①] 他们主要由第二次世界大战以前来日本的华侨华人及其子孙构成。

在华文教育方面，20 世纪 50 年代以后，东南亚各国有数千所海外华侨学校，为了适应环境的需要或受到居住国限制，不是被强行废止，便是被纳入居住国的教育体系中，均经历了当地化过程。而日本的华侨学校却有所不同，至今仍保留着五所全日制华侨学校，即神户中华同文学校、横滨山手中华学校、横滨中华学

① 陳正雄：《在日中国人人口動態》，［日］宮崎大學教育文化學部社会経済研究室：《華僑学校教育の国際比較の研究（上）》，豊田財団助成研究報告書，長崎：日本紙工印刷株式会社 1988 年版，第 77 页。

院、大阪中华学校、东京中华学校。这五所学校以华侨华人子女为主要教育对象，以民族教育为宗旨，独立于日本的正规教育体系，实行全日制系统的全面教育，为华侨社会培养了大批人才。

因此直至今日，华侨社会存在的三大标志：华侨团体、华文媒体和华侨学校，仍在各方面维护中华传统文化，保持着较多的民族性，中华传统的风俗习惯一直延续，很难被同化。这与东南亚华侨社会均已完成了华人化的转变相比，形成了不同的发展情况，被公认为具有鲜明的华侨社会特征。

总之，从近代历史看，日本华侨的人数随着时代的不同和政治、经济形势的变化，人数上也有较大的起伏变动。第二次世界大战后的近半个世纪中，除了个别年份，华人人数总的趋势是逐渐增长，而增长速度则各个时期有所不同："二战"后到20世纪50年代末是一个发展时期；进入60年代，停滞不前；80年代末，则出现了一个飞跃。①

第二节　老华侨华人文化传承与文化认同状况分析

近代以来，众多中国人移居日本并落地生根，成为远离祖（籍）国的华侨华人。他们在努力适应日本社会文化、习俗的同时，始终怀有浓厚的中华情结，并试图保持、延续中华传统文化。第二次世界大战后，尽管加入日本国籍的华侨逐年增多，但是他们的行为准则和价值观念并不会骤然改变。实际上，他们的文化趋向存在着两种趋势，即华侨华人传统文化认同变化的趋势和华侨华人继承传统中华文化的趋势。他们的一些"文化认同的变化"是适应当地生活的需要，"继承中华文化"则是为了体现特色，是为了更大地发展和更好地生存。

世界各国的华侨华人都经历了从出国到侨居，从适应到发展，从选择入籍到更大发展这一过程。在这一过程中，都必然会遇到文化的冲击—调适、矛盾—适应的共同问题。华侨华人有共同的文化和种族之根，尽管他们的文化变化的趋势是多向性的，但其基本的中华文化的内核并未改变②。

① 罗晃潮：《日本华侨史》，广州：广东高等教育出版社1994年版，第336页。

② 谭天星：《变异与继承——谈从"华侨文化"到"华人文化"的发展》，《华侨华人历史研究》1996年第1期。

本节根据对老华侨华人①及其子孙进行的社会调查及问卷，比较分析其几代人保留中华文化及认同日本社会的状况②，论述中华街对传统文化的坚守、继承和发扬。

一、“扎根”与“认同”

中日邦交正常化以前定居日本的第一代华侨华人的民族意识、乡土观念很强。他们以中国传统文化为背景，依存于华侨社会，具有很强的集团意识和团结互助精神。第二代华侨华人受其父辈影响，具有一定的民族认同性，在华侨学校及家庭又学习了中国语言和文化，又因在日本出生长大，所以介于父辈文化和日本社会文化两者之间。在归化入籍的问题上，如果他们在人生的重要关头因国籍而需要作出选择时，并不太在意一定要保留中国国籍，加入日本国籍的人也很多。第三、四代华侨华人的民族认同更是多样化。他们的日常生活已基本日本化，由于许多人与日本人结婚，同化的进程更是加快了。

问卷调查的结果归纳如下：

表 1－3　早期移民的华侨华人及其子孙在生活方式方面的同化情况

代籍	第一代	第二代	第三、四代
出生地	中国	日本	日本
国籍	中国	中国・日本	日本
与故乡的联系	有	多少有一些	几乎没有
与华侨社会联系	密切	密切・稀薄	稀薄
结婚对象	主要是同乡	中国人或日本人	主要是日本人
饮食习惯	中国菜	中国菜为主的多样化	东西方混合

此表为笔者根据在日本期间的调查整理制作。

从表 1－3 中可以看出，早期的华侨华人及其子孙在被同化的进程中存在着

① 日本的华侨社会，大体上可分为“老华侨华人”和“新华侨华人”两部分。老华侨华人是由 1972 年中日邦交正常化以前（以战前赴日的大陆、台湾人为主体）在日本定居生活的中国人和加入日本国籍的华人及其子孙构成。新华侨华人是由改革开放以来，在日本就职并取得永久居住权或者加入日本国籍的原留学生（原留学生占新华侨华人总数的三分之二左右）、日本人配偶、日本战后残留孤儿眷属等构成。由于形成的历史年代、受教育程度等不同，新、老华侨华人在经济、社团、参政、华文教育等方面既有相同点，又有不同之处。

② 1998—2002 年笔者走访了大阪、神户、东京、横滨等地的华侨社团，采访了 60 多个华侨华人家庭，对 500 多位新、老华侨华人进行了访谈和问卷调查。

差异，大体分为三种类型：第一类主要是在中国出生长大，受中华文化熏陶，多少接受过华文教育者，他们力图保持华人文化及“纯”华人个性；第二类主要是受华文教育或华文、日文双语教育的华校生，较倾向于第一类；第三类是土生华人，在日本学校学习，也有些是接受华文、日文双语教育的华校生，他们主张统合，把社会政治、经济的公正和平等摆在华人文化与华人特性之上，其中华文化观念在日本文化主导的冲击下逐渐衰微。

（一）第一代华侨华人

（1）民族意识强。第一代华侨华人对家乡本籍的意识非常强烈，尽管在日本生活了几十年，环境、语言、风俗习惯等已非常适应，但他们普遍认为日本只是生活的故乡，中国才是他们“心中的故乡”。在采访中，一位老华侨深情地说：“我在日本生活了70多年，还是没能成为100%的日本人，日本人也不把我看成日本人。每当过中国的传统节日时，听到‘咚咚’的大鼓和鞭炮声，看到舞龙舞狮等各种庆祝活动的热烈场面，我都会热血沸腾，兴奋、激动不已。”

（2）职业特点。近代以后，日本政府针对中国侨民颁布了一连串的限制规例。轻工业和重工业，或较重要的经济部门，华侨根本无法插足，被排斥在主流社会经济结构之外，只能从事洗衣业、饮食业、杂货业等极其有限的服务性行业。但大多数华侨由于技术超群，很受日本人的欢迎，其经营的中华料理店、西服裁缝店、理发店等不断增多，“三把刀”发展越来越壮大，成为早期日本华侨赖以生存的三大支柱行业。

（3）建立华侨社团组织。中国人素有爱国爱乡、顾亲重友的传统，尤其是在他们远离故国、移居异邦之后，这种传统体现得更加浓烈，其重要标志便是在异国他乡沿用中国民间的传统结社形式建立同乡会。这些社团组织在凝聚民族精神、继承民族传统、团结互助等方面发挥了重要的作用。

（4）团结互助。老一代华侨华人在异国他乡生活创业，备历艰辛，而且他们经历过中国被日本侵略的时期，体验过在日本经常会受到歧视和不平等待遇的痛苦生活，因此华侨华人社会中能够相互团结，互相帮助，联系紧密，民族意识和乡土观念非常强烈。特别是感受离乡背井的孤独与势单力薄的无助时，这种团结互助的传统体现得更加浓烈。

（5）沿袭传统的生活习惯。在日常生活中，饮食习惯最能体现民族的特征。他们的饮食习惯仍是以“中华料理”为主，偶尔才去日本餐馆换换口味。这种习惯一生都很难改变。在社交、婚姻方面，也体现出对民族传统的固守。他们基本选择聚族而居，同乡之间通婚，生活的区域基本上是在同乡、亲友、家族等中国人聚居的地方。他们的语言、生活习惯等和日本人不同，自己本身认为也没有完全融入日本社会的必要，觉得只会说一点日常生活用语，能够生存就可以，没有积极融入日本社会的愿望。所以他们加入日本国籍的很少。

（二）第二代华侨华人

（1）多数第二代华侨华人是从父母亲那里听着中国被日本侵略的痛苦历史、看着父辈们艰苦创业的身影长大，并经历了在学校、社会生活中的歧视和不平等待遇，这些都促使他们产生一定的民族意识。但第二次世界大战后，第二代华侨华人所接受的教育是华侨学校和日本的学校教育，因此他们和第一代还是有所不同，尽管具有民族意识，但对“民族”一词的反应不那么强烈。

（2）第二代华侨华人直接受上一代的影响及言传身教，亲身经历了与父辈们在日本艰苦创业、努力奋斗的过程，感受到同乡们相互协助、共渡难关的重要性，这使得他们的同乡意识强烈，热心于侨团的工作和活动，也能够与华人同胞为图生存，和衷共济、共求发展、守望互助。

（3）第二代华侨华人从小就跟随父母参加华侨社会活动，和华人接触较多，所以他们还部分地保留着华人的风俗，习惯食用中华料理。但他们毕竟是在日本学校接受的教育，对日本的礼仪、文化非常了解，包括饮食也很喜欢日餐和中餐混合享用。

（4）他们生长在日本社会之中，与日本人交流增多，有积极融入日本社会的强烈愿望，所以为了生活上的方便而加入日本国籍的人渐渐增多。

（5）第二代华侨华人的婚姻状况较为复杂，有的和同族人成婚，有的和日本人结婚。由于他们既通晓日语，又在中华学校学习了中国语，所以他们在珍惜父辈们所创造的华侨社会的同时，也完全地适应了日本的社会。他们的文化意识方面也介于中国和日本之间。

（6）第二代华侨华人大多数进入日本的经济领域，然而，在社会生活、经济地位方面，遇到的困难仍然与他们的父辈所经历的相似。尽管土生土长的第二代华人子女受高等教育的比例较高，但在就职等方面受到很大限制，得到的待遇也有差异。因此，有些人只好子承父业，继续在华人的传统行业中生存。

（三）第三、四代华侨华人

（1）社会的发展、产业结构的变化，致使第三、四代华侨华人对华侨社会、父辈、家庭等在物质及生活方面上关照的需求逐渐淡薄，同乡意识逐渐薄弱，他们身上体现出浓厚的国际化色彩。尽管老一代华侨华人做了不懈的努力，希望新的一代加入华人社团组织，可是收效不大。尤其是近20年来，华侨渐渐地华人化，生活、思维方式也日趋日本化，他们渐渐地远离华侨社会。

一位华侨领袖深有感触地说："如果不把我们的子孙接收进华侨组织，今后他们和华侨界的交流就会切断，这种状况，会使华侨界面临着后继乏人的局面。"①

（2）第三、四代及其以后的华侨华人在国际化时代中长大，他们上当地学校，学习当地的语言与文化，接受的是当地的价值观念，母语是日语。和第一代、第二代不同，他们在思维方式和行为习惯上与日本同伴一样，完全融入了日本社会，华人文化特色逐渐削弱，结婚对象也基本上是日本人。

（3）第三、四代华侨华人的饮食习惯也是东方、西方料理混合食用，他们更喜欢"洋食品"。到美国等西方国家留学或移居其他国家的人也为数不少。

（4）第三、四代华侨华人并不看重国籍问题，他们从切身利益考虑，认为在华侨社会发展的空间不大，所以一心想尽快融入日本社会，加入日本国籍。例如神户著名侨领林同春的5个孩子中已有2个加入日本国籍，前中华总商会会长黄耀庭的儿子也加入了日本国籍。

老华侨华人面对子孙纷纷加入了日本国籍的局面深感担忧，如神户福建同乡会的理事长林圣福就说："女儿已和日本人结婚，被同化的现实很严峻，但我对她们的教育并没有死心。儿子还没有结婚，我经常和他说：你必须找一个中国人的媳妇，他怎么找我就不知道了。"②

林圣福的话说出了老一代华侨华人的心声。在老华侨华人的观念中，他们认为作为中国人是十分重要的事。他们在父辈的教诲下长大，看重自己的出身，珍惜自己的国籍，无论在怎样的环境中，也不愿意加入日本国籍，并希望自己的子孙尽可能地以中国人的身份生活。如果是出于生活的无奈，即使子孙加入了日本国籍，变成了华人，成为日本社会的一员，也只不过是一种生存方式的改变，不应该、也没有必要丢掉中华民族的本色。

（四）语言传承

一种文化的全部内涵，都由该语言来承载和传承，要想在海外保持中华文化，首先要保持一个人的汉语听说能力。因为：

> 一个民族的精神特性和语言这两个方面的关系极为密切，不论我们从哪个方面入手，都可以从中推导出另一个方面……民族的语言即民族的精神，民族的精

① 福建同乡会理事长林圣福接受采访时的讲话，引自［日］神户商科大学、神户大学：《阪神大震灾和华侨》（报告书），1996年，第171页。

② ［日］神户商科大学、神户大学：《阪神大震灾和华侨》（报告书），1996年，第174页。

神即民族的语言，二者的同一程度超过了任何想象。①

在海外几千万的华侨华人中，有相当一部分人失去了他们的汉语听说能力，中华传统文化在他们身上的影响也不同程度地被削弱了。也就是说，这些华侨华人被他们居住国的主体文化不同程度地同化了。同样，日本的华侨华人也呈现出语言逐步同化的趋势。

表1－4　早期移民的华侨华人及其子孙在文化、教育、意识形态方面认同情况

代籍	第一代	第二代	第三、四代
中国的本籍意识	故乡	父辈的故乡	祖先的故乡
对日本的态度	对立·抵抗	摩擦·接受	同化·国际化
文化意识	主要故乡文化	中国·日本文化混合	主要是日本文化
教育	中国学校	中华学校·日本学校	日本学校
语　言	故乡方言	日本语·中国语	日本语

此表为笔者根据在日本期间的调查整理制作。

从表1－4中可以看出，第一代华侨华人从他们迈出国门的第一步起即带去了种族与文化的中华之根。正是中华之根，构成了华侨华人社会最坚强的韧带，使他们趋于聚集，形成社区。所以，第一代华侨华人的本籍意识强烈，文化意识主要是故乡文化，在社区所使用的语言也是故乡的方言。华侨华人在语言上被同化是从第二代开始的，他们渐渐地丧失了汉语听说能力。对于他们来说，汉语已经成了外语，没有进入中华学校学习的人，日语几乎和日本人一样流利。在中华学校学习过的学生一旦毕业离开母校，其思维方法和活动举止也渐渐地接近日本人，毕业后进入日本社会工作，在中华学校学习到的一些中华观念也逐渐被日本社会同化，渐渐地由华侨变成了华人，由华人变成了日本人。他们在日本华侨华人社会中的通用语是日本语，在家里使用普通话，中间夹杂着故乡方言。

日本华人研究学者过放教授对日本华侨华人在不同阶段的认同情况做了一个详细的比较分析。

① ［德］洪堡特著，姚小平译：《论人类语言结构的差异及其对人类精神发展的影响》，北京：商务印书馆1999年版，第70页。

表1－5　旅日华侨认同的变化模式

项目	模式		
	老年华侨（战前的一代）	中老年华侨（邦交正常化前的一代）	年轻华侨（邦交正常化后的一代）
年龄	70岁以上	45～60岁	20～45岁
世代	第一、二代	第二、三代	第三至五代
进入社会生活的时期	战前—1945年	1945—1972年	1972年—
日中关系	战前、日中战争	冷战、邦交非正常化	邦交正常化
模式的类型	强烈的出身志向型	双向进退两难型	多重、多样型
认同的形式	民族认同	国家认同	超国家认同
	中国人认同	1. 中国人认同 2. 双重认同（中日型、日中型） 3. 日本人认同 4. 边际人	1. 中国人认同 2. 双重认同（中日型、日中型） 3. 日本人认同 4. 边际人
社会生活的文化背景	乡土、祖国传统文化、同乡的连带感	中日的政治、法律、社会、文化	多元文化
与华侨社会的关系	依存型（密切）	1. 依存型（密切） 2. 游离型（松散）	1. 依存型（密切） 2. 游离型（松散） 3. 自立型（疏远）
居住志向	回乡—定居	定居	定居
生活形式	中国地区文化型	中日文化混合型	日本文化型
婚姻形式	同乡之间	中国人之间	国际婚姻（与日本人）
子女的国籍	中国	中国、日本	主要是日本

资料来源：［日］過放、刘晓民：《日本华侨的认同变化》，《南洋资料译丛》2005年第3期。

从表1－5中可以看出，在融入日本社会的问题上，第一代华侨华人有不同程度的语言文化上的困难，他们的下一代却能比较好地融入当地社会，在心态上也已基本上完成了从“落叶归根”到“落地生根”的转变。

二、文化认同状况分析

（一）归化国籍的变化

随着世代交替，华侨华人对于祖（籍）国的认知不断弱化。第一代华侨华人具有强烈的以中国为本位的特点，他们对于归化当地十分抵触，与中国和中国亲属联系十分密切。第二代为“过渡代”，他们兼具中日两国文化的特点，是中日两国文化的混合体，与中国和中国亲属的联系逐渐减少。第三、四代以后的华侨华人，无论是内在，还是外表，均远离中华文化，中华民族意识普遍淡薄，几乎与中国及中国亲属没有什么联系。一位嫁给华侨的日本女性讲道：“我的丈夫是第一代华侨，其中国人意识十分强烈；第二代尚存有一定的中国人意识；第三代则完全没有中国人意识。”另一位20多岁的日籍华人、某华侨青年会副会长说：“我从小学开始，所接受的就是日本学校的教育，中国语完全不懂。有时候自己会意识到自己是中国人或日本人的问题。但还是自认为是日本人的时候多，应该说自己是日本人。”①

表1-6　在日华侨华人不同年龄的自我认知：“你自我感觉是哪国人”（%）

	中国人	日本人	既是中国人也是日本人	时常不知是哪国人	其他
30岁以下	43.08	10.77	38.46	6.15	1.54
30~54岁	74.32	2.03	20.95	1.35	1.35
55岁以上	81.63	3.06	14.29	0.00	1.02

资料来源：朱慧玲：《中日关系正常化以来日本华侨华人社会的变迁》，厦门：厦门大学出版社2003年版，第134页。

朱慧玲女士的问卷调查（表1-6）结果显示，在“你自我感觉是哪国人”的问题上，回答是“中国人”的，55岁以上约有80%，30~54岁约有75%，30岁以下则只有40%左右；而回答是“日本人”者，则随着年龄的降低而增高。

随着时代和世代的交替，日本华侨对加入日本国籍的观念发生了巨大的变化（见表1-7）。

① 朱慧玲：《中日关系正常化以来日本华侨华人社会的变迁》，厦门：厦门大学出版社2003年版，第133页。

表1-7 在日华侨华人不同年龄的归化态度（%）

“你是否考虑过归化”								
	有归化倾向者				绝不丧失中国国籍者			
	已归化	申请过	申请中	计划归化	考虑过	没考虑	不归化	绝不归化
30岁以下（62人）	8	0	5	14.5	20.5	35.5	9.5	7
30~54岁（144人）	11	1	2	10	19.5	38.5	8	10
55岁以上（97人）	12	0	1	3	18.5	45.5	6	14

资料来源：朱慧玲：《中日关系正常化以来日本华侨华人社会的变迁》，厦门：厦门大学出版社2003年版，第134页。

如表1-7所示，在“有归化倾向者”中，55岁以上者约占34%，30~54岁者约占43%，30岁以下者约占48%；而在“绝不丧失中国国籍者”中，55岁以上者约占14%，30~54岁者约占10%，30岁以下者约占53%。这些数字表明，日本华侨对居住国的抵触已经开始弱化，他们正自然而然地融入当地社会。安定的社会环境，使日本华侨华人将更多的注意力放在了居住国。

新一代华侨华人在日本出生、在日本成长，同日本人一样感受着日本社会文化的魅力。很多出生在日本的华侨华人子女，习惯了日本的生活，回到中国时多会因为对中国的卫生、饮食、生活等环境不适应而不喜欢中国，甚至不想再回国。融入日本社会，加入日本国籍归化当地已经成为一种趋势。

（二）婚姻观念的变化

在华人子女婚姻问题上，日本华侨社会的婚姻观念经历了一个极大的转变过程。第一代老华侨华人比较传统保守，持重视同乡人血缘、地缘、宗族的婚姻观念，坚持与同族、同乡人结婚，并坚决反对子女与日本人通婚；伴随着时代的发展，新旧婚姻观相互碰撞，第二代认为，中国人之间的婚姻原则上也认同，但建立在相互理解和爱情之上的婚姻更为理想，婚姻配偶已不再局限于中国人；至第三、四代，婚姻观念已转变为完全重视感情和性格。

但是，在婚姻观念转变的过程中，几代华侨华人经历了彼此文化、生活习俗的碰撞，“年轻人常说，‘父母很封建’，而父母也叹息道，‘今天的年轻人的想法不行，做事不可靠，无法忍受’”。具体来说，华侨青年“要求父母打破老华侨的封建观念和积极理解子女。例如，尊重孩子们的自主性，理解和支持华侨青年参加聚会”，尤其关于对青年男女交往的要求、选择结婚对象时的“非同省人不可”、“婚礼往往讲排场、浪费”等现状，年轻华侨华人要求父辈进行观念的变革。[1] 总之，重视传统婚姻观念的父辈与受到新时代新思想影响、欲打破传统落后的婚姻观念的华人子孙不断地进行着博弈。

20 世纪70 年代以后，特别是80 年代，日本社会国际化的呼声日益高涨，中日关系恢复正常化，生长在中日友好的和平年代的华人子女与日本人的生活习惯、思维方式和价值观日益接近。在新旧婚姻观的较量中，年青一辈的思想逐渐取代父辈的旧观念，成为大的潮流。

表 1－8　关于日本华侨华人婚姻观的意识调查（1988 年）

提　问	项目	人数	百分比（%）
选择配偶重视条件	容貌	4	6. 7
	国籍	15	25. 0
	学历	3	5. 0
	爱情	16	26. 7
	性格	15	25. 0
	职业	3	5. 0
	其他	4	6. 7
	合计	60	100
国际婚姻的看法	爱情重要，国籍没关系	30	50
	还是中国人好	20	33. 3
	日本人好	1	1. 7
	没什么感觉	4	6. 7
	没有回答	5	8. 3
	合计	60	100
与配偶相识方式	自己认识	15	46. 9
	父母介绍	2	6. 3
	亲戚介绍	7	21. 9
	父母朋友介绍	5	15. 6
	自己朋友介绍	3	9. 4
	其他	0	0
	合计	32	100

资料来源：［日］過放：《旅日华侨婚姻观的变化》，《南洋资料译丛》2006 年第 3 期。

---

① 林伯诚：《旅日福建同乡恳亲会“20 年的道路”》，旅日福建同乡恳亲会 1982 年版，第 186～189 页。

调查显示：在选择配偶时最重视爱情、性格和容貌的人为35人，约占全体的58.3%；不拘国籍，以爱情为重的人为30人，占全体的半数；而回答还是想与中国人结婚的人为20人，占三分之一。此外，32名已婚者与配偶认识途径的回答中，通过恋爱结婚的人为15人，朋友介绍的为3人，共18人，超过了父母与亲戚介绍的14人。从表中数据可以看出，在选择婚姻配偶时，大部分人认为是不是中国人并不重要，重要的是爱情和性格。在此时期，华侨华人父母对子女的婚姻态度已转变为："华侨华人之间的婚姻最为理想，但婚姻大事子女有权自主决定，父母不应干涉。"① 1965年日本华侨华人与日本人跨国婚姻的结婚率为66%，随着观念的转变，在1980年上升到90%。②

过放教授1993年对日本华侨华人婚姻观的调查结果显示，选择结婚对象看重的条件，主要集中于爱情的人数占67.2%，看重性格的占66.8%，重视价值观的占42.8%，重视爱情、性格、价值观的人数明显高于1988年的调查数据。而回答看重中国人的仅占19.2%，注重同乡的占10%，回答接受父母要求的占10.8%。主要年龄段是45岁以上的华侨，回答看重中国人、注重同乡所占的比率越来越低。③。

2011年7月，日本华人论坛曾针对中日跨国婚姻意向做网络调查，调查结果见表1－9。

表1－9 你想要跨国婚姻吗？

选项	人数	百分比（%）
跨国婚姻中	18	27.69
我渴望并曾幻想过跨国婚姻	5	7.69
如果有爱情，愿意接受跨国婚姻	29	44.62
不反对别人的跨国婚姻，但自己不会尝试	5	7.69
不能接受跨国婚姻	1	1.54
其他	7	10.77

资料来源：日本华人网论坛，http：//bbs.injp.com/viewthread.php？tid＝2765&extra＝page%3D1。

表1－9的调查结果显示，愿意尝试跨国婚姻的人达到近80%，这表明，随

① 朱慧玲：《中日关系正常化以来日本华侨华人社会的变迁》，厦门：厦门大学出版社2003年版，第128页。

② ［日］田中宏：《战后在日中国人地位》，《爱知县立大学外国语学部纪要16号》，1981年，第54页。

③ ［日］過放：《旅日华侨婚姻观的变化》，《南洋资料译丛》2006年第3期。

着世代的交替，日本华侨华人的婚姻观已经从重视国籍转变为重视个人的意志。现在，日本华侨华人社会婚姻观念已经十分开放，其子女与日本人结婚的现象已经十分普遍，这一现象有利于华侨华人子女更好地融入日本当地社会。

（三）加入华侨社团的变化

华侨社团是华侨华人社会的三大支柱之一，在海外华侨华人社会中发挥着重要作用。对于日本老华侨来说，加入华侨社团是十分重要的事情。华侨社团是海外华人对祖国的依恋，是“根”的依托。但是，随着时代的发展、世代的交替，现今以第三、四代为主体的日本华侨社会对华侨社团的归属意识发生了变化。第三、四代日本华侨华人对原有老华社的归属意识不断淡化，他们正急速地疏远华侨社团，却积极地融入日本社会。

日本华侨华人第一代对华侨社团的归属意识十分强烈，几乎均认为“华侨社团的存在对自己十分重要”，他们中的很多人都曾为华侨社团奉献一生。第二代与第一代不同，他们比父辈更容易接受当地社会，在第二代心中，华侨社会与日本社会共存。第三、四代华侨华人与华侨社团的关系更加疏远了。华侨总会、同乡会为华人子孙创造各种机会，但年轻人几乎很少露面。

一位50来岁的大阪华侨总会副会长说：“我从18岁开始在华侨总会工作，全家均是华侨社团活动的积极分子。但是自己的孩子却远离华侨社团。”

一位40多岁的第二代华侨（东京华侨总会常务理事）说：“华侨总会的子女均不参加华侨社会的活动，其他人的子女就更难了。看来，最后维系华侨总会的也就是我们这一代人了。”

横滨中华学校理事长、社团法人，广东同乡会名誉会长吴桂显也曾谈道：“现在各同乡会均希望年轻人参加，但他们不来，同乡会的会员几乎均是60岁以上的人。”①

朱慧玲女士曾针对日本华侨社团的问题，从不同的方面对不同年龄层的日本华侨华人对华侨社团的归属感做了采访调查。在参与调查的221人中，对于“你所属于哪个社团”的问题，回答“无所属”或“有名无实地属于某社团”的比例，55岁以上者为16%，30~54岁者为39%，30岁以下者为68%。

---

① 朱慧玲：《中日关系正常化以来日本华侨华人社会的变迁》，厦门：厦门大学出版社2003年版，第130页。

表 1－10　日本华侨华人参加华侨社团的目的“你为何参加华侨社团的活动”（%）

项目	总体	30 岁以下	30～54 岁	55 岁以上
人数	221	36	103	82
为了华侨华人社会的未来	46.1	22.2	41.8	62.2
为了交华侨华人朋友	30.3	38.9	31.1	24.4
为了了解民族文化	9.7	8.3	12.6	7.3
只是为了娱乐	2.6	13.9	1.0	0.0
无目的，受人劝说	5.7	16.7	4.8	1.2
其他	5.6	0.0	8.7	4.9

资料来源：朱慧玲：《中日关系正常化以来日本华侨华人社会的变迁》，厦门：厦门大学出版社 2003 年版，第 131 页。

另外，参与华侨社团的动机也随世代更替而发生了改变。如表 1－10 所示，对于“你为何参加华侨社团的活动”的提问，回答“为了华侨华人社会的未来”的：55 岁以上者最多，30 岁以下者最少；而回答“无目的，受人劝说”和“只是为了娱乐”者则恰恰相反：55 岁以上者最少，30 岁以下者最多。

表 1－11　日本华侨社团对在日华侨华人的重要性“对你来说华侨华人社团的存在是否重要”（%）

年龄	重要	不重要	不重要但有为好	其他
30 岁以下（60）	48.3	13.4	38.3	0.0
30～54 岁（140）	52.7	6.5	39.4	1.4
55 岁以上（95）	74.7	1.1	23.2	1

资料来源：朱慧玲：《中日关系正常化以来日本华侨华人社会的变迁》，厦门：厦门大学出版社 2003 年版，第 132 页。

表 1－11 显示，认为“重要”的，55 岁以上者约占 75%，30～54 岁者约占 53%，30 岁以下者约占 48%；回答“不重要”的，55 岁以上者约为 1%，30～54 岁者约为 7%，30 岁以下者约为 13%。通过表 1－11 可以看出，随着世代的交替，年青一代对华侨社团的归属意识正急速地弱化，对日本当地社会的归属意识则正在不断地增强。

第三节　老华侨华人对中华文化的坚守和传承

海外华侨华人在被同化的同时，还存在着一种强烈的继承中华文化、对传统文化进行新发展的欲望。在日本的神奈川县的横滨市、兵库县的神户市、长崎县的长崎市等都有具代表性的中华街。这些中华街的共同特点是由于华侨华人的聚居而能够保持独特的传统特色，如“关帝庙”、“中华义庄”（墓地）、“华侨总会”、“中华学校”等，作为独特的社会文化而被继承下来，逐渐形成了保留着较多中华民族风俗习惯和民族文化的稳定华侨社会。他们互相帮助，共建新家园，在这些城市逐渐形成了体现浓郁中华民俗文化的中华街。

特别是1972年中日邦交正常化以后，日本各地的中华街成了旅游观光地，吸引着千千万万的游客。部分日本华侨华人顽强地抵抗着被同化的压力，维护本民族的文化传统。为继承和发扬光大中华文化，他们每一年都举行由华侨团体主办的各种各样的民族性活动，例如在春节、元宵、端午、中秋等中国传统节日，进行耍龙灯、舞狮子等庆典，既延续了中华文化的传统，又使中华街成为旅游观光者的必至之地，扩大了中华文化的影响。

中华街也是具有浓郁中国气氛的商业街，商铺以饭店为主，另有经营贸易业、家具业、杂货、土特产、装饰品等几百家商店。这里展示着异国的风情、著名的美食佳肴、精致的工艺品。一到节日，各地的中华街都张灯结彩，各式各样的灯笼整齐有序地挂满街道，精致的十二生肖花灯和霓虹灯高照，悠扬的民族乐曲响起，整个中华街洋溢着一片节日气氛，富有浓郁的中国民族风格。

中华街的中华文化表现形式有如下几个方面：

一、视觉文化现象——建筑物

具有中国民族特征的建筑——五彩牌楼雕梁画栋，精美豪华；龙凤雕画这一古典艺术，使人感受到浓郁的中国文化的氛围；公园凉亭、九龙文化橱窗，充满了中国风情。通过这些具有民族特征的建筑物样式、设计，游客获得了对一个民族的直观印象，这是华侨文化的象征。以横滨中华街为例，无论从哪个方向走进中华街，都要首先穿过一座带有中国民族特征的建筑——牌楼：南门牌楼朱雀门、北门牌楼玄武门、东门牌楼朝阳门、西门牌楼延平门。其中，最大最辉煌的是中华街中心地带的善邻门，一面写着“中华街”，一面写着“善邻友好”，反映着广大华侨坚持“善邻友好”的理念。

1990 年，海峡两岸华侨在横滨中华街合作建成保佑健康平安、生意兴隆的新关帝庙（关帝更是华侨的精神支柱），成为当地的重要名胜。香火兴旺的关帝庙，吸收了中国风水思想，进行了再次创造，成为华侨文化自我表现的最好形式。1993 年，中华街陆续改建，新建了牌楼、公园凉亭、九龙文化橱窗，使横滨中华街的面貌焕然一新。鲜艳又热情的朱红、明黄的颜色非常醒目，饮食店铺前的招牌、雕龙描凤的店铺门面和五彩的旗幡，显现出中华街的勃勃生机，让人直观感到的确是来到了海外华侨华人的居住地。横滨“天后宫”（妈祖庙）于 2006 年春落成，为华侨华人又增加了一个维系亲情、延续传统的平台，也为中华街增添了一处独特的旅游景观。

横滨中华街是目前世界上历史最久、规模最大的海外华人聚居区之一，迄今已有 147 年的历史。方圆 2 500 平方米的长方形的中华街上，有 550 个店铺，其中中华料理店 250 多个①，餐饮店如此集中，在世界上属首位。除餐饮店外，杂货店、食材店、古董店、器具店、茶庄、中药店等应有尽有。每到夜晚，街灯、霓虹灯和店铺的照明灯齐放光彩。夜晚的中华街成为游客流连忘返的不夜城。2004 年，从横滨车站直通中华街的地铁全线开通，来中华街旅游观光、购物休闲的人数激增，全年光顾横滨中华街的游客高达 2 000 万人次，超过了日本东京迪士尼乐园每年 1 600 万的游客人数②。

日本的中华街与其他国家的不同，例如：美国的旧金山、纽约等地的中华街，是新到美国的华侨在没有找到工作、居无定所时临时栖身的地方；而日本的中华街，游览者 95% 以上是日本人，中华街成为日本人休闲娱乐的中心，成为日本社会的名牌，这也是中华街繁荣的原因所在。

二、礼仪文化现象——祭祀和艺能

中华街在一年之中最能体现民族特点的是春节祭、关帝诞生、舞狮、舞龙灯、音乐、歌剧、舞蹈、宗教仪式等活动，对于日本游客来说，这里无疑是感受中国文化的最好去处。华侨社会中，除龙狮舞、音乐、歌剧外，社交集会、中国语教室、书法、气功、武术、工艺品和美术品展览等文化活动越来越多，都成了中华街的招牌。另外还有在结婚、企业开张、竣工、开港纪念日等日子举行庆典，非常热闹，体现出中华文化的喜庆氛围。

传播民族的历史和特定情报的文化设施有华侨博物馆、纪念馆。神户华侨历

① 2005 年笔者在横滨中华街采访时得到的数字。

② 笔者在东京迪士尼乐园的宣传资料上得到的数字，横滨中华街的数字出处同上。

史博物馆是一所比较著名的并具有特色的博物馆，其主要陈列内容为：①神户开港以来，华侨业绩的历史记录、照片；②孙文在神户进行革命活动时的亲笔书信、图表及其他资料；③日本各地华侨撰写的著作、文献资料以及实物等；④廖承志和其他政府官员的书法作品。

除博物馆、纪念馆外，诸如横滨中华街的九龙陈列馆（一年举办4次关于中国文化的展览）、长崎的四海楼、神户的孙中山纪念馆、福冈博物馆、大阪的国立民族学博物馆等场所，都利用各种形式、节日宣传中华文化。近年来，华侨和一些国内的少数民族自治区政府及研究机关共同协力举办的展览越来越多，使日本华侨文化不断注入时代的新内容。

三、文化教育现象——华侨学校

早期华侨移民希望他们的后代在接受日本文化教育的同时，也接受一定的本民族文化的熏陶，于是，对本民族子女进行教育的学校应运而生。但是，日本华侨学校所走过的道路并不平坦，经历了战争中学校被烧毁、内部分裂、重新组合等重重困难，但更主要的是来自日本政府对外国人学校的歧视政策，给华侨学校的发展带来了极大的困难。日本现有5所华侨学校，即神户中华同文学校、横滨中华学院、横滨山手中华学校、东京中华学校、大阪中华学校。这些学校中的绝大多数是属于进行初等、中等教育的中、小学校。

“二战”前华侨学校运营的主导权归中华民国，“二战”后华侨则渐渐地掌握了学校运营的主动权。和东南亚的相比，日本的华侨学校比较具有自主权。随着由“落叶归根”到“落地生根”观念的转变，华侨教育也进行了多次改革，不断调整教育方针和内容，使华侨学校成为华侨与地域社会连接的桥梁。

（1）由“民族教育”转变为“华文教育”。原先，华侨学校一贯的教育方针是“中国人意识的确立”。然而随着时代的发展，单纯的“民族教育”已经不能满足社会的需要，因此改变成“多元文化教育”。

（2）由一种语言教学变成多种语言教学。为了升学和生存、发展，必须学习当地语言，因此在学习中文的基础上既学日语又学英语，培养具有多种文化感观的人才。

（3）和本地学校交流、融合，体现华侨学校的特色。在坚守自己文化的同时，理解其他文化，扎根日本社会；在继承本民族文化的同时，向其他民族宣传本民族的文化，培养热爱中国的日本人。华侨学校的教育改革给学校带来了生机，使希望入学的学生有所增加。华侨学校除正常文化教学外，还积极传授华侨文化，编排带有民族风情的舞蹈，舞龙灯、舞狮子也成为学校的必修课之一。

（4）华侨学校还经常和所在地域的日本、欧美学校交流，向其他民族展示、宣传本民族的文化，加强了他们对中国、中国人和华侨的了解，成为国际、族际交往交流的平台。

中华学校是华侨社会的重要组成部分，关系到华侨社会的长远发展。随着时代的发展，华侨学校和博物馆一样，脱离旅游观光等经济成分要素，成为培养华侨社会继承人的基地，也在为传承中华文化、创新华侨文化作贡献。

以上三种文化表现形式是推动华侨文化活动的最大要因，是华侨文化产生、发展、创新的最大推动力。华侨文化的产生大体来自三个方面：①不同出生地的华侨带来了各地不同的风俗、习惯、价值观，他们之间时而也发生冲突，但通过长期的共同生活、相互磨合、相互认同，逐渐地超越出生地文化，产生新的文化；②他们在和世界各地华侨的接触中，通过交流、比较，发现彼此的共同点和不同点，因而产生和发掘自己的新文化；③通过与当地日本人、韩国人等其他民族之间的交流，在保持和不断吸收中完善了华侨文化，也促使华侨文化变得更加丰富多彩。

华侨文化是在世代相传的过程中，汲取民族固有的文化精华而形成的，继承中华民族文化的过程也是文化交融的过程，即出生地文化→吸收中国各地区文化→吸收所在国异民族文化→华侨文化。

第四节　华侨社会不断创新的华侨文化

早在20世纪初，华侨们就善于学习和接受外来文化中对自己发展有用的内容，及时掌握了当时西方传来的新技术、新工艺，并加以改进，创造出适合日本地域生活的技术、方法，如油漆的调制、涂刷，西洋家具、钢琴的制作，修理、制作皮鞋，缝制西式服装，以及开办印刷厂等，这不但加速和扩大了西方技术、工艺在日本的传播与普及，而且经过他们的精心加工和改造，创造出更受欢迎的华侨新工艺，使中华街日趋繁荣。

享誉日本的中华料理，在继承了中国传统菜的色、香、味基础做法上，又有创新。华侨们经过常年不懈的努力，根据当地的饮食习惯，对中餐加以改造，吸收了日本料理、西洋料理所长，制作出了符合日本人口味清淡以及注重色、香、味、意、形的要求，形成独具特色的中华料理，深受日本人喜爱。华侨华人通过他们在餐饮业的活动，架起了一座文化交融、民众交流的桥梁，这也是中华街繁荣的原因所在。华侨华人信奉“以和为贵”的理念，在渐渐融入日本社会的同时，祭祀、艺能所包含的宗教文化要素也被他们挖掘、创造出来。这种直接反映意识形态的祭祀、艺能区别于其他民族的，彰显“和而不同”的华侨文化特色。

近年来，海峡两岸的华侨在中华街上合作建成的保佑健康平安、生意兴隆的新关帝庙与保佑出入平安的“天后宫”（妈祖庙）成为当地的重要名胜。香火兴旺的关帝庙、求神问签者络绎不绝的妈祖庙，吸收了中国风水思想，进行了再次创造，成了华侨文化自我表现的最好形式。

中华街注重中国传统节日，每逢春节、清明节、端午节、中秋节、国庆节、关帝诞辰日等都举行各种庆典。在庆典中，华侨们表演具有民族特色的音乐、舞蹈、武术等，这些表演是在中国文化基础上，能动地创造出来的体现华侨文化的艺术形式。

以狮子舞为例，横滨开港时，中国的渡来者几乎都是广东佛山人，他们把家乡的狮子舞等传统带到了日本，而且保持了广东的地域风格。之后，随着横滨港华侨人数的增多，香港船员不断来日，带来了各地不同风格的狮子舞表演形式，使中华街的狮子舞表演既保持了南方狮子舞的传统风格，又加入北方狮子舞的特色，特别是通过参加世界各国如新加坡、马来西亚等国华侨华人的龙狮舞比赛、恳亲会、体育大会，通过彼此交流，他们有机会吸收其他国家、地域不断创新的技能。通过这样的融合，产生了色彩绚丽、生龙活虎、更加技高一筹的表演方式。狮子舞等直接反映文化形态的祭祀、艺能，区别于其他民族，彰显了华侨文化特色。

近年来，在横滨中华街上，大陆和台湾华侨超越意识形态界线，融为一体，共同举行龙狮舞、体育大会等，使对立关系得到缓解，建立了互相交流、互助共赢的新关系，使日本的华侨文化有了更新的发展。以狮子舞的传承体为例，可以看出华侨文化创造的过程。

表1－12　狮子舞传承过程中华侨文化的创造

时期	第一期	第二期	第三期	第四期
年代	横滨开埠至1945年	1946—1966年	1966—1990年	1990年至今
传授者	广东出身华侨	广东出身香港船员	南方狮子舞，中华青年会北方狮子舞，上海、新加坡华人	和新加坡、马来西亚华人交流
继承者	广东出身华侨一世	中华青年会的华侨青年	华侨青年会（大陆系），中华学院校友会（台湾系）	华侨青年会，华侨学校毕业校友

（续上表）

时期	第一期	第二期	第三期	第四期
狮子舞的特征	南方狮子舞和广东地区同样风格	南方狮子舞和香港狮子舞相近	保持南方狮子舞的传统风格，引进北方狮子舞	南方、北方狮子舞竞争、交流
华侨文化演变过程	出生地文化	各出生地华侨之间交流，摸索中华文化	中华文化的继承和发扬，华侨社会的发展	华侨文化的创造

根据张玉玲的《在日華僑の『中国文化』観と華僑文化の創出—横濱華僑による狮子舞の传承形態から》（《名古屋大學国際開発研究フォーラム》23号，第53～391页）、［日］王维的《素顔の中華街》（東京：洋泉社2003年版）制作。

从表1－12中可以看出，以狮子舞传承的过程为例，可知日本华侨文化以中国文化为基础，融合日本的社会文化以及在日的其他民族的文化而产生、形成、发展起来，并又通过与居住在世界各地华侨华人之间的交流，不断地充实和完善。因此可以说，日本华侨文化既有对中国文化的继承和发扬，又有创新。这种海纳百川的柔软性，正是形成日本华侨文化活性化的源泉，体现了日本华侨具有多元文化的特点。

长期以来，日本华侨华人为了获得有利的社会地位和经济利益，在保持本民族文化属性的基础上，充分运用所有的外部条件，在继承“以和为贵”的中华文化的同时，实践着“和而不同”的传统理念，并不断地创造出自己的独特文化。作为日本社会的一员，他们始终保持着自己民族的、文化的属性，而不是为了和日本人共生而一味地被日本人同化。他们充分运用自己的民族文化资源，显示自己的特色，并吸收其他民族的文化精髓，实现着和日本人“共生”，成为日本多元文化中的一元。应该说华侨华人融入当地社会的过程，不是“本民族文化的消灭”，而是在适应异国他乡的环境中，吸收多种异文化的要素而产生新的“文化生成”，即“华侨文化”。

第二章　日本新华侨华人社会的发展与文化认同

20世纪90年代，世界冷战结束后，伴随着国际化、全球化的进展，跨越国境的移民数量不断增加，人口的流动、迁移已经常态化。世界上所有大都市中都有不同民族、不同文化、不同宗教、不同价值观的人员交往，不同人群交流的场所和机会越来越多，日本也被国际移民的大潮席卷，逐渐开放。作为经济发达的世界先进国家，长时期的"单一民族"、"日本不存在民族问题"的认识也被"世界多样化"、"多元文化"的观念所替代，整个社会发生了很大变化。

随着移民的增多，日本社会也逐渐改变其封闭性和排他性，日本政府认识到日本已经不可能只有"日本精神"、"大和魂"，因此改变了用"一种语言，一种文化"来统合国家的思维，大力提倡"文化接触"、"多文化共生"、"构建和外国人共生社会"。原东京入国管理局的坂中英德局长很早就呼吁日本社会要更加开放，构建一个外国人能够在日本实现理想的社会。① 这一呼吁，引发了很大的反响。

第一节　日本新华侨华人的发展及其特点

20世纪80年代后期，以留学、研修、劳务、国际婚姻为目的来日本的外国人激增，并且他们中有很多人毕业或工作结束后留在日本就职，成了"永久居住外国人"、"日籍外国人"。这些人生活安定之后，又将国内的配偶、子女迁至日本，建立家庭，成为居住地地域社会的成员，和日本人共同生活。目前，日本社会也正在从一个非移民社会走向开放的多民族、多元文化社会。

一、中国留学生增长状况

伴随着中国的改革开放，走出国门的人越来越多。1972年中日邦交正常化

---

① ［日］坂中英德：《外国人に夢を与える社会を作る》（构建一个外国人能够实现理想的社会），日本僑報社，2004年。

以后，两国人员交往日益频繁，各个领域的合作越来越密切。与此同时，赴日留学、工作，身份转变为华侨华人的中国人的数量稳步增长。至2000年以后，在日中国人每年以超过10%的增长幅度快速增加，如2001年比2000年增长13.6%，2002年比2001年增长11.3%；改革开放后的30多年来一直保持了持续增长的态势。

1980年以后，中国学生负笈海外的人数逐年增加。截至2011年底，中国政府向国外派遣公费和自费等各类出国留学人员总数达224.51万人，留学回国人员总数已达81.84万人，回国率为36%，[①] 学成回国的占三分之一左右。

表2-1 在日中国留学生人数统计表（1978—2012年）

年度	各国留学生总数（人）	中国留学生数（人）	比例	年度	各国留学生总数（人）	中国留学生数（人）	比例
1978	5 849	23	0.4%	1996	59 228	33 120	56.0%
1979	5 933	127	2.1%	1997	58 271	31 707	54.4%
1980	6 572	501	7.6%	1998	59 648	32 370	54.3%
1981	7 179	666	9.3%	1999	64 646	35 879	55.5%
1982	8 116	1 085	13.4%	2000	76 980	45 321	58.9%
1983	10 428	2 136	20.5%	2001	93 614	59 079	63.1%
1984	12 410	2 491	20.1%	2002	110 415	73 795	66.8%
1985	15 009	2 730	18.2%	2003	125 597	87 091	69.3%
1986	18 631	4 418	23.7%	2004	129 873	90 746	69.9%
1987	22 154	5 661	25.6%	2005	129 568	89 374	69.0%
1988	25 643	7 708	30.1%	2006	131 789	88 074	66.8%
1989	31 251	10 850	34.7%	2007	132 460	85 905	64.9%
1990	48 715	29 354	60.3%	2008	138 514	88 812	64.1%
1992	56 309	31 910	56.7%	2009	145 909	94 355	64.7%
1993	60 110	34 423	57.3%	2010	141 774	86 173	60.8%
1994	61 515	35 014	56.9%	2011	188 605	127 435	67.6%
1995	60 685	34 617	57.0%	2012	178 557	109 304	61.2%

截止到1998年的数字，是根据段跃中《现代中国人的日本留学研究》（载《アジアの友》，1999年，第42~43页）统计。2000—2011年是根据日本文部科学省公布数据逐年统计制作，http//www.mext.go.jp/a_menu/koutou/ryugaku/main4_a3.htm。

① 盛若蔚：《中国留学人员总数达224.51万人 回国人员81.84万》，《人民日报》，2012年3月15日。

表 2-2　日本的中国大陆就学生人数（1984—2009 年）

年份	外国人（人）	中国人（人）	百分比（%）	年份	外国人（人）	中国人（人）	百分比（%）
1984	4 140	251	6.06	1997	11 755	3 830	32.58
1985	8 942	1 199	13.41	1998	14 540	6 518	44.83
1986	12 637	2 126	16.82	1999	19 426	9 638	49.61
1987	13 915	7 178	51.58	2000	22 404	13 788	61.54
1988	35 107	28 256	80.49	2001	23 932	15 519	64.85
1989	18 182	9 143	50.29	2002	25 948	17 720	68.29
1990	20 851	10 387	49.82	2003	27 362	19 337	70.67
1991	20 654	8 099	39.21	2004	15 027	5 705	37.96
1992	27 367	16 263	59.43	2005	18 090	8 938	49.41
1993	18 127	9 162	50.54	2006	19 135	9 543	49.87
1994	11 947	4 415	36.95	2007	19 160	8 987	46.91
1995	9 928	2 491	25.09	2008	41 313	25 043	60.62
1996	9 436	2 567	27.20	2009	46 759	32 408	69.31

根据日本文部科学省公布数据逐年统计，http://www.mext.go.jp/a_menu/koutou/ryugaku/main4_a3.htm。

从表 2-1、表 2-2 中可以看出，中国赴日留学、研修的人数逐年增加。

据日本文部科学省和入国管理局的统计，截至 2011 年年底，在日外国留学生总人数创历史新高，达到 188 605 人，其中中国留学生 127 435 人，占总数的 67.6%。截至 2009 年年底外国就学生 46 759 人，其中中国就学生 32 408 人，占总数的 69.3%；外国研修生 65 209 人，其中中国研修生 50 487 人，占总数的 77.4%。① 中国“留学生”、“就学生”、“研修生”的总数是 177 250 人。② 他们中的一部分人毕业后为日本的工作机会所吸引留了下来，成为新华侨华人的最基本的来源——“预备军”。

目前，大量接收外国留学生仍是日本的国策，其目的是为日本储备优秀人才和劳动力后备军。2009 年，日本政府教育振兴委员会会议一致认为：“要提高日本的大学及研究生院的国际竞争力，就需要大量扩招优秀的外国留学生”，并提出“在 2025 年前将在校留学生数量扩大至目前的 10 倍即 100 万人”的目标，而

① 王婧：《日本 2009 年在册中国留学生最多》，《日本新华侨报》，2010 年 1 月 18 日。

② 还有一些留学人员不便统计，例如，以留学生配偶身份赴日后，升入大学转变成留学生的人很多；还有以就学生身份在日本语学校学习，语言过关后考入大学，由就学生变为留学生的人数也很多。

且将主要生源国锁定在中国、韩国等东亚国家和地区。①

二、留学生就职状况

20世纪90年代以来，新一代华侨华人成为各大公司开拓中国市场的重要人选，因此，日本的外国人接收政策发生了一些有利于华人的变化。日本政府现行政策是鼓励留学生毕业后在日本就职，这种趋势必定会使在日华侨社会不断趋于稳定化、知识化和年轻化。

表2-3　在日留学生的就职情况表（2001—2009年）

类别	年份								
	2001	2002	2003	2004	2005	2006	2007	2008	2009
人文知识和国际业务	1 439人	1 348人	1 655人	2 530人	3 314人	4 741人	5 885人	6 105人	4 932人
技术	639人	458人	526人	802人	810人	1 173人	1 661人	1 563人	1 355人
教授	110人	167人	162人	189人	160人	192人	177人	185人	198人
研究	62人	50人	36人	63人	44人	59人	55人	51人	50人
投资经营	11人	15人	12人	31人	16人	23人	34人	53人	68人
医疗	12人	9人	4人	5人	3人	11人	11人	9人	22人
艺术	8人	6人	6人	3人	3人	5人	5人	2人	3人
教育	3人	5人	3人	14人	5人	6人	5人	6人	6人
技能	6人	4人	3人	3人	6人	2人	3人	2人	2人
兴行	—	—	—	—	1人	—	1人	1人	1人
宗教	—	—	—	1人	—	—	1人	—	—
公用	2人	—	—	1人	—	—	—	—	—
其他	1人	1人	2人	—	1人	2人	1人	3人	4人
合计	2 293人	2 063人	2 409人	3 642人	4 363人	6 214人	7 839人	7 980人	6 641人
占日本外国留学生比例	64.1%	64.3%	63.8%	69.1%	74.3%	75.1%	76.4%	72.2%	69.3%

根据法务省入国管理局历年留学生就职状况统计制作，http://www.moj.go.jp/housei/toukei/touk ei_ichiran_touroku.html。

① ［日］政府の教育再生会議：《“外国人留学生、10倍増を目指す”「100万人計画」盛り込みへ》，http://blog.livedoor.jp/news2chplus/archives/50786238.html。

从表 2－3 中可以看出，人文知识和国际业务这一项的留学生就职者增长最快，2001 年是 1 439 人，至 2008 年达到 6 105 人，增加了 3.2 倍；技术类留学生就职者 2001 年是 639 人，至 2008 年达到 1 563 人，增加了 1.4 倍。但是受 2008 年世界金融危机的影响，2009 年起就业人数开始下降。

进入 21 世纪，日本政府为了促进企业发展，调整了雇用外国人的条件，由原来的“人文知识和国际业务”、“技术”、“技能”3 类签证的 12 种业务内容，扩展至 26 种业务内容。调整后的外国人雇用方针，更加强调为外国人中的专业人才和“高新技术”人才的就职提供机会。尤其在 IT 业，日本已敏锐察觉到华人在这一领域的杰出表现，多次放宽 IT 人员赴日基准。2002 年 7 月，日本政府规定：“只要参加中国主管机构举办的考试，并取得系统分析员、高级程序员和程序员职称的人，不管有没有大学学历、实际经验，均可申请‘技术’在留资格。”2005 年 3 月 29 日，日本政府发布《第三次出入国管理基本计划案》，并根据前文情况指出：“要创造吸引外国优秀人才在我国定居的有魅力的生活环境和雇用条件，一次性给予他们长期在留资格，并促进他们定住、永住。”

三、日本政府的外国人管理政策及其对华侨华人的影响

在日本的各类法规中有三部法律与在日外国人有最为直接的关系，即《出入国管理及难民认定法》、《外国人登录法》和《国籍法》。日本对其境内的外国人的管理主要依据《出入国管理及难民认定法》和《外国人登录法》这两个基本法。从 20 世纪 80 年代开始，日本政府开始对这几部法律进行修改。

1.《出入国管理及难民认定法》的变迁

《出入国管理及难民认定法》（以下简称《入管法》），原名《入国管理令》，制定于 1951 年，而后曾进行过数次修改，其中重大修改有以下三次：

1981 年的首次重大修改。当时，日本为加入国际难民条约组织，在原有的《入国管理令》上，增设了有关难民身份认定的条款。此外，还对与原殖民地韩国、朝鲜以及中国台湾省籍的在日侨民有关的法条作了修改，简化了这部分人取得“永居”居留权的审批手续，并将《入国管理令》更名为《出入国管理及难民认定法》。

1989 年底第二次大幅度修改。此次修改，将原有的 18 种外国人签证种类增至 28 种；将外国人在日“就职”签证由 7 种增至 14 种；允许日本企业雇用外国职员；允许持“留学”签证的外国留学生毕业以后不用重新办理入境手续，而直接在日将“留学”签证变更为“就职”签证。此次《入管法》的修改，为日本吸纳有技能或有专业知识的外国人在日就职拓宽了道路。1989 年修改后的

《入管法》，通过28种签证分门别类地对所有外国人进行管理。这28种签证又可分为两大类：一类活动受到一定限制，其中包括“允许就职签证”和“不允许就职签证”；另一类的活动不受限制。从某种意义上讲，《入管法》是决定在日外国人法律身份和社会地位的根本大法。

1999年第三次重大修改。日本政府在人口减少、科技人才不足等状况将威胁其经济持续发展的情况下，在日本社会各界要求“放宽限制”的强烈呼声中，对在日外国人居留期限和居留条件进行了重大修改，1999年8月由法务省正式颁布，变更了21种签证的居留期限。此次修改，是以促使日本顺利接受外国科技人才、促进在日外国人“安定化”、减轻在日外国人负担为目的的一次重大行动。

通过数次修改，日本政府拓宽了有技能的外国人进入日本的渠道，并将以往被动“应付”外国人问题的政策，转变为积极主动“吸引”外国人，为大量外国人来日工作、生活创造了良好的条件。

2.《外国人登录法》的修改

根据日本法律规定，除了入境停留不满90天者，外国使领馆官员、随员和外国政府、国际机构的工作人员，驻日美军及其家属以及日本法律规定的不必“登录”人员外，所有首次入境的外国人均需履行“登录”义务。《外国人登录法》（以下简称《登录法》）规定：在日居住超过一年的16岁以上的外国人，在办理登录手续时必须录入指纹，并且每隔5年更换一次登录证；如果职业、就职处所、居住地变更，须在14天之内到所在市、区、町、村公所办理变更手续；除此之外，登录外国人有义务随身携带“外国人登录证”，以备有关官员检查。

对于《登录法》中的指纹录入问题，在日外国人多年来一直反应强烈。因此，1997年1月日本修改《登录法》，废除了持“永居”签证的外国人录入指纹的条款，但在日居留一年以上的持其他签证的外国人的指纹录入义务依然保留。1999年，日本国会通过《登录法》修正案，规定：取得一年以上签证者，或在日居住一年以上者，无论持何种签证，都无须在“外国人登录证”上按手印，而只需签名。至此，延续了近百年的、源于“将外国人当作犯罪嫌疑犯”的思维方式的指纹录入制度终于被彻底废除。然而，美国的“9·11”事件发生后，日本政府又重新启动了外国人的指纹录入义务。

3.《国籍法》的修改及其对华侨华人的影响

日本第一部《国籍法》制定于1899年，1950年其被废止后，重新制定了第二部《国籍法》。到1985年为止，日本的《国籍法》一直是倾向于“父系血统主义”。因此，日本女性与华侨所生子女不能成为日本国民，而只能是持中国国籍的华侨。1985年修改的《国籍法》规定：“子女出生时，父亲或母亲为日本公民，其本人为日本公民。”这样，随着“父母两系血统主义”《国籍法》的实施，外国人与日本人结婚所生子女，将自动具有日本国籍，成为日本公民。

日本对希望取得日本国籍的外国人采取的是“有条件接受”政策，严格控制外国人加入日本国籍是日本历来的政策。1985 年修改《国籍法》，对一些与日本人有血缘、姻亲等特殊关系的外国人加入日本国籍有所放松，但对一般在日外国人加入日本国籍的控制仍很严格。20 世纪 90 年代中期以来，在少子化、人口减少问题的压力下，为吸纳其社会经济发展所必需的人才，日本政府才在外国人入籍问题上明显放宽了限制。

《国籍法》的修改，给日本华侨华人在社会的法律地位和文化形态上带来了变化。“父母两系血统主义”的国籍法，使日本华侨子女国籍的日本化成为必然。而根据日本教育法规定，日本公民有使其子女接受日本公民教育的义务。因此，华侨子女初级教育的日本化更加普遍，使得日本华侨华人能够更好地融入日本社会。

日本政府除了通过修改《入管法》、《登录法》和《国籍法》，放宽外国人入境政策外，还对其他一些相关政策进行了修改。如聘用外国人任地方公务员的“国籍条款”的限制逐步被废除，对外国人取得“永居”和“定居”权的条件逐渐放宽，对外国人加入日本国籍的限制日益放松，对在日外国人子女就读日本大学的限制有所松动等。

这一系列政策的修改，对日本国内产生的影响是显著的。据统计，2010 年底，持“永居”签证的中国人为 169 484 人，比 2006 年的 117 329 人增加了 52 155人。日本政府这种由被动“排斥”转为主动“吸纳”外国人的方针政策的转变，给在日外国人提供了一个日益良好的生存环境和发展机会，为日本华侨华人社会的持续发展提供了日益宽松的环境。

2012 年日本政府公布的《经济财政白皮书》中指出，和经济合作与发展组织（OECD）的主要成员国相比，在日本的外国人劳动者中，学历在大学以上的人士所占比例为 24.6%，高于比例为 17% ~18% 的英国、德国和法国；但在相对于总人口的比例方面，还不到加拿大和美国的 1/3。① 因此，日本法务省出台了一个有关外国人在日本就业的新制度，从 2012 年起，仿效英国、加拿大、韩国等国的移民制度，实施“打分制”，以促进拥有优秀技能和丰富经验的外国人来日本就业并定居，希望以此来提高日本的国际竞争力。其具体做法是对属于“学术研究”（如大学教授等）、“高度专门·技术”（如医生等）、“经营·管理”（如企业干部等）这 3 个签证类别的人才予以打分评价。想要来日本就业的外国人或其所属企业可以向日本各地的入国管理局提交认定申请，分数超过 70 分的

① 《日本経済財政白書》（2012 年版），http://www5.cao.go.jp/keizai3/keizaiwp/index.html#zaiseihakusho。

外国人则被认定为“高度人才”。获得这个认定的外国人在办理入境签证和居留资格时予以优先处理，并且只要在日本生活 5 年就可以申请“永住”，而一般情况下需要居住 10 年才有资格申请。还有其他优惠条件，即其配偶打工可以不受时间限制，还可以带父母和保姆来日本居住。① 日本推出这个新制度的用意是引进日本急需的优秀人才，提高日本国内劳动市场的人员质量。

四、新华侨华人的状况

从 20 世纪 80 年代后半期开始，日本社会急速地向国际化迈进。1990 年，日本修改入国管理法，政府对外国人的政策发生了很大的转变，致使留学不归的人数逐年增加。目前，滞留日本未归的中国人中，留学生占三分之二，他们或就职后在日本长期生活，或取得了永久居住权，或加入了日本国籍，使在日稳定生活的华侨华人的人口急剧增加，并逐步形成了具有鲜明特点的“新华侨华人”族群。

据日本法务省民事局公布的统计资料显示，自 1989 年以来，中国人加入日本国籍者人数一路攀升，近几年更是以每年 4 000 ~5 000 人的速度增长。

表 2 -4　在日中国人加入日本国籍统计表（1978—2012 年）

年度	人数	年度	人数	年度	人数
1978	1 620	1994	2 478	2004	4 122
1979	1 402	1995	3 184	2005	4 427
1980	1 620	1996	3 976	2006	4 347
1981	1 593	1997	4 729	2007	4 740
1989	1 066	1998	4 637	2008	4 322
1990	1 349	1999	5 335	2009	5 391
1991	1 818	2001	4 377	2010	4 816
1992	1 794	2002	4 442	2011	3 259
1993	2 244	2003	4 722	2012	3 598

资料来源：1978—1981 年的数据来自［日］過放、刘晓民：《近现代日本华侨社会的进展与变化》，《南洋资料译丛》2005 年第 1 期；1989—1997 年的数据来自［日］游仲勋著，周添成译：《华族在日本》，周望森主编：《华侨华人研究论丛》第六辑，北京：中国华侨出版社 2003 年版，第 243 页；1998—2012 年的数据来自日本法务省民事局历年的统计资料。

① 日本法务省入国管理局：《高度人材に対するポイント制による優遇制度》，http://www. immi - moj. go. jp/newimmiact_3/index. html。

表2-5　近7年（2005—2011年）来中国人加入日本国籍的人数

年份	2005	2006	2007	2008	2009	2010	2011
人数	96 762	101 109	105 813	110 135	117 206	120 343	123 602

由表2-4、表2-5中可以看出，自1989年以来，加入日本国籍者人数一路攀升，近几年更是以每年4 000～5 000人的速度增长；2007年中国人取得日本国籍者总数比2006年增加了9.5%；2008年底，取得日本国籍的华人总数达110 135人，比2007年增加了9.6%；2010年人数比2009年增加了9.7%；几乎每年都以近10%的速度增长。

随着滞留不归人数的增多，定住者也在增加，2007年为33 816人，增加1.5%；日本人配偶者为56 990人，增加2.0%；永住者的配偶者为5 215人，增加21.2%。战后中国残留孤儿归国者共5 882个家庭，18 608人（其中6 000人左右是日本人）。[①] 在日中国人永住者2008年相比2007年的增长率为9.5%，总数已达128 501人，再加上特别永住者2 986人，在日中国人永住者已突破13万人。[②] 而且历届毕业的留学生等还在不断地加入到这个行列中，因此，在日华人稳定人口已经超过43万，[③] 成为在日安定性很高的族群。

五、在日中国人及华侨华人总数

在日本，除华侨华人、留学生以外，还有教授、投资经营、法律会计、医疗、研究、技术、人文知识和国际业务、企业内转勤、家属滞在等领域的相对稳定人口，而且近几年来更是逐年增加。

从表2-6中可以看出，在日中国人人口从80年代初期开始呈较快增长趋势，80年代后更是增长迅速。1989年，在日中国人的登录人口为137 499人，到了2009年增长为680 518人，是1989年的近5倍，占外国人总数2 186 121人的31.1%。2008年底，在日中国人655 377人，比上一年增长8.0%。最近5年，

① ［日］财团法人入管協会编：《在留外国人統計》（2001年版），第17页。

② ［日］财团法人入管協会编：《在留外国人統計》（2008年版），第17页。

③ 张石：《在日华人总数超过75万　集中定居促进社区多样化》，（日本）《中文导报》，2008年12月21日。

在日中国人登记人数的年平均增长率为7.9%。①

表2-6　在日中国人人数变化表（1980—2011年）

年份	外国人（人）	中国人（人）	比例	年份	外国人（人）	中国人（人）	比例
1980	782 910	52 896	6.7%	2000	1 686 444	335 575	19.9%
1985	850 612	74 924	8.8%	2001	1 778 462	381 225	21.4%
1990	1 075 317	150 339	14.0%	2002	1 851 758	424 282	22.9%
1991	1 218 891	171 071	14.0%	2003	1 915 030	537 700	28.1%
1992	1 281 644	195 334	15.2%	2004	1 973 747	487 570	24.7%
1993	1 320 748	210 138	15.9%	2005	2 011 555	519 561	25.8%
1994	1 354 011	218 585	16.1%	2006	2 084 919	560 741	26.9%
1995	1 362 371	222 991	16.4%	2007	2 152 973	606 889	28.2%
1996	1 415 136	234 264	16.6%	2008	2 217 426	655 377	29.6%
1997	1 482 707	252 164	17.0%	2009	2 186 121	680 518	31.1%
1998	1 512 116	272 230	18.0%	2010	2 134 151	687 156	32.2%
1999	1 556 113	294 201	18.9%	2011	2 078 508	674 879	32.5%

根据日本出入国管理年报和入国管理局的《在日外国人统计》整理制作，http://www.e-stat.go.jp/SG1/estat/List.do? lid=00000106502。

据日本法务省入国管理局2012年6月13日发布的“平成二十三年（2011）末外国人登录者统计”数据显示，在日中国人登录者达674 879人，占在日外国人人口总数的32.5%；② 截至2010年底，取得日本国籍的华人总数已达120 343人；战后残留中国孤儿归国者眷属18 608人（共5 882个家庭、18 608人中6 000人左右是日本人）。③ 总之，目前在日的华侨、华人、留学生、就学生、研修生、日本人配偶，加上不法滞在者11 700人、④ 持有工作签证的中国人等在日华人可统计人口已达822 789人。

① 日本在华侨华人的各种统计数字上历来差别很大，统计中总有比实际情况夸张的成分。究其原因，主要是华侨与华人的身份没能严密区分。日本对外国人的在留资格划分很细，因此整理华侨华人的统计数字首先要明确在留资格的划分。在中国，把取得居住国国籍的人叫作“华人”，把持有中国国籍并具有居住国永久居住权的的人叫作“华侨”。而在日本，大多混用为“在日中国人”、“华侨”，没有明显的区别。

② 日本法务省在留外国人登录统计，http://www.e-stat.go.jp/SG1/estat/List.do? lid=00001089591。

③ ［日］财团法人入管協会编：《在留外国人統計》（2001年版），第17页。

④ 孙辉：《日本被强制遣送外国人减少违法滞留者逐年下降》，（日本）《中文导报》2013年4月2日。

从2007年起，在日中国人人数首次超过在日韩国人和朝鲜人，跃居在日外国人榜首，成为人数最多的外来族群。

表2-7　中国人、韩国（朝鲜）人在日登录人口比较表

年份	国别—比率			
	韩国人和朝鲜人（人）	日本外国人总数的构成比（%）	中国人（人）	日本外国人总数的构成比（%）
1996	657 159	46.4%	234 264	16.6%
1997	645 373	43.5%	252 164	17.0%
1998	638 828	42.2%	272 230	18.0%
1999	636 548	40.9%	294 201	18.9%
2000	635 269	37.7%	335 575	19.9%
2001	632 405	35.6%	381 225	21.4%
2002	625 422	33.8%	424 282	22.9%
2003	613 791	32.1%	462 396	24.1%
2004	607 419	30.8%	487 570	24.7%
2005	598 687	29.8%	519 561	25.8%
2006	598 219	28.7%	560 741	26.9%
2007	593 489	27.6%	606 889	28.2%
2008	589 239	26.6%	655 377	29.6%
2009	578 495	26.4%	680 518	31.1%
2010	565 989	26.5%	687 156	32.2%
2011	545 401	26.2%	674 879	32.4%

根据日本法务省的在留外国人登录统计制作，http://www.moj.go.jp/housei/toukei/toukei_ichiran_touroku.html。

从表2-7中可以看出：1996年在日韩国人和朝鲜人最多，为657 159人，占全体外国人的46.4%；在日华人总数为234 264人，只占16.6%。在随后的10年中，韩国人和朝鲜人每年逐渐减少，而华人不断增多。情况至2007年发生了逆转，在日居住的190个国家的外国人登录者（2 084 919人）中，中国人总数是606 889人，占28.2%，超过了朝鲜人和韩国人的593 489人（27.6%）。2008年，中国人更增至655 377人，占29.6%；而韩国人和朝鲜人比上一年减少4 250人，为589 239人，占26.6%。2011年，在日朝鲜人和韩国人为545 401人

(26.2%)，比2010年减少20 588人；而在日中国人为674 879人，占在日外国人总数的32.4%，连续5年成为在日外国人中人数最多的“第一大族群”。

在日华侨华人的快速增长，引起日本主流媒体高度关注，他们报道的焦点也不再局限于移民、犯罪等问题，而是趋于多元化。《朝日新闻》是日本发行量第二的重要纸媒，自2009年2月10日开始，其把“在日华人”称为在日外国人中的“最大势力”，推出为期一年的“在日华人”连续报道，这是日本主流媒体首次以“在日华人”这个崭新概念，对生活在日本的华侨、华人作出全面报道，展示华人精英们生活的方方面面。

在生活上，新华侨华人也从追求温饱发展为寻求高质量的精神生活，他们经常利用网站自主召集周末聚会，或组织自费旅游、登山、泡温泉等交流活动。

然而，尽管在日新华侨华人的身份、起点基本相同，但每个人所走过的道路各有不同，久而久之差距自然拉开。目前，在日华侨社会内部各阶层分化很明显，处于中上层的生活条件优裕，有些人可以直接和日本上层交流；但也有处于社会底层，生活窘迫，尚挣扎在生存线上的华侨华人，贫富差距比较明显。

六、改革开放后赴日新华侨华人的特点

改革开放后，中国大陆人在日定居的总人数中，从留学生转变成华侨华人的占有相当大的比重，是新移民的主体，被视为中国大陆新移民中素质最高、境遇最好，也是最有前途的群体。这个群体具有以下主要特点：

（一）专业素质强，职业多样化

在日新华侨华人不仅数量多，舞台也十分宽广，活跃在各个领域。工厂、农村、渔村自不待言，高科技产业也有众多的华人在那里工作，承担日本企业对中国商务的人也相当多。他们打破当年老华侨靠“三把刀”（菜刀、剃刀、剪刀）起家的传统和以贸易、房地产、中餐馆为支柱的传统行业束缚，实现了职业的多样化。多数新华侨华人经过多年的奋斗，开始在许多行业崭露头角。其经营范围涵盖科技咨询、软件开发、国际贸易、房地产、金融、旅游、食品杂货、教育、医疗、文化、艺术、新闻出版等各行各业。他们运用所掌握的先进技术、特殊技能、人文知识、国际业务和管理经验，活跃在日本国营和私营的企业、大学、科研机构等各个领域。其中有相当一部分的人，在所从事的领域能代表日本当代最新、最尖端的科技水平。在日新华侨华人依靠自己的顽强拼搏和聪明才智，事业稳步发展，涌现出一批业绩好的企业和个人。从2001年起，已陆续有四家华人创办的企业在日本成功上市。

近年来，随着中日经济往来的发展，华侨华人及在日中国人的职业技能水平有了显著变化，他们逐渐跻身于IT、金融、学术研究等新锐领域，在大企业和名牌大学崭露头角。据2012年6月13日日本法务省发布的2011年留日外国人登录统计（见表2－8）显示，华侨及在日中国人从事技术、技能、知识行业者已经占有相当高的比例。

表2－8 2011年华侨和在日中国人及占外国人总数比例的统计表

名称	外国人总数	中国人总数	比率	名称	外国人总数	中国人总数	比率
教授	7 859人	2 294人	29.2%	美术	461人	97人	21%
宗教	4 106人	129人	3.1%	报导	227人	21人	9.3%
投资经营	11 778人	3 974人	33.7%	法律会计	169人	6人	3.6%
医疗	322人	246人	76.4%	研究	2 103人	790人	37.6%
教育	10 106人	103人	1%	技术	42 634人	22 486人	52.7%
人文知识和国际业务	67 854人	34 446人	50.8%	企业内转勤	14 636人	5 518人	37.7%
兴行	6 265人	389人	6.2%	技能	31 751人	17 657人	55.6%
文化活动	2 209人	749人	33.9%	短期访问	23 978人	5 179人	21.6%
留学	188 605人	127 435人	67.6%	就学	46 759人	32 408人	69.3%
研修	3 388人	1 275人	37.6%	家族滞在	119 359人	61 481人	51.5%
特别活动	22 751人	5 374人	23.6%	技能实习	141 993人	107 601人	75.8%

根据日本法务省的在留外国人登录统计制作，http://www.e－stat.go.jp/SG1/estat/List.do? lid＝000001074828。

从表2－8中可以看出，2011年在日本居住、具有“教授”签证的外国人为7 859人，其中中国人为2 294人，占整体的29.2%。如果将归化日本国籍的华人教授统计在内，可能突破3 000人。如果将担任中国语非常勤讲师[①]的华侨华人统计在内，数量将更加庞大。

在日本的文化、科学技术、医疗等领域也活跃着很多的华侨华人。正像表2－8中显示的那样，日本在住外国人中，从事人文知识和国际业务的外国人总数为67 854人，其中中国人为34 446人，占50.8%，达到总人数的一半；外国人从事医疗的人数为322人，其中中国人为246人，占76.4%，占总人数的七成

① 日本大学中，教师分为“常勤”（じょうきん、full time）和“非常勤”（ひじょうきん、part－time），即专职和非专职（兼职）。

以上；从事技能工作的外国人为 31 751 人，其中中国人为 17 657 人，占总数的 55.6%；研究机构中的外国人学者为 2 103 人，其中中国人研究者为 790 人，占总数的 37.6%。从事技术、技能、教授、研究、人文知识和国际业务工作的华侨及在日中国人共计 77 673 人，占总数 152 201 人的 51%。他们之中，在企业、国立研究机构担任主任研究员以上重要职务的达数百人之多。从以上的数字可以看出，华侨华人中的专业人才已经渐渐地融入了日本主流社会，其中的一部分人还担当着重要的职责，从事着代表日本最尖端科学技术的工作。

（二）学历较高，经济状况好

改革开放以来，特别是 2000 年以前，赴日华人以高学历的留学生群体为主。新世纪以来，虽然以研修、就学、日本人配偶等身份赴日的人数增加，但并没有改变日本新华侨华人群体的高学历特征。

在国外激烈竞争的社会中，没有一定的真才实学难以立足。我国公派的留学生，是经过严格选拔的杰出人才。他们在海外优越的教育条件下，接受先进的科学技术教育，取得了优异的成绩。其中一部分人学成回国，活跃在祖国的各条战线上。一部分人已在国外的高校、科研机构中任职，取得了永久居住权，还有一些人加入了所在国国籍。

自费留学生的学历也很高。以北京为例：1993 年以来，北京地区具有大专以上学历申请自费出国的留学人员，以每年 20% 的幅度增长，其中硕士以上学历申请者的人数年均增长率为 20.5%，博士学历申请人数平均增长率为 78.3%，申请出国做博士后研究的人员也以较快速度增加。

自费留学生的生活条件比较艰苦，但他们具有中华民族吃苦耐劳的品质、顽强拼搏的精神，有相当多的人取得了优异的成绩。这些人中的大部分取得学位后留在国外，从事自己专业领域的工作，或在高校进行教学和研究，以他们的聪明才智和勤奋努力取得了令世人瞩目的成绩。

以高学历为主的新华侨华人是一个“藏龙卧虎”的群体。他们受过高等教育，亦学亦商，化专业为事业，很快打入主流社会。由留学生变为专业人士的新华侨华人在取得高学历、高职称的同时，也吸收了国外现代创业的新观念，思路更宽广、更具有创造性和挑战性。他们以积极的姿态融入主流社会，以一种开放、友好、发展的姿态积极适应主流文化，努力进入最受人尊重、最能代表社会发展趋势的职业，在高科技业、制造业、通讯业、批发销售、进出口、金融保险、房地产、医疗，以及各类专业服务行业中开辟了市场。他们有强烈的经济、社会和政治诉求，在工作中努力拼搏，因此在他们中诞生了大量的专业人才，整体经济地位也有大幅度提高。

新华侨华人的出现使当地人对中国人有了更加良性的看法，传统的以“餐饮”、“商人”作为华侨华人代名词的状况，正逐渐为“高知识”、“高科技”等新华侨华人形象所取代。

（三）新华侨华人社团增多

随着赴日人数的增多，华人队伍日益壮大，以业缘、学缘、地缘等为背景建立的新华侨华人社团不断涌现。例如，“日本中华总商会”、“日本华人教授会议”、“全日本中国人博士协会”、“在日中国科学技术者联盟”、“在日中国律师联合会”等。还有日本各地区的“西日本新华侨华人联合会”、“北海道华侨华人总会”等以及地区性的“湖南同乡会”、“上海同乡会”。中国的一些重点大学在日本几乎都有校友会，如：“暨南大学日本校友会”、“北京大学日本校友会”等，不胜枚举。这些新华侨华人社团的发展具有以下特点：

（1）华人社团间的横向联合日益加强。例如，“日本新华侨华人会”（2003年9月21日成立）是由23家华人团体联合成立的机构，也是目前在日本规模和影响最大的华人团体之一。“日本华侨华人学会”于2003年3月29日成立，以长崎、神户和横滨各地的华侨华人研究会为基础，整合了全日本有关华侨华人研究的主要力量，研究在日华侨华人生存发展的历史。新学会形成了组织更健全、规模更宏大的专业研究社团。“日本华人教授会议”的成立（2003年1月），把在日本各大学、研究机构的高层次专家学者联络到一起，除了开展会员间的学术交流外，还与日本各界积极对话，多次被即将访华的日本首相邀请到首相官邸，听取他们对于发展日中两国关系的意见和建议，也曾多次参与了中国领导人访问日本期间的接待工作，社会影响力日趋扩大。新潟县和福岛县两地的华侨华人总会尽管建立时间不长，但在日本大地震灾害发生后和其他地区社团联合，在救灾赈灾过程中，作出了巨大的努力。

（2）新华侨华人社团的发展日益规范化、规模化。例如，2012年4月，日本中华总商会得到日本法务部门的批准，正式变更为社团法人组织。日本爱媛县华侨华人联合会也在该会成立4周年之际，于2012年4月26日获得当地法务部门的认可批准，成立“一般社团法人爱媛县华侨华人联合会”。很早就已经具有法人资格的华人社团还有神户中华总商会、广东同乡会、福建同乡会、宁波同乡会等。

侨社具有社团法人资格后，更加容易融入日本主流社会，开展能够承担社会责任、分享法人权益，包括公益活动在内的各项活动。同时也更容易促进当地的华侨华人与日本社会各界的交流；促进华侨华人的相互交流、相互帮助、相互团结；促进华侨华人爱国爱乡，推进中日友好；为华侨华人和日本民众提供经济、文化、学术、艺术交流服务，等等。

已经设立22年的“东华教育文化交流财团”于2010年9月28日获得“公益财团法人”资格认定，并于10月1日完成了公益财团法人的登记，成为在日华人社会首个公益财团法人组织。“东华教育文化交流财团”长期从事中日留学生交流和人才培养事业，为两国的教育、学术、文化交流事业提供了巨大资助，作出了重要贡献。此次获得“公益财团法人”资格认定后，将能保证财团的巨大侨资平稳运营和持续发展。①

（3）社会影响力日趋扩大。例如：“全日本中国人博士协会”（1996年7月成立，2011年解散）自成立以来，以“务实、创新、架桥、贡献”为宗旨，通过举办研讨会和国际会议、编辑发行学术杂志、出版学术书籍等形式，在帮助会员提高学术水平，促进科技创新的同时，也为中日两国共同的学术研究架起桥梁，为祖国的科学技术发展和中日友好作出贡献，实现了超越中日两国国界的跨文化、跨专业的创新。

日本中华总商会②（1999年9月9日成立）是由新老华侨以及有中资背景的在日企业法人组成的经济团体。截至2011年末，有企业会员近300家，在以华侨华人经营者为主体的230家正会员（2012年4月）当中，有5家在东京证券交易所上市。正会员企业注册资本总额超过300亿日元，员工14 000余人，最近的营业总额超过2 200亿日元，属下子公司达到230余家。该商会一直致力于与日本、中国经济界以及海外华商团体的交流，社会影响力不断增大。总商会在2012年3月16日年度大会中提出了未来发展方向，即进一步扎根日本，充分发挥与中国联系的“管道作用”，成为在日本经济界及世界华人经济界具有一定影响力的经济团体。在其《2012年度事业计划》报告中更具体提出未来四年会员企业将扩大至500家、“强化组织体系”、进行“品牌构建和对外活动”的发展目标。③

① “东华教育文化交流财团”成立于1988年8月24日，在第一代理事长陈焜旺的领导下，发起资金3亿日元，后增至27亿日元，成为在日华侨华人社会的一笔巨大财产。成立22年来，东华财团已经资助中日学生超过1 200人，其中中国来日自费留学生600多人，日本赴中留学生500多人，在中日之间发挥了积极作用。“东华教育文化交流财团”本来具有法人资格，但要成为“公益财团法人”需向专门机构提出申请，经过审查后才可转型为公益财团法人。新的公益财团法人，一方面可继续享有财税上的优惠，另一方面将与原来管辖的主务省厅脱离关系，成为完全自主的民间财团。杨文凯：《首家在日华人公益财团法人获认定》，（日本）《中文导报》，2010年11月12日。

② 日本中华总商会的会员，除华侨华人经营者为主体的正会员以外，还有70家由日本企业和跨国公司构成的赞助会员，这其中有近半数是上市大型企业。据不完全统计，赞助会员企业注册资本总额超过3兆日元，员工12万余人；最近的营业总额超过9兆日元，属下子公司1 000余家。

③ 孙辉：《日本中华总商会召开会员大会将实现社团法人化》，（日本）《中文导报》，2012年3月19日。

第二节 新华侨华人在日本各个领域的事业创成

20世纪80年代中国实行改革开放政策后，在中国大陆出国定居的总人数中，原留学生占有相当大的比重。据教育部统计，1978—2011年，中国各类出国留学人员总数为224.51万人，学成归国的只有81.84万人，仅占总数的36.45%，[①]大多数人都留在海外。据日本《在留外国人统计》一书称，外国人在日就职者中有三分之二以上是原留学生，因而被认为是新移民的主体。在日本的全体外国人劳动者中，华侨华人在教授、艺术、研究、技术、人文知识和国际业务、企业内转勤、技能等十几种高级职业中，人数均居首位。他们大多具有博士、硕士学位，是一个善于创业、勇于创业的族群。他们在为自身发展而奋斗的同时，也在为中日之间的科技和文化交流发挥着作用。正像《朝日新闻》所报道[②]的那样，相当多的华人承担着日本企业对华商务、对华贸易的重任，以他们的聪明才智和勤奋努力活跃在日本的文化、科技、医疗等各个领域，取得了令世人瞩目的成绩。他们所取得的成就，是中国改革开放国策的缩影；他们向世界展现了中国人的才华，也正因为他们所具有的时代特点，而被称为“新华侨华人”。

以留学生为主体的新华侨华人在出国前大都受过良好的高等教育，其中不乏名牌大学的毕业生、教师、科研技术人员，具有较高的文化素质，是日本华侨华人社会中学历最高、社会活动能力最强、事业最为成功的群体。他们与老一代华侨华人不同，其显著的特点是在出国前大都受过高等教育，在日本攻读学位期间又学到了专业知识和科学技术本领，具有多元文化的思考力和感受力，所以对新环境的适应能力很强，并具有创新和创造能力。然而，他们的成功也并非一帆风顺，而是经过了艰苦卓绝的奋斗和努力。

新华侨华人是新中国培养起来的大学生或研究生，既受过良好的教育、具有较高的文化素质，又与国内亲友、师长、同窗保持着密切的难以割舍的联系；他们既具有经中华传统文化熏陶而形成的世界观，又具有因接受日本文化而产生的新思维；他们既了解中国国情，又了解海外市场经济与法治社会的实际运作，这种双重的社会阅历以及他们在日本所受的教育训练，使他们能站在更高的平台

---

① 中国国际移民报告：《新的“人才回流”时代已经开始》，中国新闻网，http：//www.chinanews.com/lx-sh/2012/12－18/4417057.shtml。

② 《朝日新闻》是日本发行量第二的重要报纸，该报自2009年2月10日起，推出为期一年的“在日华人”连续报道，这是日本主流媒体首次以“在日华人”这个崭新概念，对生活在日本的华侨、华人作出的全面报道，展示了华人精英们的方方面面。

上，进行多角度思考。正因为如此，他们凭借“高学历、高技能、高人脉”的“三高”的自身优势，在竞争激烈的社会中取得了成功，成了日本社会中不可忽视的群体，也为日本的华侨华人社会增添了新鲜血液，带来了新风气。

一、新华侨华人的人生洗练

20 世纪八九十年代去日本的中国留学生，是很优秀的一代。他们大多在进入日本主流社会之前，都已经历过严酷的生活洗礼。从中国来的留学生绝大部分经济上没有积蓄，得到中国政府和日本文部科学省奖学金的公费留学生仅占全体的 15% 左右。笔者采访日本文部科学省学生支援课留学生交流室室长池田辉司时，他介绍说：截至 2006 年 5 月 1 日，日本总计接收留学生超过 11.792 7 万人，其中中国留学生 7.429 2 万人，公费留学生仅有 1 696 人。

80 年代的中国，各阶层的家庭基本都是维持温饱，无所积蓄。所以，自费留学生到日本后，很难得到家庭财力支持，必须以打工挣钱来维持生活，用以支付高额的学费和生活费用。如同留学欧美等国家一样，初到异国他乡，由于语言、技能、习俗等限制，他们只能从事餐饮、建筑等行业的工作。此类工作耗时长、强度大，但是对于以能吃苦耐劳而著称的中国人来说，无法承受这一顾虑似乎并不存在，因为摆在他们面前的最大愿望是赚钱以积攒学费和生活费。他们一边攻读硕士、博士学位，一边从事繁重的体力劳动。

日本社会能够给予留学生的工作很少，而且收入也很少。一位留学生说：“我有生以来第一次做繁重的体力劳动，每天早出晚归，几乎是‘年中无休’的生活。在了解了‘自由世界’的同时，也真正品尝到了‘艰辛’这两字的滋味，这种身心的重压和折磨的感受令我终生难忘。”①

日本留学的艰难经历，既磨砺了毅力，也给他们留下了挥之不去的记忆。如一位自费留学生所说：“在日本的生活是极为现实和艰难的，没有毅力活不了，尤其是浪迹者心灵最深处的那份孤独和苍凉，往往会使许多强者也不禁黯然泪下。”

然而，这种磨砺，成为他们追求成功的强劲动力。一位留学生这样表述：“回首留学经历，我从受人尊敬的大学老师一下变成了一名贫困的留学生，当时心理上的落差可谓一言难尽。虽然来到了亚洲经济最发达的国家，但原属于自己的光环突然间褪去，好似一个拓荒者来到人生新的一片荒原上。然而留学对于我

① 文章中的留学生、华侨、华人所述内容均来自笔者在日本学习、工作的十三年中所接触的华侨华人朋友及采访记录。

来说是背水一战，我对自己暗下决心：‘只许成功，不许失败！’”

留学生活的苦难和磨砺，使他们更奋发地要求自己脚踏实地、从头做起。另一位留学生说：“初到日本的研究生活，与我想象的完全不同，陌生的语言、不同的习俗、紧张的节奏，让我感到压力很大，也很迷茫。然而，努力的成果为我的人生带来了转机。通过打拼的痛苦体验，我们了解了日本的文化、风俗习惯，学会了处世做人。”

这几位原留学生的话语，反映了当时留学生的真实处境，也体现了那个时代的共性特征。正是这种艰辛的“洗礼”，使他们养成了吃苦耐劳、宠辱不惊的品格和敢于挑战、善于应变的坚强毅力。他们坚信：“今日‘一无所有’的留学生，或许就是明日的企业家、教育家、外交家、政治家。”

二、新华侨华人在各个领域的事业创成

20 世纪 80 年代赴日的华侨华人专业人才，经过 20 多年的奋斗，经过了求生存的艰苦阶段和创业的困难时期，步入了发展阶段，其中很多人已经取得了较大成功。日本华侨华人的职业构成已今非昔比，一大批学者也在各个领域特别是人文社科领域建功立业。如果说老华侨华人企业家的特征是勤俭积累、白手起家，新华侨华人则是利用他们留学的经验和掌握的专门科学知识、技术及勇于面对风险的精神创业、兴业。他们饱尝了创业的艰辛、失败和挫折，更具有符合时代潮流的挑战精神，为企业、事业的发展出谋划策，并积极捕捉商机，或与日本企业联手经营，或独自创业，或大胆并购，或适机买卖，逐科技之新潮，补商海之空缺，不断闯出新路，不断开拓新领域。他们所从事的事业范围广阔，有 IT 业、教育、医疗、文化、艺术、贸易、房地产、金融、旅游、餐饮、娱乐、食品、杂货等，从上市的高科技企业到灵活多变的贸易公司，应有尽有，显现出多样化的特点。

（一）科技经贸领域

20 世纪八九十年代赴日的新华侨华人，经过在日本大学里的刻苦攻读与严格训练，成为身怀技艺的专业人才。他们离开校门后，进入日本公司，从底层做起，才干不断增强，社会经验也日益丰富。经过 20 多年奋斗，经历了求生存的艰苦阶段，挺过了创业的痛苦时期，步入了发展阶段，其中很多人已经取得了较大成功。在高科技产业竞争激烈的日本，以往没有华侨华人的插足之地。但进入新世纪以来，新华侨华人开办的企业已跻身于日本高科技企业行列之中，较有代表性的是在日本成功上市的三家企业。他们是：宋文洲担任会长的 Soft Brain

（株）（2000 年 12 月上市）、严浩担任社长的 EPS（株）（2001 年 7 月 9 日上市）、李坚担任社长的 Sun Japan（株）（2003 年 3 月 4 日上市）。这三家企业上市后，股价都有不同幅度的上扬，赢得了市场的信赖，是华人企业的典范。这些企业有许多共同的特点：社长都是 20 世纪 60 年代出生、80 年代初来日的原公费留学生，并都在日本取得博士学位，公司的名称都是用日语中的外来语（片假名）表示。其中最典型的是 EPS 公司（株）社长严浩博士。

严浩 18 岁来到日本，已经在日本生活了近 30 年。他在日本读完大学本科后，考入东京大学研究生院。在制药厂打工时，发现了商机。1991 年在校期间，他就利用所学的医学统计知识，成立了 EPS 公司。该公司以现代高科技手段对新药的开发进行临床评估，通过对实验数据的统计分析，得出检验报告，为新药品的疗效提供临床评估数据。EPS 公司成立时只有几个人，而今公司职员已达 1 100多人，公司的年销售额达 100 多亿日元。2001 年该公司在日本店头市场（JASDAQ 市场）成功上市。2004 年，在东京证券 2 部上市。

严浩在新华侨华人界有很高的声望，1999—2013 年历任日本中华总商会的副会长、会长、顾问等职，2013 年换届，又连任总商会会长①，成为新华侨华人在日成功者的典型代表。用他自己的话说："18 岁赴日本留学后定居，28 岁创立高科技的 EPS 公司（株），38 岁公司发展为跨国集团并在日本店头市场（JASDAQ 市场）上市，10 年一个新台阶。"如今他的公司已在日本、中国、马来西亚、新加坡等国家成立了子公司，并从事软件开发等项目。2005 年 2 月 12 日，日本《朝日新闻》以"支撑着新药开发的新华侨精英"为题，用大幅版面报道了严浩的事迹，在日本社会引起了很大的反响。②

在与严浩有相似背景的留学生中，很多人经历了艰苦的学习、艰难的生存、艰辛的创业过程，以坚韧不拔的精神支撑，迈向了成功的坦途。他们都成功地创办了自己的公司，以科技开发为导引，适应市场需求，取得令人瞩目的业绩。

30 多年来，大批中国留学生学有所成后，留在日本就职、创业，改变了以往在日华侨华人的职业格局，体现出新、老华侨华人的阶层差异。以往，日本老华侨华人的工作基本局限在饮食服务行业和零售业；由留学生转变而来的新华侨华人，则多集中在高科技业、制造业、通讯业、批发销售、进出口贸易、金融保

① 日本中华总商会是由老华侨、新华侨以及有中资背景的在日企业法人组成的华侨华人经济团体。在此之前，在日本从未有过覆盖全国范围的华侨华人经济组织。现在总商会的会员遍布日本各地，是全日本唯一的、规模最大的全国性华侨华人经济团体。其宗旨是为了使企业相互之间能更好地合作，更好地维护会员的利益，促进中日两国的经济交流，更多地为两国的经济作贡献，同时也为了加强与世界各地华人组织之间的联系。

② ［日］石神和美：《新薬開発を支えゐの新華僑リーダー》，（日本）《朝日新闻》，2005 年 2 月 12 日。

险、房地产、医疗等行业，活跃在化工、计算机、生物工程、新材料等领域，或在新兴的第三产业开辟了新市场。

新华侨华人在取得高学位、高职称的同时，也吸收了日本现代创业的新观念、新思维，因此他们更具有创造性和挑战性，涌现出大量的优秀专业人才。他们通过刻苦攻读、勤勉工作而获得成功，进入到最受人尊重、最能代表社会发展趋势的行业，因此社会地位得到提升，整体经济地位也有大幅度提高。日本新华侨华人正在扎实地巩固生活基础，并不断向主流社会挺进。他们来日本之初，面临的是怎样生存的问题；毕业就职后，想的是怎样使生活安定的问题（确立安定的生活基础）；进入主流社会后，想的是怎样取得更大发展的问题。也就是“生存→生活→发展”。日本新华侨华人由于事业发展的需要，加快了融入日本社会的进程，这个进程为：对异国文化的好奇与抵触→入乡随俗→积极参与→谋求发展→作出贡献。

2011年5月，针对在日华侨华人的生活状况，日本华文报刊《中文导报》（网络版）进行了网络调查，笔者也对东京、京都、大阪等地的新华侨华人及留学生进行了访谈和问卷调查。其中的数据归纳如下：

表2－9　你觉得自己的收入、生活水平在日本社会属于哪个层次?

华侨华人		日本人	
高于一般水平	25%	高于一般水平	0.7%
同于一般水平	47%	同于一般水平	89.5%
低于一般水平	26%	低于一般水平	6.5%
不太清楚	2%	不太清楚	3.3%

上表中华侨华人部分的数据是根据日本《中文导报》网络版及笔者在日期间问卷调查所得，http://www.nikkeibp.co.jp/sj/2/special/101/index2.html。日本人部分的数据是根据日経BPコンサルティング的调查。

表2－9显示，受调查华侨华人认为自己生活“高于一般水平”的是25%，认为“同于一般水平”的是47%，两项加起来共占72%，而认为“低于一般水平”的是26%，回答“不太清楚”的占2%。而日本内阁府对全国20岁以上的1万名左右日本国民生活调查结果显示：认为自己“高于一般水平”的仅占0.7%，认为自己属于中等水平的占89.5%，而认为“低于一般水平”的是6.5%，“不太清楚”的占3.3%。根据表2－9，将在日华侨华人与日本人进行比较，从中可以看出：华侨华人中认为自己生活水平“高于一般水平”的比例高于日本人；认为“同于一般水平”的比例只是日本人一半；认为“低于一般水

平”的比例是日本人的4倍。日本人认为自己生活水平“高于一般水平”的仅占0.7%，低于一般生活水平的也只占6.5%。与华侨华人相比，日本人贫富差别较小。因此，日本国民普遍认为自己生活水平属于“一亿中流”①。而华侨华人的贫富差别比较明显。

日本新华侨华人总体呈现出奋进、成功的趋势，但任何群体总会不断产生分化，有前进者，也有落伍者。日本的华人社会以前相对简单，留学生居多，在日本大都涉世不深、落差不大。然而，随着时间的推移，归化日本国籍或取得永久居住权的人越来越多，华侨社会内部各阶层分化越来越明显。

（二）中日经贸领域

自20世纪70年代末以来，中日贸易成为两国对外贸易的重要组成部分，对两国的经济发展具有重要作用。促进中日贸易发展的因素诸多，新华侨华人的介入也是促进中日贸易繁荣的因素之一。新华侨华人涉足中日贸易领域有其自身的优势，正如创刊于2001年的美国《华人世界》描述的那样：

> 新华人的优势：①新华人具有两种以上语言的能力，熟悉东西方文化，这种多元的特征足以克服狭隘的种族优越和文化优越，成为调和东西文明冲突的平台。②新华人具有在发达国家生活的辉煌经验，也经历了落后国家遭受欺侮的痛苦经验，这些就使他们能够在各种矛盾中扮演沟通对话的角色。③新华人超越了民族国家的传统认同束缚，在人类共同的价值基础上寻求公义平等的理想实现，体现了历史发展的未来方向。②

日本新华侨华人整体上具备了这些优势。他们在日本所处地位和社会参与方式，最能体现出“全球性和地域性兼备”的发展态势。随着中国与日本经济合作的扩大，许多人在促进中日经济交流合作等方面扮演着重要角色，为中、日之间的科技和文化交流发挥着作用，并取得了令世人瞩目的成绩。

由于新华侨华人既了解日本国情、文化风俗、思维方式，精通日本企业的商务模式、企业运营的特点，又熟悉中国环境，成为推动中日两国经济发展的积极

① 20世纪60年代，日本进入高度经济成长后，人们生活水平逐渐提高，内阁府的“国民生活调查”显示：一亿三千万人口中，大约有一亿国民认为自己的生活状况属于中流水平。此调查结果公布后，日本社会开始流行“一亿中流”的流行语，可以说“一亿中流”这种国民意识一直流传至今。“一亿中流”的解释选自维基日本，http://ja.wikipedia.org/wiki/%E4%B8%80%E5%84%84%E7%B7%8F%E4%B8%AD%E6%B5%81。

② ［加拿大］丁果：《新华人崛起前的反思》，《华人世界》2002年第2期。

力量。他们利用自身优势，积极与中国进行经济交流，开拓渠道，在中国寻求合作伙伴；也有很多人成为日本中小企业主的顾问，帮助日本企业了解中国的投资环境及政策，提供咨询服务。

正像《朝日新闻》所报道的那样，相当数量的华人承担着日本企业对华商务、对华贸易方面工作的重任。在日本，由新一代华商创建的 3 000 多家企业中，相当一部分属于贸易公司。这些贸易公司几乎都和中国有贸易往来，主要经营工艺品、机电产品、服装的进出口贸易以及中华料理店的原材料，也涉足旅游、文化交往和中介咨询服务。①

日本新华侨华人以自己掌握的科学知识、专业技术寻求发展，他们在日本取得成功的同时，也很关注中国的经济发展。在日新华侨华人企业家大多数都有浓重的中华情结，许多企业已经在国内设立了自己的分公司，还有些人已经将自己的事业完全转移到中国。

新华侨华人经受过日本商海风浪的洗礼，逐步练就了敏锐的商界思维模式与眼光，使他们能及时把握市场脉搏，率先向中国国内发展，寻求合作伙伴，设立分公司，或独立经营，或联合国内企业，合资发展。同时，根据日本国内需求，在日本取得项目，转回国内生产制作，既从中获得了收益，增强了实力，也活跃了国内的对外出口贸易，提升了中国企业与国际工商界接轨的能力，成为沟通中日经济交流发展的桥梁。

例如，龙高集团公司就是典型一例。该公司的社长刘玉劲博士，毕业于中国东北大学自动控制专业，1989 年来日，第二年考入帝京大学博士课程，毕业后在日本公司就职。1997 年自己成立公司，从事计算机情报处理、计算机软件开发、中日间的计算机技术服务等。创业之初，就将公司分设日本和中国两个公司，中国的公司设在刘玉劲的母校——东北大学。这个公司是中国 IT 企业中第一个上市公司，现在已经是一个拥有 4 500 人的大企业。②

该公司在日本接受 IT 开发订货，然后将多半以上产品在中国公司制作完成。刘玉劲还担任沈阳高新技术产业开发区驻日本代表事务所的负责人，经常往返于中日两国之间，促进两国间的经济、技术合作与交流。近年来，新华侨华人中很多人采用这种经营模式，即在中、日两国都设有企业或创建其他类型的跨国公司，在扩大了中日间经贸往来的同时，也拓展了向其他国家发展的渠道。

再如上海出生的在日华人陆勇，巧妙地把东方智慧同现代经营理念相结合，从开发多功能笔起步，开拓多元化经营，把他创办的“泰爱奇”（TIG）国际企

① 吕伟雄主编：《海外华人社会新观察》，广州：岭南美术出版社 2004 年版，第 61 页。

② ［日］别府雅人：《チャイナマインド》，東京：株式会社ピジネス社 2003 年版，第 162 页。

业集团打造成礼品设计、生产、销售一条龙的跨国企业，经营范围也扩展到塑料、电子、复合材料、印刷、广告等行业。他根据自己对国际市场的理解，确定了经营理念——技术、创意、商品。他认为：产品要有竞争力，公司就必须拥有自己的技术，设计就必须有新的创意，这样才能在市场上有立足之地。因此，他把 TIG 作为公司的名称，即技术（Technology）、创意（Idea）、商品（Goods）三个词的第一个英文字母。

日本的产品设计在国际上属一流，而且拥有大量的优秀设计人才，而中国的劳动力成本低，市场广阔，嫁接日中两国的优势，就能以低成本生产出高品质的产品来，所以他制定了“日本研发，中国生产，世界销售”的生产流程。为了全面地开拓国际市场，他还在东京、香港、上海设立信息中心，及时收集、分析、处理、反馈行业动态和礼品流行的最新潮流信息。

2005 年，他又在中国无锡投资 3 亿日元建立研发中心，开发新产品，培训中国设计人员，使他的公司成为在日华人中为数不多的拥有完整的信息、调研、设计、生产、销售网络的成熟企业。现在他的生意越做越红火，已经在中国开设了 28 家“生活良品”连锁店，并建立了完善的批发销售网络，在市场的影响越来越大，逐渐建立其礼品王国。[①]

据日本《中文导报》报道，1998—2000 年间为日本华人信息技术（IT）企业的鼎盛时期，当时仅东京周边就有华人办的信息技术企业 1 000 家左右。[②] 因为这个领域需要高度的专门知识和技术，而且创业所需资本较少，所以不少理工科毕业的新华侨华人选择创立信息技术企业。同时，日本的信息技术企业人手不足，需要外国人来补充，然而在该领域有竞争力的印度技术人员不懂汉字（对大多数日本人而言，利用信息技术离不开汉字，因而日本的信息技术开发过程中无论如何也离不开汉字），所以日本新华侨华人得以发挥自身得天独厚的优势，在此行业占据了一席之地，有了谋求更大发展的空间。

新华侨华人活跃在 IT 业界，为中日搭建起桥梁后，可以获得双赢的效果。对日本方面：①日方可以获得人才收益——因长期人才不足而烦恼的日本企业，在进入中国这一巨大市场后，可以有效利用中国的人才资源；②成本收益——中日之间物价的差异，可以降低产品成本；③日本企业可以享受其增长带来的效益。中国方面同样是受益者：①在承接开发的过程中，可以学习到世界领先的日本技术和商务经验；②日本企业在中国成立公司，可以增加该地区的就业机会；③通过有效利用日本的技术和商务经验，有望进入日本市场，就有可能实现在日

① ［日］吴福旭：《在日华人陆勇白手起家创办礼品王国》，（日本）《东方时报》，2004 年 12 月 23 日。
② 吕伟雄主编：《海外华人社会新观察》，广州：岭南美术出版社 2004 年版，第 61 页。

本市场获益的目的。

在IT业界，新华侨华人成功之例为数不少，比较典型的是任董事长兼总裁的李坚所创办的Sun Japan控股集团。李坚曾担任日本中华总商会会长，从2008年1月起，担任北京政治协商委员会顾问，还担任了中国国务院侨务办公室海外专家咨询委员。他是一位翱翔在中日IT业界的“海鸥”。他创办的SJ控股集团以通晓中日两国文化、语言及商务习惯的优势，以开发高技术、低成本的优化系统为中心，在中日两国开展“信息服务”等业务。中日IT业界合作后，SJ控股集团依靠中日两国职员的共同努力，从事信息服务和系统开发，在两国同时创造收益。该集团注册资金达到102 300万日元，销售金额达到2 586 300万日元。集团员工来自中日两国，在日本的有1 097名，在中国的有1 789名。已发行股份497 599.45股，股份持有者分别是中国人和日本人，是日本的上市公司中少见的中国与日本股东共同持股的集团公司。因此，该公司可谓是一家国际化的企业，是中日IT业界合作的佼佼者，被视为创造中日企业双赢的典范。

新华侨华人在科技经贸领域打拼的过程中，充分认识到集合全体新华侨华人智慧、资源的重要性。为实现互通信息、资源共享、互协互助、面对挑战、互激互励、增进友情、互赢互惠、回报桑梓的目的，经多方筹措，他们于1993年成立“在日中国科学技术者联盟”（简称“科盟”）。

“科盟”是新华侨华人在日本创建最早、历史最长的中国科学技术人员组织之一，90%以上的会员在日本各大学、研究所以及各大企业中工作，其中三分之二以上具有博士学位。他们的研究领域和工作范围很广，包括信息科学与微电子技术界、生命科学和生物技术界、机械材料科学与工程技术界、土木建筑科学与工程技术界等。成员中的大部分是科学技术界的研究者和技术人员，也有从事经济、法律等社会科学研究工作的学者和专业人员，还有从事贸易等工作的商务人员。其中从事科技工作的会员中有许多人取得了杰出成就，已成为日本尖端技术领域中的带头人。

其中“科盟”下属的“企业家联谊会”，由新华侨华人企业家组成，成员所创建的企业总数达60余家，雇员超过1 000人，已在日本经济界占有一席之地。他们大多都有厚重的中华情结，许多企业已经在国内设立了自己的分公司，在中国创办的企业有20余家，还有些企业家已经将自己的事业完全移到中国。[①]

多年来，“科盟”在团结同胞、共创业绩方面取得了显著成效，“回报桑梓”更是“科盟”建立的主要宗旨之一。

“科盟”成员在日本取得基本成功的同时，根据中日两国各自的优势与不

---

① http://www.sc.cninfo.net/news/，2003年5月16日。

足，进行互补性的工作。如在20世纪八九十年代，中国需要日本的先进技术和设备，而日本也需要中国物美价廉的商品和中国这样的广阔市场。“科盟”成员根据两国各自的需求，不失时机地创造互补互利的经济模式，既为日本华侨华人提供了创业的机会，也为国内企业走出国门创造了条件。

20世纪90年代以来，新华侨华人成为各大公司开拓中国市场的重要人选，他们受聘于日本大、中、小企业，充分利用自身优势，频繁穿梭于中日之间，从事与中国企业进行沟通、洽谈等工作。“科盟”发挥自身优势，不定期举行各种形式的学术讨论会、专题讲座以及交流活动，使成员了解国内经济状况，促进与国内的经贸合作，并多次协助中国政府和中日民间友好团体举办各种科技展览会，组织归国创业与为国服务的交流考察等活动。

现有许多科盟会员归国创业或回国工作，有些人已取得令世人瞩目的成果。一些学成回国的著名人物还在大连、北京、青岛、上海、重庆等地设置了联络处，为已回国工作的会员和相关政府部门搭建了沟通交流的平台。

新华侨华人在日本创建了众多的高科技产业，发展速度惊人，业务内容广泛，已在日本经济中崭露头角，令日本社会刮目相看。随着日本国际化的推进，在日华侨华人在科技领域的发展前景将会更加广阔。

2005年日本文部科学省作出决定，为了增加在日本的从事科学技术研究的外国人员，要求日本各大学和公立研究机构录用外国科研人员，确定有着具体数目的增长指标，并将此项指标纳入2006—2010年的“第三期科学技术基本规划”之中。

文部科学省规定的科学技术研究人员的标准是：大学毕业，或具有大学同等以上资格，对特定的课题能够进行专门研究的人员。具体地说，是在企业、非营利团体、公立机构等单位，从事研究的专职人员、兼职从事研究的人员，以及在各个大学从事研究的专职人员、兼职从事研究的人员。

文部科学省技术学术政策局的一位官员说：“从国际的视角出发，在科学技术上，跨越国境的竞争，已变得越来越激烈。在激烈的竞争当中，日本需要募集来自世界各国的优秀人才。当然，这并不仅仅是考虑日本的利益，也希望这些外国研究人员，能将他们在日本的研究成果带回自己的母国去，形成一种‘环流’，加深国际理解，有利于交流双方共同获利。”

日本鼓励接收外国高科技人员的政策，给新华侨华人进入日本的高科技领域，或给具备科技开发能力的新华侨华人创设企业提供了便利。

（三）教育文化科研领域

（1）担任大学教师。日本是世界上最重视教育的国家之一，具备了完整、科学的初、高等及各类职业教育体系。各类学校任课教师均受过系统、完整的训练，经过严格的考核选拔，是一支高素质、高水平的队伍。正是这样高水平的群体，既培养出一批又一批合格的各类人才，又靠自身的研究、探索和不断创新，提升着日本的科学研发能力。因此，成为日本大学的一名教师，即证明其品德、能力、才学得到了社会的承认和尊重。

日本全国共有国立、公立、私立大学756所，只要打开任意大学的网页，都可以见到华侨华人教授的名字。无论是国立、公立、私立大学，无论是哪个专业，都有新华侨华人参与其间。在新华侨华人进入日本以前，日本大学教师中鲜见华人的身影，而今，新华侨华人担任日本大学的教师已是司空见惯。

在日本高等学校任教的华侨华人，绝大多数是在日本获得硕士、博士学位的，都是学业的佼佼者。若以专业领域区分，在文科专业任教的华侨华人要多于理工科专业。这是因为文科毕业后担任大学老师能更好地发挥自身所长，在授课的同时，能更自由地从事社会科学研究。理工科毕业后，可选择的就业领域比较宽广，可以进入企业、研究机构，因其专业的适用性，走出校门，进入社会，更有用武之地。

在日本大学任教的华人中，有相当一部分人从事中国语言文学、中国史的教学研究工作。在20世纪80年代以前，各大学的这类专业课程，基本是由日本教师担当。90年代后，这种状况有了明显的改变。新华侨华人任这类专业的教师，使教学质量得到明显提升，也使日本学生增加了学习中国文化的兴趣。当然，随着中国经济的发展、国力逐渐增强，中日间交流日益密切，日本大学生中希望了解中国文化的人越来越多。

以中文学习为例，在日本大学生选修的外语课中，学习中文的人数仅次于学习英语的人数（在日本的大学里，英语是必修课），中文成为日本大学里第二有人气的外语。

新华侨华人担任日本大学教师，与日本大学生们直接交流，以他们丰富的知识、正直的品德、严谨的治学态度及顽强的拼搏精神影响学生，使学生能更真切地了解中国、理解中国，进而喜欢中国。他们在授业解惑的过程中，潜移默化地传播中华文化，润物细无声。随着新华侨华人任大学教师人数的不断增多，也伴随岁月的推进，任教于日本大学的新华侨华人在增进中日友好进程中所起的作用将会日益凸显。新华侨华人受聘于日本大学，还会起到日本教师所起不到的作用，即对留学日本的中国留学生进行引导、管理。

目前，在日本的大学中，无论是公立还是私立大学，几乎都有中国留学生。对中国留学生的教育、管理，是日本大学的一项重要工作内容。新华侨华人在大学任教，无疑是担当此项工作的最佳人选。他们在授课、研究之余，尽心尽力做好中国留学生的管理工作，得到了所在大学的信任与中国留学生的拥戴。

（2）从事科学研究。新华侨华人都毕业于日本大学，许多人获得了博士学位。他们学有所长，肯于吃苦，善于钻研。在极为重视科学研究的日本，他们找到了用武之地，进入科研领域。2003 年，日本科学技术研究所对 41 家国立实验研究所和 6 家特殊法人研究开发机构的人员构成进行调查，结果显示，在这些机构的研究人员中，外国学者占 19.2%，其中中国人占外国学者的 40%。①

由此可见，相当数量的新华侨华人已进入日本的主流研究机构，一部分人还担任了研究机构的重要岗位，从事着当前最前沿、最尖端科技课题的研究工作。东京大学毕业的辛平博士就是其中的一个代表。

辛平 1986 年来日留学，取得博士学位后进入世界陶瓷领域的顶级企业——东芝陶瓷株式会社（简称“东陶”）工作。进入“东陶”后，他的才能得到充分发挥。经过几年刻苦钻研，他积累了扎实的专业知识，掌握了科学的研究方法，为他从事产品研发奠定了坚实的基础。他发明的半导体单晶硅热处理技术成功申请专利，随后，他就控制单晶硅缺陷技术问题发表了多篇论文，在国际上有广泛影响。2001 年，他以“陶瓷粉体成型特性的评价方法”为题的学术论文，获得了国际知名的“若林论文奖”，从而奠定了他在陶瓷领域的地位。

之后，他在陶瓷、石英玻璃等无机材料领域多有发明，成为站在国际陶瓷领域最前端的技术专家。他在陶瓷技术研发上共获得 30 多项专利，大大高于该领域每名技术专家获得专利的平均数（5 ~ 6 项），为“东陶”带来了可观的经济效益。因此，辛平进入公司没多久就被破格提升为技术研发所课长，成为“东陶”最年轻的课长之一。2005 年 7 月，他进入“东陶”公司最高管理层，担任开发研究所的部长。

作为中国人，辛平在日中两国学术交流上，不仅架桥铺路，而且颇有成效。在陶瓷领域，中日间的技术差距非常明显，“东陶”是站在陶瓷技术世界最高点上的公司。譬如，20 世纪 70 年代兴起的先进陶瓷（New Ceramics）新材料在半导体制造业创造出它最大的应用市场，该材料的制造技术几乎为日本所独揽，“东陶”恰恰就是这个产业的代表。

此时，中国在此产业领域尚为空白。但随着中国经济开始进入快速发展阶段，陶瓷领域具有广阔的发展空间与巨大的市场需求潜力。为此，在辛平的推动下，东芝陶瓷株式会社把中国作为一个战略合作伙伴，向清华大学捐建了一个先进陶瓷材料展室，并无偿提供了价值 1 000 多万日元的陶瓷材料样品，供清华大

① 吕伟雄主编：《海外华人社会新观察》，广州：岭南美术出版社 2004 年版，第 77 页。

学研究参考和学习观摩，辛平也被聘为清华大学新型陶瓷与精细工艺国家重点实验室的兼职教授，成为日中两国在陶瓷领域合作的纽带。

此外，他担任“在日中学者材料学会”会长，以国际陶瓷专家的地位推动日中陶瓷业的发展。辛平组织在日中国材料学者并联合旅英中国材料协会等海外华人学者和社团组织，创办了汇集世界材料科技精英的国际材料学术会议——国际先进材料科技论坛（IFAMST）。此论坛每两年举办一次，遍请各国学术权威到会，共议材料学领域发展面临的机遇与挑战。到目前为止，该论坛已成功在伦敦（英国）、东京（日本）、鞍山（中国）、特鲁瓦（法国）举办4届。在鞍山召开的第三届论坛上，辛平博士亲自担任会议主席，来自美国、英国、法国、日本、中国的众多材料领域的科学家与会，共发表论文140多篇，产生了良好的反响。目前，该论坛成为得到国际承认的国际知名学术会议，并得到了中国自然科学基金会委员会和中国材联的大力支持。①

如同辛平一样，很多在日华侨华人都在关注祖国的科技发展，积极参与中国的科技学术交流活动。他们或者应中国科学院、各大学及研究机构邀请担任客座教授，或者为国内吸引海外人才回国服务出力献策，如担任中国“长江学者”计划的海外评审员等。他们所担任的交流角色基本上都是义务性的，没有报酬。他们每年都要多次往返于中国和所在国，交流内容都是有益双方的，例如中日两国政府的合作项目、大学校际合作项目、企业间技术合作项目等。他们在“建立起真正使中日之间沟通的桥梁”的过程中，也认识到自身的特殊价值，他们说：“这正是我们这些生活在日本的新华侨华人的使命。”

（四）文化学术领域

中日两国文化学术交流源远流长，尤其是在中日邦交正常化后，两国的文化学术交流步入健康的轨道。新华侨华人具有中日两种文化修养的特殊背景，决定了他们在文化交流中将起到无可取代的特殊作用。

新华侨华人在日生活多年，对日本文化有了深层次的理解，对中日文化的差异也有切身体悟，所以能够准确地发现中日文化的融合点，促进两种文化之间的理解、融通。如在日本新闻界供职的知名记者莫邦富先生，在中日文化学术交流领域取得了令人瞩目的成绩。

莫邦富1977年毕业于上海外国语大学，1985年赴日本留学，从80年代末开始在日本舆论界崭露头角，经常在主流媒体上发表言论。1999年起任日本NHK

---

① ［日］段跃中：《恭贺辛平博士提升东芝陶瓷株式会社部长》，《日本僑報电子周刊》，2005年7月20日。

电视台《今日中国》系列节目策划人、主持人。1999—2002 年在 NHK 电视台中设有专栏节目：《我看中国》（后更名为《一年又一年》），热情介绍中国改革开放后的历程和今日风貌。莫邦富先后出版了《新华侨》、《蛇头》、《独生子女》、《商欲》、《日本企业何以兵败中国》、《中国各省介绍》等50 多本书，制作了大量有关中国和海外华人的电视专题片。其中，《新华侨》、《蛇头》、《中国各省介绍》在日本引起了巨大的反响，数次再版，发行量达几十万册。香港财经杂志《经要一周》报道说："莫邦富的名字就像一个传播中国社会文化的名牌，在日本传媒、文化界及华人社会中家喻户晓。"[①]

与莫邦富有着类似经历的新华侨华人，以其丰富的阅历及自身才华，在文化艺术及学术研究领域辛勤耕耘，硕果累累，形成了有影响力的文化学术群体。据笔者不完全统计，至2013 年，新华侨华人用日语出版的著作已超过1 000 部，其中既有学术专著，也有普及读物。新华侨华人初期出版的日语书籍，多数是介绍中国文化类的普及性著作。之后，新华侨华人进入大学、研究机构，并逐步有所成就，开始出版学术专著。从目前出版著作的内容上看，有的偏重于职场，有的侧重于专业，有的凸显出两国交流的深层问题。他们的研究内容虽然各有不同，但他们的学术成果可以说是在海外延续着中华民族的文化基因。其中有些论文、小说，对加深日中理解起到重要作用。例如：2008 年获得第 139 届"芥川奖"的华侨作家杨逸，[②] 在日本努力奋斗 21 年，起初，她连简单的日语会话都说不好，而今，其创作的小说《浸着时光的早晨》，获得了日本纯文学最高奖——"芥川奖"。杨逸以婉约流畅的文字，描写了一位中国男子的理想与失落以及此后在日本的生活历程。"芥川奖"评委高树登子认为，该"作品以触手可及的新鲜度写出了一个人就算拼尽性命也要生活下去的强烈意愿，这种感觉只有跨越国境才能体会得如此真切"。母语不是日语的作家获得日本最重要的文学奖"芥川奖"，这几乎是没有先例的。日本共同社 2008 年 7 月 19 日也发表文章说："杨逸获奖不仅将为日本文学注入新的活力，还将成为一座增进两国人民相互理解的桥梁。"[③] 杨逸是新华侨华人中成功作家的代表，她的成功反映了新华侨华人笔耕不辍、迎难而上的奋进精神。

新华人作家毛丹青也走出了一条成功的道路。他长期坚持日文写作，创作了

---

① 民生轮船股份有限公司上海分公司通讯员：《日本华人作家、评论家莫邦富先生在上海分公司朝会演讲》，http://www. msshipping. cn/show. aspx?classid = 104&id = 1251。

② "芥川奖"全称"芥川龙之介奖"，设立于 1935 年，其目的是纪念文豪芥川龙之介（1892—1927）。每年该奖得主公布时，各大媒体争相报道，甚为隆重。2008 年 7 月 15 日"芥川奖"审查委员会宣布，中国作家杨逸的小说《浸着时光的早晨》获第 139 届"芥川奖"，这是该奖第一次授予中国人。

③ 张旗：《日媒：杨逸获芥川奖将成增进两国人民理解的桥梁》，人民网日本版，http://japan. people. com. cn/35467/35498/6455659. html。

很多表达方式多样、表达层面深刻的日语纪行文学作品。他来日时间也不过十几年，而他用日语写的作品已被选用为日本大学的国语入学试题。2005 年，日本北海道大学教育学部、法学部、经济学部的入学考试的国语试题选用了毛丹青的《观察日本虫》中的一段作为文章读解试题；日本圣路加看护大学的国语入学考试，选用了毛丹青在岩波书店《图书》杂志上发表的《日本语的风景》中的一段作为读解试题；立命馆大学也在入学考试中用毛丹青的文章作为试题。如此多的大学入学考试选用他的文章作为日语试题，说明毛丹青的日语写作水平已达到了炉火纯青的程度。

文学艺术是人类精神世界的表现形式，是人类情感沟通的媒介，是人类审美情趣发出的共鸣。它能够使生活在不同国度，有着不同文化背景、宗教信仰的人们心灵得到融通。真正的文学艺术可以超越国界，给人以正义的启迪和美的享受。中日两国人民在艺术的创作与欣赏层面，有着更接近的元素，随着文化交流的日益深入，新华侨华人在日本的艺术领域也取得日本人民的认可，他们的作品也得到日本人民的喜爱。

娄正纲就是一位深受日本人民喜爱、取得杰出成就的著名华人书画家。她自幼习书，12 岁时便闻名于书法界。1986 年，19 岁的娄正纲东渡日本深造，攻读东方美术史。1987 年，她在东京八重洲举办了“娄正纲书展”，得到日本书画界的高度肯定。此后 7 年，她先后在东京、大阪、横滨等地举办了 17 次书画展，在日本引起强烈反响，商界、政界要人纷纷重金收藏娄正纲的书画作品。

娄正纲用艺术作品沟通中日的文化交流，也用艺术作品促进日中民间相互理解。如 2002 年，她在日本东京和大阪高岛屋举办“纪念中日邦交正常化 30 周年——娄正纲作品展”，2004 年在日本东京电视台，以书法家的身份跨界，主持与日本文化艺术名流访谈的《心之书》电视栏目等，为日中加深理解、增进友好作出了贡献，也增强了中国书法在海外的影响力。

娄正纲在事业取得成功的同时，心系桑梓，不忘祖国的培养之恩。1998 年，她捐赠 1 000 万元人民币，在中华人民共和国教育部设立“正纲艺术教育发展基金”；2007 年将个人创作和珍藏的《生命与爱》系列作品 34 幅捐赠给中国国家博物馆；向中国教育发展基金会捐赠 10 幅受联合国教科文组织委托创作的“世界自然遗产系列油画”中的“中国的世界自然遗产”作品。

再如在日的西藏歌手巴尔玛亚吉，在日本文艺界赢得了声誉，受到日本观众的喜爱。《日本经济新闻》2005 年 6 月 3 日以“飞向天空歌声的力量”① 为题，对她进行了专题报道。巴尔玛亚吉毕业于四川大学音乐系，毕业后留校任教。后

① ［日］山下毅：《飞向天空歌声的力量》，《日本经济新闻》，2005 年 6 月 3 日。

与在四川大学留学的日本人结婚，1994 年移居日本。巴尔玛亚吉以其扎实的专业修养，成为专业歌手，在日本各地巡回演出，深受日本人民的喜爱。如今，她每年平均参加 200 余次演出，以自身形象及创作，让日本人民真切地认识和了解西藏，用歌声促进了中日文化交流。生活在日本的巴尔玛亚吉，时刻关心着养育过她的祖国、家乡的发展，她牢记父母的教诲："自己成长的过程中得到了很多人的帮助才能顺利地完成大学学业，因此现在要做帮助别人，为社会发挥作用的人。"巴尔玛亚吉无私地捐献演出收入，支援家乡建起了 8 所小学和 1 所中学（在西藏建一所学校的费用是 500 万 ~ 800 万日元），还建立奖学金，资助西藏自治区三所大学成绩优秀的 45 名学生的学习费用。现在，巴尔玛亚吉继续活跃在日本文艺界，为中日两国的文化交流发挥着作用。

（五）新闻传媒领域

日本的华文报刊历史悠久，自 1898 年《东亚报》、《清议报》问世以来，已经有了一百余年的发展历史。19 世纪末至 20 世纪初，在日的流亡知识分子和留学生为救国救民，创办了数百种[①]类型的华文报纸、杂志，仅 1900 年至 1911 年短短的 10 余年中，创办的各种刊物就达 80 多种[②]。这些报纸、杂志在介绍和传播西方资产阶级新文化、新思想，在唤醒民众、启迪民智、制造革命舆论等方面发挥了巨大的作用。如经常见诸当时报刊的主流词汇——革命、民主、自由、主义、科学、文明、文化等，对拓展、引导人们的思维观念起了重要启迪作用，进而对当时中国的社会思潮和科学技术进步也产生了深刻的影响。

1978 年以来，中国实施改革开放的国策，大批留学生赴日，为日本华文媒体的发展带来了新的契机。留日学生和华侨华人顺应时势，扩展领域，在短短 30 年中，使华文报刊、华语电视、华语广播等媒体取得了飞跃性的发展。据统计，自 20 世纪 80 年代以来创办的华文报纸和杂志达 140 多种，目前仍在继续发行的报纸有《留学生新闻》、《中文导报》、《中日新报》等 40 多种。除报纸、杂志以外，华侨华人还拓展了其他传媒领域，如在互联网上发行电子刊物，创办网站（由新华侨华人企业、团体及个人开办的网站已超过 2 000 家），设立中文电视台（"CCTV 大富频道"等 3 家的 5 个放送频道）、中文广播电台等[③]，使华文传媒由以往单一的报刊印刷媒体走向了立体的、多元的信息传媒。

---

① ［日］段跃中：《日本の中国語メテジア研究（1985—1994）》，東京：北溟社 2003 年版。

② 王晓秋：《近代中日文化交流史》，北京：中华书局 1999 年版，第 368 页。

③ ［日］陈天玺：《日本社会と新华侨》，载［日］駒井洋主编：《多文化社会への道》，東京：明石書店 2003 年版，第 240 页。

1. 华文报刊兴旺发达的原因

纵观近20多年来日本华文媒体的发展进程，我们可以看到其发展速度快、规模大及形式多样，是日本华文媒体近百年来最兴旺发达的时期。究其原因，主要受惠于中国改革开放所取得的成就。中国的综合实力增强，为日本华文媒体的快速发展提供了不可或缺的外部条件；同时，伴随留学潮的兴起，大批受过高等教育的留学生进入日本，与在日华侨华人一起构成了具有相当规模的华人社会，华文报刊的发展与在日华侨华人的自身需求、文化素质、人生理念及民族认同感有着密切关系。这些都是促进日本华文媒体繁荣兴旺的重要因素。

（1）自身精神、物质生活的需求。分析目前日本华文媒体从业人员的结构，可以明显地看出，其创办人与主要经营者基本是改革开放初期赴日的留学生。他们之所以创办华文媒体，与他们自身物质、精神生活的经历密切相关。

20世纪80年代以来，大批中国留学生相继来到日本求学，面对一个物质生活、文化生活都比较陌生的国度，他们感受到了生活上的种种不适应和精神上难以名状的孤独寂寞，尤其是因中日文化差异而常常导致误会、误解，时常会遭到排斥，乃至与日本人产生摩擦。这种状况的出现，有留学生自身的原因，如文化、思维模式的差异等，但语言的障碍也是重要因素。因不能熟练运用日语，阻碍了与日本人的交流沟通，使双方达不到深层次的了解，也不能及时准确地获得生活、学习、工作等信息，更难以寻找一个排遣郁闷、抒发情感的媒介。

一位留学生曾说：“初来乍到的我置身异域，对生活、学习均有不少困惑，更兼语言上的隔膜，使我突然之间觉得自己与世界失去了联系。”

在日本生活，由于语言不畅，影响了交流，闭塞了获取信息的渠道，进而导致种种困难与不便。正像《日本留学一千天》的作者小草所说：“离开祖国和亲人的漂泊感，语言不通的紧迫感，没有依靠的恐惧感，由贫困而产生的无力感，必须完成学业的重压感，因遇到挫折和打击没有诉说的场所而陷入忧郁、孤独、悲哀的情绪，片刻也没有离开过在异国生存的我。”①

因此，共同的感受使他们十分渴望有个相互交流、排忧解难的平台。特别是日语不太熟练的人，更加迫切需要有使用母语提供各种信息的媒介，使其既能尽早认识日本社会，了解日本文化、风俗习惯，又能掌握对日常生活有切实帮助的生活信息，如介绍留学的法令、获取奖学金的渠道、租赁房屋、兼职工作等信息，更期待能通过母语媒体得到关于世界及中日两国的政治、经济和社会方面的情报。

而1985年以前，在日本几乎没有对华侨华人发行的中文报纸，老华侨主办

---

① 小草：《日本留学一千天》（前言），北京：世界知识出版社1987年版，第3页。

的报刊虽然是面对华侨华人社会，但都是使用日文编写，并不能满足留学生的需求。当时，《人民日报》（海外版）是中国留学生唯一的中文信息来源，虽然可以使日语不很熟练的留学生对国内及世界的重要新闻有所了解，但是无法从根本上解决在日留学生获取生活与学习所必需的信息的需求。

因此，应该说初来日本的留学生的“信息饥渴”是华文报刊应运而生的最重要因素，满足留学生自身生活、精神需求是华文媒体诞生的催化剂。

（2）传达客观公正信息、维护华人利益的需要。随着留学生的急剧增加，难免会出现一些问题，产生一些摩擦，偶尔出现些非正常的问题。这些问题的产生，既有历史观念、文化差异、民族感情方面的背景，也有个别人的素质因素，对此通过有效沟通或正常渠道就可以解决。但是，某些日本媒体或是出自某种政治需要，或是出自某种猎奇心理，抑或是出自某种民族偏见，对中国留学生的报道，负面内容较多。例如，偷盗、制作假电话卡、非法居留、打工懒惰、杀人、犯罪等等。其实中国留学生绝大部分是很优秀的，他们勤奋刻苦、谦让守法，得到了生活环境内日本人的认同。

面对某些日本媒体失实、失真的渲染炒作，留学生、华侨华人迫切感到需要发出自己的声音，通过客观公正地阐明事实真相，来维护留学生和华侨华人的权益。因此，一些有传媒经历或具备传媒素养的留学生，萌发了创办华文报刊，向日本社会发出客观公正信息的想法，并付诸行动。在日本部分媒体严峻的舆论环境中，华文媒体承担起重要职能和责任。他们站在客观、公正的立场上，报道在日留学生及华侨华人的学习生活风貌；及时澄清因误解产生的分歧，驳斥某些别有用心的媒体对华人社会的歪曲；在维护华侨华人权益等方面起到了重要作用，实现了创办华文媒体的初衷。

2005 年 4 月，中国各地相继出现反对日本右翼势力妄图篡改历史的游行，日本的一些报纸、杂志、电视等媒体刻意大肆吹捧和炒作，日本的不少政客们也趁机大放反华厥词，迎合右翼分子捞取政治资本。面对这种不顾事实、夸张的宣传报道，日本新华侨华人学者挺身而出，他们纷纷在报纸、学术刊物上发表文章，客观地阐述事实真相，在日本电视上“舌战群儒”，表现了高度的理性和认知水平，受到在日中国人与许多日本人的好评。

（3）传扬中华文化，促进经贸交流的需要。中日间的正常交往中断了近半个世纪，日本社会对中国也比较陌生，甚至存在误解。自中日邦交正常化后，留学生来到日本，强烈地感觉到应该向日本社会客观介绍中国现状，向日本民众展现当今中国的风貌，尤其要宣传中国的改革开放国策，为经贸往来搭建交流的平台。因此，他们感到创办华文报刊是实现这种意愿最直接、最快捷的方式。《中日新报》的创始人刘成先生就是这一群体中的一员。

刘成在留学期间感到日本人对中国了解得太少，能够真正全面介绍中国的媒介更是如凤毛麟角。很多日本企业、商社有到中国投资、做贸易的愿望，却因对中国的国情无从了解而止步。在这种动机的驱使之下，刘成创办了用中日两种文字出版的《中日新报》，全面介绍中国在政治、经济、文化等方面取得的成就和招商引资的政策、信息等，成为在日本影响很大的华文报纸，实现了他的办报初衷。像《中日新报》一样，日本的华文报刊基本都将中日文化、经贸交流作为主要内容。

（4）志在传媒，尝试异国创业的需要。改革开放为国内学子走出国门、求学海外提供了条件，也为他们施展才华、实现人生价值提供了机遇。初期来到日本的留学生层次多样，既有本科生、硕士研究生，也有已参加工作的教师、研究人员及行政管理人员，也不乏媒体的编辑、记者。虽然他们留学的主要目的是学习，但是将所学知识应用、服务于社会更是他们的愿望。在国内媒体从业的留学生之中，就有一部分人有志将在国内从事的职业延续到日本。他们十分关注日本媒体的状况及动向，觉察出创办华文媒体的必要性与可行性。当然，日本的新闻出版自由也为他们创办报刊提供了宽松方便的外部条件，使一开始萌动于心的媒体创业梦最终得以实现。

如《日本侨报》的总编辑段跃中先生，在出国留学前任《中国青年报》记者、编辑，既有从事媒体职业的志向，又有丰富的办报知识与经验。1991 年，他自费留学日本，经过几年积累，于 1996 年 4 月创办了《日本侨报》，发表了大量传播中华文化的稿件。该报创办十几年来，相继成立了多个致力于中日交流的子机构，包括在日中国人资料中心（1998）、中日交流研究所（2005）、中国研究书店、博士文库、日中翻译研究所，还推出了华人学术奖（2002）、中国人日语作文比赛和日本人汉语作文比赛（2005）以及中日公共外交研究奖（2011）等各种促进中日交流的新模式。日本侨报社下设了中日交流支援机构，通过学术研究和图书赠送等形式进行多方面支援，以设立中日翻译学院、出版书籍和举办作文大赛等形式，从语言到文化促进中日两国民众的文化理解。2007 年 8 月在东京池袋创办的星期日汉语角，五年来得到了中日友好人士和团体的支持与媒体的关注，举办了 200 多次交流活动，参加人数已经超过了 1 万人次。侨报社汉语角的交流规模在日本得到了认可，在日本各地不断地扩大。目前，在大阪、东京小平市、埼玉县、广岛、茨城县鹿岛、横滨、名古屋、静冈等地也陆续地开办，利用自身的优势在促进中日两国文明的对话和拉近两国民众方面取得了不少的成果。1998 年，他创办了电子版的《日本侨报电子周刊》，2006 年被评为日本电子杂志新闻类十佳之一。

段跃中还出版了《现代中国人的日本留学》、《华侨华人研究资料》、《在日中国人媒体总览》、《中国人的日本奋斗记》等专著。特别是近几年，他通过跟踪调查，建立了在日中国人各方面情况的信息库，提供给国内外的研究者和有关人员。他还创立了“日本侨报出版社”，专门出版在日中国人的学术著作和其他著作。笔者采访段跃中时，他说：“我就是要宣传新华侨华人和在日的中国人，提高他们的社会地位，这是我的使命。这也是在日本从事新闻传媒工作的新华侨华人的共同意愿。”

华文媒体取得长足发展，是众多才华横溢的新华侨华人顽强打拼的结果，张丽玲就是日本传媒界的代表人物。她来日本留学，毕业后一边在日本的商社工作，一边专心努力制作反映中国留学生真实生活的纪录片。张丽玲创办的大富株式会社（1998 年 7 月成立），从成立开始便得到日本社会各界的多方面支持和配合，在传媒界、经济界等建立起了广泛的关系网，已经打入了日本的主流社会。该公司制作的节目，不仅向日本社会提供中国的信息，也向中国社会客观地反映日本的情况。张丽玲带领着公司的全体成员经营着两个电视频道，为中日两国人民相互理解对方文化、促进双方的文化交流发挥着作用。

她花费 4 年多的时间，追踪人物、事实进行实拍实录，再把摄制的 1 000 多盘素材录像带精心剪辑制作成 10 集系列电视片《我们的留学生活》。其中的一集《小留学生》，在日本播放后引起了很大的反响，深深地打动了日本观众的心，受到了一致好评，并获得日本第 27 次“最感动观众的优秀作品”电视文化基金奖，张丽玲也被评为“广播电视领域中业绩显著的个人”。中国内地 30 个省市和香港等地都播放了《我们的留学生活》电视纪录片，收到了很好的效果。2011 年 8 月，大富株式会社又与中国中央电视台签署了《关于 CCTV 中文国际频道在日本实施日语化落地播出的合作协议》，这是中央电视台第一次在海外进行国际频道本土化译制、播放。大富电视台对央视新闻节目采用日语同声传译方式实时直播，并采用中文和日语双声道方式播出，非新闻类节目全部采用配制日语字幕的方式播出。这使电视台受众群体由华人社会扩大到整个日本社会，增强了中国中央电视台在日本的影响力。

2. 日本华文媒体的特点

日本华文媒体从 20 世纪 80 年代编辑发行报纸起步，至今已发展为包括报纸、杂志、广播、电视、网络等的多种传媒形式。虽因时期的不同、形式的差别而呈现不同的特点，但是华文传媒在异国求生存、求发展的共同环境下，体现出鲜明的共性。归纳起来，有以下几点：

（1）凝聚同胞情感，以促进中日交流为主旨。任何媒体自其诞生之日，必须有其明确的办刊（台、网）主旨，这是媒体能够生存、发展的生命线，也是各类媒体特色的最集中体现。日本各家华文媒体虽然在版面设计、内容侧重等方面各有特色，但创刊人、编辑者共同的文化背景、相似的经历、共同的愿望追求，尤其是他们强烈的民族责任感与使命感，使各媒体不约而同地确定了基本相同的办刊（台、网）主旨。

如《中文导报》总编杨文凯在阐述办报主旨时说：“自创刊以来，一直突出中日关系和在日华人两大重点，并在弘扬中国文化，推动中国热的过程中，与时俱进，不断创新。”①

《东方时报》社长何毅云具体阐明该报始终遵循的主旨：“我们还给自己定下了‘三促进、一维护’的四个基本原则。即促进中国的改革开放,促进中国的统一，促进中日友好关系的发展；维护华侨华人在日本的合法权益和整体形象。”②

《留学生新闻》创刊伊始，就牢牢把握报刊的主旨，体现在版面上，设置了时事新闻、校园、学校特辑、自由谈、东瀛华人（或东瀛学人）等栏目，突出了让日本民众了解中国、中华文化，让留学生了解日本文化、社会风俗等内容。之后，随着中日两国人民相互理解的逐步加深以及中国改革开放取得辉煌成就的新形势，该刊的办刊主旨愈加凸显，在栏目设置上表现为越来越多地关注中国国内的发展，同时尽力为有意回国服务、创业的留学生和在日华人提供各种机会和信息。

再如 1999 年 3 月创刊的《日本新华侨报》，主要报道在日中国人的社会生活、中日时事等。该报主要宗旨是“致力解读中日关系最新趋向，透析中国政经发展走势；报道华人社会热点问题；全面探求文化交流深层效应”。近年来《日本新华侨报》的网络版更是紧跟时事，及时报道，随时更新网页。

（2）媒体相对集中。东京是新华侨华人学习、工作的首选之地。随着东京首都圈华侨华人的增多，在日华文传媒的重心也随之发生变化。东京丰岛区的池袋地区已经成为中国文化传播、中日民间交流最活跃的地区。现在，除了《中日新报》、《关西华文时报》等是在大阪发行以外，其余的全部集中在以东京为主的首都圈，而东京原有的各报以及新创立的报刊，均有不断向池袋集中的趋势，逐渐形成了以池袋为中心的华文报刊发行中心。目前，池袋地区集中了 20 家华文报纸、杂志，日本十大华文周报的一半集中在这一地区。

---

① 杨文凯：《〈中文导报〉为中日关系传递正能量》，中国新闻网，http://www.chinanews.com/zgqj/2013/08-20/5184267.shtml。

② 何毅云：《海外华文媒体的社会责任》，红网，http://www.rednet.cn，2003 年 9 月 21 日。

表 2－10　东京丰岛区华文报刊一览表

媒体名称	发行频度	创刊日期	媒体名称	发行频度	创刊日期
半月文摘	半月刊	1992 年 8 月	环宇	月刊	1999 年 11 月
华人时报	月刊	1993 年 10 月	法制与生活	月刊	2000 年 1 月
东方时报	周刊	1995 年 5 月	华人周报	周刊	2000 年 6 月
日本侨报	月刊	1996 年 4 月	知音报	旬刊	2001 年
新华侨	双月刊	1997 年 2 月	阳光导报	周刊	2002 年 12 月
台湾新闻	月刊	1998 年	海华丽人	月刊	2007 年 1 月
中华时报	半月刊	1998 年 1 月	网博周报	周刊	不详
日本侨报周刊	周刊	1998 年 8 月	华信志	月刊	不详
日本新华侨报	旬刊	1999 年 2 月	第一杂志	月刊	不详
华声女性月刊	月刊	1999 年 8 月	走进日本	双月刊	不详

根据《华侨华人百科全书·新闻出版卷》、《世界华文传媒年鉴》、《在日中国人媒体总览》统计及中国新闻网（http://www.chinanews.com.cn/hr/yzhrxw/news/2007/08－13/1000865.shtml）制作此表。

华文媒体的相对集中，便于各媒体间的交流合作，在某种程度上实现资源、信息共享。同时，在华文媒体的促进、带动下，东京池袋地区也逐步成为具有鲜明特色的中华文化的集中地。这里除了数量众多的华文媒体以外，还逐步开业了数百家深受华人和日本人欢迎的中国餐馆、中国食品店、中国书店、华人旅行社等。

（3）从业人员素质高，深谙中日国情。日本华文媒体的主创者，有许多在国内时就是著名媒体的编辑、记者。如《华人周报》总编辑杜笑岩，1985 年毕业于吉林大学经济系，同年任北京新华总社经济记者，5 年后赴日本筑波大学留学，毕业后创办了《华人周报》。创办《日本侨报》的总编辑段跃中，赴日前是《中国青年报》的记者，具备良好的媒体潜质，赴日本后边学习、边研究、边实践，全身心投入华文传媒领域。又如《中文导报》总编辑杨文凯，1991 年复旦大学中文系毕业，1992 年在日创办了《中文导报》。还有从事中日关系研究的学者，利用自身优势，开创了华文媒体的新领域。如《中日新报》总编辑、社长刘成，留日前任职于济南市史志办公室，主要从事中日关系史研究，具有深厚的学术素养；到日本后，发表了多篇关于古代中日关系研究的论文。

在异域从事媒体事业，除学识、经验等自身素质这些基本条件外，还必须对读者群体的需求有比较深入的了解，也要对所在国的国情、文化、民俗、民众意识心理等有充分的认识。日本华文媒体的创办者基本是早期留学生，他们对留学生的学习、生活、情感、志向有全面的了解与深刻的认识，对在日华侨华人的历史及现状也有客观的把握，由此奠定了华文媒体在日本生存、发展的根基。

（4）形式多样化，内容多元化。根据世界报业组织公布的报纸消费量，“日本日销量7 080万份。每千人购买报纸为650份”①。在对手如林、竞争激烈的日本报刊业，华文报刊自诞生之日起，就逐步认识到华文报刊必须在形式与内容上体现自身的特点，才能立足和发展。

首先，他们在版面设计上不断改版，增加版面，追求更大的信息容量。如《中文导报》，在追求国际化媒体标准的过程中不断地自我整合，从最初创办时的4开8版的黑白月报，发展成为现在符合国际规格的40大版对开的华文大报。设置四大板块：《时事篇》、《华人篇》、《财经篇》、《文娱篇》，并减少副刊的版面，增加正刊的分量，其中《华人篇》占12版、《时事篇》占12版，《时事篇》里又包括华人社会新闻，加大了报道华人社会新闻的力度，领先于其他报刊。副刊中大幅度增加艺能、体育方面的报道，努力引导生活潮流，推动娱乐休闲，尽力符合读者的志趣。他们不仅加大了信息含量，而且在内容深度上也体现出了独到的风格。如今，《中文导报》不仅是华侨华人喜爱的报纸，也成为日本民众认识、了解中国及日本华人生活等不可或缺的渠道，在强手如林的日本报刊界占据了一席之地。

其他还有《东方时报》、《联合周报》、《华人周报》、《日本新华侨报》、《中国经济周刊》等，根据华人社会的需要，也针对日本民众的阅读习惯与特点，不断增加报刊的版面，调整报刊的版面设计，充实报刊的内容，在保持自身特点的同时，加快了与日本报刊接轨的步伐。

其次，加快报刊网络版的建设，扩大读者群体。报纸与网络密切融合，纸质版与电子版相互转换，已成为平面媒体发展的大趋势。华文报刊的经营者，经过数年的实践，积累了比较丰富的经验，在报刊网络版的建设方面跟上了时代的步伐。

如《中文导报》于2008年10月推出与日常平面印刷纸质版式完全一样，通过电脑可随意翻检、局部收放、图文并茂的《中文导报》电子版，这是日本华文媒体中的第一份电子版日报。再如《日本侨报》，早在1998年8月就创办了《日本侨报电子周刊》，以短、平、快的方式，大量采写活跃在日本的中国人的动态，客观反映读者心声。特别是在中日关系出现问题，如日本的政治家参拜靖国神社时，《日本侨报电子周刊》就及时刊出特辑及号外，批判右翼分子，表明中国人的立场。《朝日新闻》、《读卖新闻》等日本重要媒体都曾采访和报道《日本侨报电子周刊》，扩大了《日本侨报》的影响。

---

① 王秀华：《关于报纸的喜与忧》，人民网，2003年6月23日。

再次，体现华文报刊优势，面向中日两国读者。绝大多数日本民众不通晓中文，难以阅读华文报刊，这样既降低了华文报刊的影响力，也束缚了报刊的发行量。只有使用中文、日文双语编辑，才能改变这种局面。华文报刊的编辑凭借自身通晓中文、日文的优势，及时调整报刊形式，突破了单一文字的模式，向中日双语模式发展。目前，《留学生新闻》、《中日新报》、《日中新闻》、《东方时报》、《日本侨报》、《华人时报》都用中日双语编辑，面向中日两国读者，取得了良好的社会效应与经济效益，也更加凸显华文报刊的鲜明特色。

（5）以商养报、以报兴商。日本是商品经济很发达的社会，“要使报纸杂志成功地发展下去，没有坚强的财政后盾则无法生存”①。在这种背景下，华文报刊社除了出版业务以外，还开拓了经营中国食材杂货商店、中文录像带店、中文书店、中国餐馆，从事中日贸易等其他项目。《东方时报》摆脱了单一办报的形式，以报纸为依托发展商业，通过报纸宣传自身、服务商业，这种报商联动的模式，不仅提高企业知名度，又使媒体得到更好的发展；《日本新华侨报》除了经营报纸出版发行外，还从事图书的编辑出版及版权代理、各种印刷物的设计和制作、电脑经营、房地产中介、国际电话卡制作和销售等业务。日本华文媒体“和中国的报刊不同，这些主要的华文报刊发行基本上都和其他产业相互支撑，呈三脚架结构”②，走的是“以商养报，以报促商”的多元经营的发展模式，这是提高传媒竞争力的有效方法。

在日华人是为中日关系作出贡献的族群，也是中日经济交流的桥梁与纽带。华人媒体以自己能够深入了解两国文化、历史、社会、政治的独特视角，站在中日关系最前沿，对此进行犀角独探的报道与解析，促进和加深了两国民众的相互理解，受到日本和中国有识之士的高度评价和赞赏。在中日关系处于冰河期的时候，也有在日华人穿针引线，搭桥铺路，促进和推动了中日高层之间的“破冰之旅”。

除电视、报刊外，日本新华侨华人还纷纷利用互联网产业的高速发展，设立网站，传递信息。2003 年，由日本新华侨华人企业、团体及个人开办的网站已超过 2 000 家，③ 其中以促进日本人和中国人文化交流的网站最多。

目前，在日华人人口增加到了 80 多万（包括在日中国人），华文媒体在日本更是大有可为。优秀的中华文化也正在吸引着越来越多的海外朋友，更多的孔子学院在日本扎根，对中国感兴趣、学中文的人越来越多，华文媒体已经成为他们

① ［日］段跃中：《在日中国人媒体总览》，東京：日本僑報社 2000 年版，第 12 页。

② 世界华文传媒年鉴社编：《世界华文传媒年鉴》，北京：世界华文传媒年鉴社 2003 年版，第 228 页。

③ ［日］陈天玺：《日本社会と新华侨》，载［日］駒井洋主编：《多文化社会への道》，東京：明石書店 2003 年版，第 240 页。

接触中华文化、学习中国语言的一种便捷工具。同时，报纸与网络等多媒体密切融合，纸质版与电子版相互转换，已成为平面媒体发展的大趋势，电子媒体将是今后华文传媒发展的一个重要方向，华文媒体产业将会有更大的发展。

第三节　新华侨华人怀家念国的天然情结与文化认同

新华侨华人尽管在日本工作、生活，也时刻关心着中国的发展和变化，他们大多数人还生活在中国文化的基础之上，生活习惯、生活方式也没有太大变化，依然具有鲜明的中国色彩。这种眷国之心促使他们活跃在中日交流的各个领域，在为日本的经济发展和对外交流作贡献的同时，也力图以各种方式服务家乡。

思归是第一代移民的文化特质。20 世纪八九十年代出国的留学生中，大多数人在出国前并没有移民定居的打算，只是想出国学习深造、开阔视野。他们的梦想就是学成回国，造福桑梓。

一位从事金属研究的新华人说："本来计划是学完回国，在亲人身边工作的。可当时的中国研究经费非常少，金属研究需要的设备十分落后，研究资料的收集也很困难，然而日本在这些方面的条件应该说是十二分的具备，因此我决定进入日本企业的技术开发研究所，继续深入研究。"一位从医的华人也说："当时毕业不回去，很有一种背叛祖国的感觉，但我学的是医学尖端专业，对实验室、精密仪器设备等要求很高，研究开发所需费用很大，而当时的中国还比较落后，回国也无用武之地。但内心是很想回国的，直到现在也常常思念家乡和亲人。"

还有一位华人说："有些人可能会认为，因为这边给的工资高，所以我们就留下来。其实不完全是这样。因为在 20 世纪 80 年代末 90 年代初，中国的科研环境和条件与日本比、与中国现在相比都差很多，当时很大一批留学生都产生了留下来工作的想法。回来当然很好，会很受欢迎；但是，不回来的也并不意味着不能给中国作贡献。回国和留下来，只是做的事情不太一样而已，留在国外工作的留学生，通过自己特殊的背景，能够在两国技术交流上做很多有益的工作。"

从以上三位华人的言谈中可以看出，他们虽然生活在日本，怀家念国的情结却时刻在他们的心头萦绕。

随着新华侨华人在日本生活渐久，生活的基础也越来越厚实，工作、家庭、子女教育等问题给回国带来的阻力越来越大，但他们回国的愿望却越来越强烈。一位署名为"总想回国"的华人，在"在日华人"网页上写下了这样一段话："我每过一段时间，想回国的想法就蠢蠢欲动。没有下决心回去的理由仅仅是工资差别，生活太现实，将来需要保障。在日本的同胞们，你们想回国吗？多久想一次？”这是一位思归族吐露的心声。一位华人说：“我在日本这个大环境中入乡随俗，我的外貌气质也许都发生了很多变化，日本成了我的第二个家园。但曾经生我养我的故乡——中国，所给予我的赤子心与中华文化的深厚情怀，却是我永远也不会改变的。”

和欧美华人相比，在日华人由于背负着战争遗留下来的沉重历史包袱，在选择归化时多了一层心灵的激烈冲撞。他们之中，有很多人不愿意“归化”，即便是加入了日本籍，其归属意识也难以解决。一位华人说：“尽管身在异国历尽沧桑，但是我的心却一日也不能忘怀故园。”

还有一位说：“今年，我来日本已经是第20年了，我的外表几乎和日本人没有什么区别，国籍也变成了日本。但是，无论走到哪里，无论在做什么，我一生永远都是一个中国人。我每天这样想着，这样奋斗着……”

正像EPS公司（株）社长严浩博士所说：“我18岁来日本，已经在日本居住了21年。在日本生活的时间比中国长，对日本文化也比较了解，但不能说忘了中国文化的背景。”①

在日本的中国人，有很多人选择了办理“永住”资格，而不是“归化”日本国籍。在选择“永住”时都有一个相同的想法，那就是以后他们还要回中国去，或是几年后去中国定居、创业。总之，在他们的心目中，中国才是自己的国家，是今后要生活、居住的地方。

获得第139届“芥川奖”（2008年7月15日）的华侨杨逸在接受记者采访时说：“假如我也加入日本籍，跟别人说自己是山田、是田中，我觉得我对不起我自己。自己既然生成中国人，死时也得是中国人。”②

日本甲南大学终身教授胡金定说：“我是中国人，日本的文化背景跟我们相差很大。家乡的人、事、物时刻都印在我的脑子里，明明叫胡金定，突然有一天变成田中金定，我会感觉怪怪的。我永远不会加入日本国籍，因为我热爱我土生土长的闽南家乡。”③ 他们的话代表了很多在日华侨的心声。

新华侨华人加入日本国籍，多数是出于职业和更好生存的需要，或为子女未来打算，他们中间的很多人尽可能保留原来姓名或新旧姓名分开用。在大学里就职的华侨华人，在教学时用中文名，在其他场合才用日本名。他们加入日本国籍，即使必须变为日本姓名时也尽可能地保留原来的文化（体现了逾越文化的艰

① ［日］石神和美：《新薬開発を支えゐの新華僑リーダー—》，（日本）《朝日新闻》，2005年2月12日。

② 刘迪：《专访日本第139届芥川奖得主杨逸》，人民网日本版，http：//japan. people. com. cn/35467/35498/6455659. html。

③ 《厦门电视台〈沟通〉栏目主持人陈玲专访日本甲南大学终身教授胡金定》，http：//baike. baidu. com/view/1497629. htm。

辛）。例如：一位华人的中国名字叫“郭贺”，日语发音是“Kaku Ga”，于是便把“加贺（Kaga）”作为自己的日本姓，以表达对祖姓的留念。

旅日华人摄影家周剑生的世界遗产摄影及油画作品，在2008年7月27日至9月27日期间被奥委会采纳，陈列在北京奥运村办公区、会议室、贵宾厅、信息中心及各国代表团长室等重要场所。据悉，获准在北京奥运村内陈列个人摄影作品的，仅此一例。周剑生对自己的作品能够陈列在北京奥运村感到十分荣幸，他说，成功举办北京奥运会是中国对全世界的承诺，呈递一份合格的答卷是每一个华夏儿女的心愿，“我很欣慰自己能向祖国递交了一份答卷”[①]。

新华侨华人这种思乡情结其实是一种文化情结的体现。他们在物质上并不匮乏，而且往往生活得很好。一部分华人在日资大公司有稳定工作，也有不少华人创业成功，生意红火，生活水平相比以前打工时代要好多了，可他们称“在日本的生活枯燥，周围没有朋友，深陷孤独之中，时时感到寂寞”。究其根源，就是难以融入当地社会的文化生活。除此之外，还有语言的问题，他们感到自己日语再好，也没有汉语好，不能够像使用汉语中的成语、古文那样自如地使用日语中的有关词汇，更不能像了解中国的政治、经济、历史、地理那样了解日本。

因此，大多数新华侨华人在节假日各种活动中，如郊游、滑雪、出国旅行等还是选择与同胞相聚同行，在新华侨华人之间，使用中国语言不仅仅是交流情感，而且是一种文化享受。

语言是文化的表征，而音乐、绘画、舞蹈等更是民族文化的深层体现。日本新华侨华人生活即使富足，但总难排除流浪者心灵最深处的那份孤独和苍凉，他们用不同的艺术形式去抒发这种强烈情感。在日华人程农化创作的《妈妈的泪》、《春江情》、《远飞的雁》三首曲目中不仅有不屈不挠、坚强不息的意境，更叙说了游子的思乡之情；在日的华人画家创作的山水画，内容多是他们眷恋的故乡山水，笔墨丹青之中，飘洒着浓郁的乡土气息。

萦绕在日本新华侨华人心中的思乡情结既强烈又淳朴，因此，可以肯定地说，一旦有合宜的时机，他们会毫不犹豫地踏上归途。

怀家念国是在日的新、老华侨华人的共同情结。但是，老华侨华人大多数已在日本落地生根，“回归故里”已成为他们难圆的梦。当年动荡的政局、贫弱的祖国无法带给他们回归的条件。与之相比，新华侨华人面对的是综合国力大幅增强的中国，更有着中国给世界经济发展所带来的“中国机会”，以及经济全球化带来的巨大的个人发展空间。对于正处于快速发展关键时期，需要大批高级人才

---

① 张旌：《契合“人文”理念　旅日华人摄影家作品装饰奥运村》，中国新闻网，http://www.chinanews.com.cn/olympic/news/2008/08-07/1339524.shtml。

的中国而言，应该说新华侨华人的回归恰逢其时。

据统计资料显示，近几年留学回国人员的规模呈逐年扩大趋势。在教育、科研领域，有77%的高等学校校长、84%的中国科学院院士、75%的中国工程院院士、62%的博士生导师和71%的国家级教学研究基地（中心）主任有过出国留学经历。[①] 中国的繁荣强大，让新华侨华人在实现人生价值、为国家发展尽力的同时，也圆了他们的思乡梦。

随着中日经济合作的日渐紧密，在日新华侨华人日久思乡，有人渴望归国立业，让人生增值；有人渴望稳定，让生活里有亲人朋友的温情。一位华人说："离开越久、越远，就感到故国的历史、文化越亲切，同时也会感到一种无法言状的沉重。"

近几年来，海外游子返回中国的人数越来越多。对于日本新华侨华人来说，他们已经不再满足于日本的安定生活，而是谋求更大的发展。一位从日本回来的华侨说："日本的产业体系已经非常成熟，政策和各机构布局、结构都很完善；而中国还处于雏形期，但会发展很快。如果我在日本找工作，做下去可能会很安心，因为我学的专业和这里的环境非常切合。但是，另一方面来说，个人发挥的程度就不会很大，必须按照规程一步一步做下去。毕竟文化差异很大，这不仅仅是一个学习语言的问题，而是需要长期积累的问题。我在日本要发挥很好的话，一定需要花费很长时间、很大精力来融入他们的文化，克服很多障碍。"

另一位从日本回来的华侨说："尽管在国外的事业给我成就感，然而，回到故土，给我的是一份强烈的参与感！当初回国，就是想找回那份亲切的感觉，在日本无论生活多少年，总觉得自己与周围无关。然而，一回来，所有人与你的对话，即使听着门口大妈的故事，出租司机的闲聊，都觉得与己有关，那种千丝万缕融入的真实感，唯有踏上故土才会具有。我觉得中国充满朝气，有做不完的事情等着你来应付，与祖国同步，我感到有希望。"

近几年来，在日中国人返回中国的越来越多。对于日本新华侨华人来说，他们已经不再满足于日本的安定生活，而是谋求更大的发展。有一位华人说："生活稳定才想回国，因为稳定了，适合发展的空间也小了，而回国也许有更大的发展空间。在日本稳定是稳定，但前景也可看得见，那就是按部就班，直至退休。经济上有保证，但人并不是全为钱，人都想干点事，发挥出自己最大的价值。"还有一位华人说："若能回中国本土发展，不仅可以在家人朋友身边工作，而且可以说是'海阔凭鱼跃，天高任鸟飞'。"

---

① 李文：《中国引才政策日趋完善　海外游子锁定"中国机遇"》，《人民日报》（海外版），2011年7月8日。

在日本企业任职的新华侨华人，尽管才能出众，有时仍然会受到一些有形与无形的束缚，使他们感到才干得不到充分发挥。而中国正处于大发展时期，挑战和机遇都很多，对他们更有吸引力，是个更广阔的舞台。从中国赴日本留学毕业后在日本就职的司马毅说："当年是怀着改变人生命运的热望来到了日本，现在实现了理想，取得了成功。如果把学到的技术和本领带回祖国，在中国这个大舞台上大显身手，努力拼搏，我认为这又是一个人生转折的机遇。"①

这种认识在日本新华侨华人中很有代表性。如"华新会"是日本金融界的华侨华人社团，曾有200多名成员，到2003年已有大约1/4的人回中国服务。他们表示："我们有一种强烈的责任感，就是要把在先进国家学到的知识带回祖国。"②

是时代给予了新华侨华人发展的广阔空间，是中国的改革开放给新华侨华人提供了施展才能的舞台，更是中国的强盛和发展远景撩拨着他们思乡的心弦。

第四节　新华侨华人对子女文化认同的期盼

新华侨华人的眷国情结，主要产生于深藏内心的高度的文化认同意识。这种文化认同意识时时都在支配着他们的情感、行为，具有鲜明的"文化乡愁"特征。这种"文化乡愁"对新华侨华人来说，具有"家的意识形态"的性质。在中国几千年的文化积淀中，爱国爱家的情怀一直是国人尤其是知识分子最为推崇的美德之一。诗人写下的"月是故乡明"，就形象地反映了中国人浓厚的家国情结。

新华侨华人这种眷国思乡情结，并未随着物质生活条件的改善而改变。他们在物质上并不匮乏，而且生活得很好，但会时时感到孤独、寂寞，其根源就是难以彻底地融入当地社会的文化生活。这不仅仅是因为语言、民族不同，更是因为从潜意识中的文化基因到日常生活中的细枝末节，让他们总有一种游离于社会主流文化之外的感觉。因此，大多数新华侨华人在各种节假日活动中，例如郊游、聚会、旅行等，还是选择与同胞相聚同行。

这种文化情结，在语言沟通、交流方面亦有明显体现。很多新华侨华人都有同感的是：即使在日本居住了20年、30年，日语口音也模仿得惟妙惟肖，但很多时候对日本人之间的闲谈、玩笑还是不能深层次地理解。

---

①［日］别府雅人：《チャィナマィンド》，东京：株式会社ピジネス社2003年版，第162页。

②［日］别府雅人：《チャィナマィンド》，东京：株式会社ピジネス社2003年版，第166页。

对于绝大多数海外华侨华人来说，虽与中国有时间与空间的距离，但中华文化的核心，即根植于中华民族体内深层次的精神却被长期保留下来。他们比在中国时更加爱国，这种感受几乎是所有有过出国经历的人的共同感受。因此在新华侨华人之间，说中国话不仅仅是交流情感，而且是一种文化享受。

新华侨华人在自身艰苦创业的同时，始终高度重视培养下一代接受良好的教育。他们希望孩子在融入日本社会的同时不丢掉汉语，并具有一定的中华文化修养。要培养华侨华人子女的民族意识，完善他们的精神寄托与身份认同，学习中华语言和文化无疑是最佳途径。因此，海外华侨华人子女的中文教育又被称为“海外的希望工程”。

在越来越多的新华侨华人融入日本社会、融入主流竞争的同时，子女的教育问题也逐渐成为华人社会关注的焦点和热点问题。据笔者调查统计，90%以上的华人认为应该对子女进行中文教育；70%的华人孩子在中小学校学习的同时，去周末中文学校学过中文；90%以上的华人孩子在家中或多或少地会听、说中文；也有10%的华人子女从小学至高中一直坚持学习中文。在调查“为什么让子女学习中文”的原因时，70%的华人家长选择了“学会中文，可以加强与中国社会的交流和沟通，为将来走向社会增添一技之长”，也有25%的华人认为“中国人如果不会本民族语言是种羞耻”。[①] 在日本，学习中文的途径很多，有的进周末补习学校，也有的就读于全日制的华侨学校，还有的在家由父母教，或在进入高中、大学后选修中文为第二外语。总之，华人家长在子女中文学习上都颇下功夫，力图使子女在中日语言和文化的结合上得到最大限度的统一。

新华侨华人是曾受祖国培养、蒙受改革开放政策恩惠的群体，对祖国有着深厚的感情，具有浓郁的中华情结；他们在海外工作、创业并取得成功的同时，也以这样或那样的方式为祖国的发展贡献着力量，是中国与世界各国友好交往的桥梁和纽带。大多数的新华侨华人已经或正在融入当地的主流社会，他们希望子孙后代保留中华文化和民族的优良传统，正如世界海外华人研究学会会长王庚武教授所指出的，新移民中的“许多人无法摆脱他们关注中国未来发展的强烈的中国人意识，多数人在内心深处希望他们的后代能够传承中国人的价值观”。所以他们都有一个共识，即“加强民族意识，促进母语教育和弘扬中华文化”。

① 据笔者于2005年、2007年、2011年三次赴日对华侨学校、周末中文学校调研的记录。

第三章　日本华侨学校的文化传承

日本是接受移民较早的国家。近代以来，世界各国，尤其是亚洲国家的移民人数不断增加，各国侨民的本民族文化也随之进入了日本。这些早期移民希望他们的后代在接受日本文化教育的同时，也接受一定的本民族文化的熏陶。于是，对本民族子女进行教育的学校应运而生，如中华学校①、朝鲜学校、美国学校、西班牙学校等。

中国人素有重视教育的传统，海外侨胞也不例外。他们身在异邦，却心怀祖国，担心子孙后代生在海外、长在异域而忘却了自己的祖（籍）国和文化，于是便效仿国内的教育形式，开办各类学校，对子女施以中华民族语言文化的教育。这是一种具有强烈民族意识的语言文化教育，有别于针对其他族裔的对外汉语教学，其内容承载了海外华侨华人对于本民族文化、语言文字的认同和族群的归属感。华侨学校独立于日本正规教育体系，完全依靠华侨社会自己的力量建立和发展壮大。

日本的华侨学校坚持发扬中华民族的优良传统，把握鲜明的办学方向，贯彻爱国的办学宗旨，执行严谨科学的治学方针，坚持"华侨子女的教育由华侨办"的宗旨，坚持"以侨助教，以教兴侨"的办学原则，靠着传承中华文化的坚定信念、刻苦自勉的教育实践、顽强不息的生命力而延续至今，走过了艰苦的年代和严峻的时期，培养了大批优秀人才。

伴随着华侨学校的不断发展壮大，对外交往日益频繁，日本各界更加了解华侨学校的办学宗旨，华侨学校入学人数增多，增强了影响力。这不仅扩大了日本华侨教育的覆盖面，而且加强了华侨与在日各民族、文化的联系。对促进华侨社会团结，稳定侨界社团，增强华侨社团的生命力等方面也起到了积极重要的作用。

目前，日本有五所全日制华侨学校，即神户中华同文学校、横滨中华学校、横滨山手中华学校、东京中华学校、大阪中华学校。这些学校的体制基本属于初等、中等教育的中、小学校，其中横滨中华学校、东京中华学校还设有高中部。

① 中华学校是由华侨华人创办的学校。学校创立的时代，在日的中国人绝大多数都是旅居日本的华侨，因此，至今日本社会对其的一般称呼仍为"华侨学校"（中华学校）。

在五所华侨学校中，目前学生人数最多的有两所：一所是被誉为“世界上第一个近代华侨学校”的横滨山手中华学校（创办于1898年）；另一所是神户中华同文学校（创办于1899年），这两所学校都有一百多年的历史。

本章以与中国大陆联系密切的神户中华同文学校、横滨山手中华学校为中心，通过回溯学校的历史，分析学校的教育方针、办学目标、教学特色、历史功绩，探讨学校发展的原因及面临的问题，在此基础上，探寻日本华侨学校自身特色及能够发展至今的深层因素，研究全球化时代日本华侨学校对中华文化的继承和发扬的前景。

第一节　华侨学校的创办与演变

如第一章中所述，日本早期的华侨是由素质较高的“中产阶层”人士、文化人组成，这为华侨学校的建立和发展奠定了坚实的基础。

初期移居日本的华侨以男性为主，在生活基础渐渐稳定后，他们就把国内的家属子女接到日本共同生活。他们担心在异国的子孙远离祖国，忘记祖先，身处外邦中，为当地环境所染，不能理解中国的文化，因此，他们“动于爱国之大义，相率兴学校，以图祖国文化之保存”①。尤其是进入19世纪下半叶后，在世界资本主义不断发展的形势下，华侨中的有识之士认识到“吾侨每与外人较，则形绌立见，于是渐觉学识之恐慌”②。于是近代学校的华侨子女教育问题便提上了议事日程。

一、横滨山手中华学校

华侨社会是华侨学校诞生和发展的基础。1867年11月，侨商张熙堂、陈玉池、源恬波等人在横滨共同联名申请，在居留地59番地成立了“中华会议所”（日文为“清国人集会所”）③。1871年，中华会议所改名为中华会馆，代表华侨与日本政府交涉相关事宜，负责处理华侨社会事务，并由专人担当理事。横滨中华会馆是全日本最早的华侨会馆，也是日本各地华侨中成立最早的联合性社会自助组织。它的

① 舒心城编：《中国近代教育史资料》（下册），北京：人民教育出版社1961年版，第848页。

② 张唐生：《清政府与华侨教育》，载暨南大学华侨华人研究所编：《华侨教育》（第1辑），1983年，第34页。

③ ［日］横滨市役所编：《横滨市史》（第三卷）（下）1963年版，第863页。

职能主要分为侨务、商务、医务、教务、外务五项①。其中，教务专门负责在日华侨子弟的教育，由专门的董事负责。中华会馆拥有固定的房产提供办学场地，为华侨教育的建立准备了充分的物质基础。在中华会馆内，一种组织规模较小、仿照国内私塾的教育形式应运而生，开始了对华侨子弟的教育。教育的内容也主要是模仿国内，教授《三字经》、《百家姓》、《千字文》或"四书"、"五经"，除此之外，还向华侨子弟教授写信等应用文体写作和实际生活中的记账等技能。

19 世纪末，随着经济活动的不断发展，来横滨的华侨人数日益增多，他们主要居住在日本政府划定的"居留地"，即今日的横滨市山下町一带。随着时间的推移，华侨们的居住方式呈现出长期化、定居化的倾向，因此渐渐地形成了横滨中华街。

表 3－1　日本华侨人口分布地域

（单位：人）

年　份	地　域					
	东京	日本全国	神奈川县（横滨）	兵库县（神户）	长崎	大阪
1880（明治十三年）	3 046	2 505	516	549	116	20
1920（大正九年）	14 258	5 928	5 193	1 664	1 826	4 057

资料来源：［日］长田五郎：《留日華僑の人口と職業》，《経済と貿易》1963 年第 83 期。

从表 3－1 中可以看出，1880 年，横滨的华侨人数已占当时全日本华侨总人口的 60% 以上。伴随着社会的发展和在日中国人的增多，传统的私塾式的教育模式、比较陈旧的教学方法已经不适合海外子女教育的发展，也满足不了华侨对子女教育的要求。华侨们强烈渴求对子女进行近代式的学校教育。

华侨们创办近代型学校的愿望得到了革命派、保皇派的积极支持。1895 年，孙中山在广州发动和领导的第一次武装革命失败后，孙中山、陈少白、郑士良三人于当年 10 月流亡横滨，并与横滨的爱国华侨一起建立了"兴中会横滨分会"。兴中会横滨分会的建立成为促成建立华侨学校的核心动力。孙中山提出："欲我国转弱为强，反弱（衰）为盛，必候学校振兴……日本从前比中国贫弱，其地比中国不过两省，而今日能成为世界上第一等强国者何也？是在教育。"②

---

① 王良主编：《横滨华侨志》，横滨：中华会馆 1995 年版，第 172 页。

② 孙中山：《拟创立农学会书》，《孙中山全集》（第一卷），北京：中华书局 1981 年版，第 25 页；《在广东省学界欢迎会上的演说》，《孙中山全集》（第四卷），北京：中华书局 1984 年版，第 122 页。

孙中山救国救民的进步思想，对近代华侨教育思想的形成、华侨学校的创立起到了推动作用。

1898 年 9 月“戊戌变法”失败后，梁启超来日本避难，他在横滨居住时大力宣传变革社会、救国救民的维新思想：“中土拨乱之才，安知不出于东土之学校？以保我种族、保我国家，其关系岂小补哉！”① 他在华侨中大力提倡设立华侨学校，培养人才，谋求新的发展。

经过兴中会会员与当地侨领多次商讨后，决定在中华会馆内办学堂，从国内聘请教师，教授中文、英文、日文三科；学校经费一部分靠中华会馆的公益事业所得来支付，其余部分靠募捐来解决。孙中山对建立华侨学校非常支持，为学校定名“中西学校”，并推荐梁启超出任校长。但因梁启超当时正主持《时务报》，康有为便推荐徐勤代替梁启超，同时让本门弟子陈默庵、汤觉顿、陈荫农等协助徐勤赴横滨办学。康有为认为“中西”二字不妥，特将学校更名为“大同学校”②。梁启超是横滨大同学校教育宗旨的主要设计者，对大同学校寄予厚望。

在孙中山救国救民思想的影响下，在康有为、梁启超等维新派的直接参与下，1898 年 2 月，在当时华侨人数最多的横滨建立了“横滨大同学校”。这所学校是日本乃至世界上第一所海外近代教育型的华侨学校，开创了世界近代华侨学校教育的先河。

横滨大同学校创立之时，正值国内清朝面临着被帝国主义列强瓜分的危险。因此，学校建立以后，秉承救国救民的教育宗旨：“以孔子之学为本原，以西文日文为通学，以中小学章程为课则……”③ 培养学生立志革新，以期挽救当时中国的民族危机。学校学生每日课后必读：“国耻未雪，民生多艰，每饭不忘，勖哉小子”④。

表 3－2　横滨大同学校开设课程（1898—1923 年）

国语	文法	算术	历史	地理	修身	日文	英文	习字	唱歌	图画	体操

资料来源：[日] 横滨山手中华学园：《日本横滨山手中华学校百年校志（1898—2004）》，2005 年，第 225 页。

① 梁启超：《日本横滨中国大同学校缘起》，《饮冰室合集》（《饮冰室文集》之四），北京：中华书局 1989 年版。

② 冯自由：《革命逸史》，北京：中华书局 1981 年版，第 48 页。

③ 梁启超：《日本横滨中国大同学校缘起》，《饮冰室合集》（《饮冰室文集》之四），北京：中华书局 1989 年版，第 79～80 页。

④ 黄昆章主编：《华侨华人百科全书·教育科技卷》，北京：中国华侨出版社 1999 年版，第 237 页。

表3－2中显示，横滨大同学校在建校之日起，就用中文、英文、日文三语同时进行教学，引导学生学习西方及日本的先进思想和文化，开设课程充分显示了新式教育的特色，提高了横滨华侨子弟的教育水平。学校也非常重视对学生体育方面的训练，开设军事体操等课程，力求使学生成为军事方面的初步储备人才。

在大同学校的影响下，华侨自己创办、自己经营管理的全日制华侨学校相继诞生，有用广东话授课的“华侨学校”、用宁波话授课的“中华学校”等。日本各地的华侨也依靠自己的力量，在神户、长崎、东京等地相继创办了以培养华侨子弟接受民族文化教育为主要目的华侨学校，并具备了相当的规模。

1923年，关东地区发生了大地震，华侨学校、中华学校以及大同学校三所校舍全毁。1924年，在横滨山下街关帝庙旁边重建校舍，将三所学校合一，建立了用广东话授课的“中华公立小学校”。1945年，美军大轰炸使校舍变成了废墟。1946年重建“中华公立小学”，后改名为“中华学校”，由战前来日的留学生作为教师，用普通话授课。1952年，在台湾当局的强权政治镇压下，学校分裂，90%的学生和老师被赶出学校，他们只好把家或店铺当成教室，在中华街内进行“分散教育”。面对这种困难状况，侨胞们有钱出钱，有力出力，1953年在山手街新建校舍，1957年学校正式改名为“横滨山手中华学校”。

大同学校（1898）、华侨学校（1901）、中华学校（1905）、志成学校（1907）

↘↓↙

中华公立小学堂

（1924年创立，1946年重建后更名为中华学校）

↓

（1952年后分裂为）

↙↘

横滨山手中华学校　横滨中华学院

图3－1　横滨山手中华学校历史沿革

“二战”后，由于海峡两岸的政治原因，横滨形成两所华侨学校，一所是“横滨中华学校”，另一所是“横滨山手中华学校”。两所学校因受政治观念的影响，对立情绪很浓，相互间没有往来。随着时代的发展，这些政治观念所导致的分歧正在淡化，但两所学校还是处于分属两岸的状态。横滨山手中华学校在网页上将学校的历史总结为：

至今我校已度过了一百多年的时光，期间我校经历了1923年关东大地震、中日战争，1945年的美国空军大轰炸，1952年台湾强权政治干扰等重重艰难困苦。在广大爱国侨胞的热情关注和积极支持下，我校几代同仁前赴后继，始终为在日华侨华人后代传播中华文化，为增进中日两国的友好和交流，培养适应社会发展需要的人才，造就出了中华学校的百年辉煌。

我校在“二战”后就开始实施汉语普通话教育，并在幼稚部、小学部的基础上增添了初中部，半个多世纪来已培养了两千余名毕业生，他们有的成为华侨华人事业的接班人，有的已融入了日本主流社会，为中日两国之间的合作及友好交流作出了积极的贡献。

近20多年来，我校的教育对象逐渐转变为第三代、第四代华侨以及大陆新移民的子女，纯粹日本人子女也占有一定的比例。为了适应新形势的变化，我校自1993年开始实施教育改革，大力提倡“素质教育”，着力研究“双语教学”，进一步把中华学校的教育任务明确为：中华学校的学生要继承并弘扬中华文化，同时学习中日两种语言并可熟练运用，具备较高的交际能力；学生具备日本学校的同等学力，毕业后可纳入日本的教育体系继续深造；中华学校的毕业生要对中国有深厚的感情，要具备较高的综合素质，可以在今后的社会工作中具有更强的竞争力，成为适应社会形势变化的新型人才，进而为中日两国友好大业作出贡献。

今后，我校将继续遵循着“开拓进取，与时俱进”的理念，为社会培养出更多的熟练掌握中日英三种语言的具备较高综合素质的国际型人才。①

二、神户中华同文学校

随着神户华侨人数不断增多、经济实力不断壮大，子女教育问题就成为亟待解决的问题。梁启超在横滨协助成立华侨学校后，1899年5月又来到神户。在神户华侨为他举办的“梁启超欢迎会”上，他讲述了祖国衰弱的原因，并说：

所谓一国的兴废，是看其国民有无国家的概念而论，日本国民，只不过是中国的十分之一，但能打胜中国，这是日本国民能牺牲生命为国尽忠，但是我国的国民大多是重视个人的利益，以盈利为重而不顾国家，这原因就是我国教育和日本国的教育大有不同之故。所以华侨应该重视教育，现在横滨华侨也已设立了教

① 横滨山手中华学校，http：//www. yokohamayamate - chineseschool. ed. jp。

育华侨的学校。①

在梁启超的倡议下，在麦少彭等一批华侨有识之士的发起与支持下，广大侨胞自力更生、艰苦奋斗、自强不息、顽强拼搏，于1899年8月在神户的东亚路畔设立神户第一所华侨学校——“华侨同文学校”。② 学校由广东帮侨胞组织并运行，教师多从广东聘来，遂以广府话即粤语为教学语言。

1914年，神户第二所以粤语为教学用语的“神户华强学校”设立。1919年，“三江帮”华侨设立以普通话为教学用语的“中华公学”，学生主要是“三江帮”、福建帮华侨子弟。至此，作为神户中华同文学校前身的三所侨校先后设立。1932年，“九一八”事变爆发，中日贸易受到影响，华侨纷纷回国。受生源等问题的影响，同文及中华两校均暂时停课。1933年，两校复办。

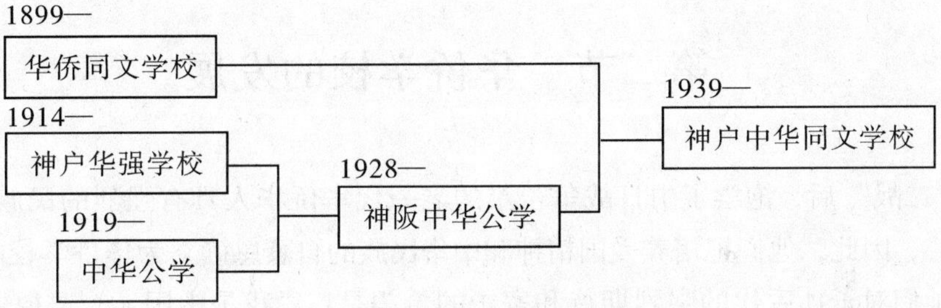

图3-2　神户中华同文学校历史沿革

随着战争的发展，日本政府加强了对日本全国各地的控制，华侨被视作敌对国公民而受到严重的歧视与迫害，在日华侨与学生数量急剧减少。华侨学校、华文报刊等亦受到种种限制，教材被检查，学生遭搜身，教师被责难甚至被任意殴打。神户三大华商组织被迫合并为“中华总商会”，华侨教育亦由“中华总商会”主持。神户的三所学校便是在这种限制与生源减少的情况下于1939年被迫合并组成新的“神户中华同文学校”。③

该校采用普通话授课，不同帮派、不同省籍的华侨减少了隔阂与利益冲突，增强了彼此的了解与团结。由此揭开了神户华侨社会与华侨教育新的一页。

---

① ［日］神户中华同文学校编：《建校100周年纪念册（1899—1999）》，2000年，第24页。

② ［日］神户中华同文学校编：《建校100周年纪念册（1899—1999）》，2000年，第11页。

③ 陈德仁编：《学校法人神户中华同文学校八十周年纪念刊》，1984年；［日］神户中华同文学校编：《建校100周年纪念册（1899—1999）》，2000年。

“二战”末期，日本神户等沿海城市经常受到美军轰炸，中华同文学校连同教材、仪器、图书等所有设备也被燃为灰烬，几乎所有的华侨学校都关闭停办，民族教育也中断了。战后，作为来自战胜国之一的中国侨民得到了特种待遇，侨民生活比较安定，神户华侨将借校复课问题迅速提上日程。经过交涉，在神户市市长中井一夫的帮助下，借神户市立大学开设小学复课。之后，在筹建新校的过程中，华侨们同日本相关部门展开了艰难交涉。台湾当局试图搅乱与控制学校，侨界与之进行强烈抗争，提出“有钱出钱，有力出力”的口号，克服了难以想象的巨大困难，依靠自己的力量，齐心协力，艰苦奋斗，坚持“华侨子女的教育由华侨办”的精神与原则，终于在 1959 年建成一座新校。此后学校步入发展的新时期。

神户中华同文学校不但建校历史悠久，成为日本仅有的几所华文学校中规模最大的一所，而且具有优良的传统与独到的特色，在日本华文教育史上具有重要的历史地位。

第二节　华侨学校的发展

“二战”后，饱尝了中日战争苦难的老一代华侨华人具有强烈的民族自尊心、爱国心，因此，他们把培养爱国精神和中华民族的自豪感确立为华侨学校的教育目标。他们对子孙后代的强烈期待和寄予的希望是：“我是中国人，要说中国话”、“不要忘记自己的祖国和家乡”。经过华侨们的共同努力，各地的侨校相继复建、重建。至 1948 年，在横滨、神户、长崎、东京、大阪、静冈、京都、岛根、北海道等地开办了 9 所华侨学校，在日华侨适龄儿童的 70% 都入学于华侨学校。①

“二战”后，台湾回归祖国，台湾籍同胞恢复中国国籍而成为中国华侨，在神户的台湾籍子女从不同的日本学校转入中华学校。这些台湾籍华侨子女基本不懂汉语，为使这些学生能够适应学校的教育与生活，时任神户中华同文学校校长的李万之先生为其开设了“特别班”，先经过一段时期的中文培训后，再转入正式班级。②

“二战”前的华侨学校是以小学为中心的初等教育。“二战”后，侨校有了更大的发展，华侨学校逐步扩展为幼儿园、小学、中学、高中全系统的学校。在授课的语言上，也由“二战”前的方言教学调整为统一的普通话教学，教学内容也得到了进一步充实。

---

① ［日］華僑学校国際比較研究会编：《華僑学校教育の国際的比較研究（上）》，宫崎：宫崎大學教育学部社会経済研究室 1988 年版，第 162 页。

② 《李万之先生纪念集》编辑委员会编：《缅怀李万之先生》2001 年版，第 70 页。

神户华侨社会具有重视华文教育的传统，同文学校的毕业生很多成了神户华侨社会的中坚人物，同文学校对维持神户华侨社会的稳定无疑起到了很重要的作用。此外，除早已有之的中华会馆、中华义庄与关帝庙外，自1971年起连任神户中华总商会会长长达15年之久的陈德仁先生于1979年建成神户华侨历史博物馆；1983年交涉收回华侨巨商吴锦堂先生的别墅移情阁，修葺后辟为永久性的孙中山纪念馆，成为对神户华侨进行爱国主义教育的重要场所。①

以上诸多因素对加强神户地区华侨社会的凝聚力、维护华侨社会的稳定性起着决定性的作用。神户华侨社会较为稳定这一特色，为同文学校提供了源源不断的财政与生源支持。1978年，学校新建学生宿舍一座，1983年在校学生达八百余人，成为日本最大的华侨学校。

神户中华同文学校第六届毕业生、中日友好协会副会长黄世明在《热烈祝贺母校百年华诞》一文中对母校作了比较全面的总结：

神户中华同文学校凝聚着几代神户侨胞的心血，是一所具有悠久历史和光荣传统的华侨学校。早在1899年，祖国面临民族存亡的危急时刻，老一辈华侨响应梁启超先生的倡导，本着兴教图强、振兴中华的精神，为在华侨子弟中进行民族教育，传播中华文化，培养对祖国对社会有用之人才，创办了这所学校。一代一代神户侨胞继承并发扬这一崇高宗旨，在异国他乡十分艰难的条件下同心同德，呕心沥血，有钱出钱，有力出力，爱校护校，使得神户中华同文学校历经合并、战争灾难、复校建校、阪神地震等考验，坚持办学达一百年之久。神户中华同文学校不负侨胞的厚望，坚持民族爱国教育，艰苦经营，辛勤耕耘，精心教导，培养了一批又一批品学兼优的人才，为神户华侨社会的团结和睦，为支援祖国建设和和平统一大业，为促进中日两国人民的相互理解和友谊，作出了积极努力。②

进入20世纪六七十年代，随着华侨社会归化倾向的增强，学校生源受到影响，学生人数的减少进一步增加了学校财政困难。由于其法律地位得不到承认，在经费、招生、学校运营等方面又遇到困难，有的学校出现了正常教学活动难以维持的局面，迫使有些学校不得不关闭，长崎的华侨学校就是在这种形势下被迫关闭了。

① 华侨博物院编：《陈德仁先生纪念集》，厦门：厦门大学出版社2000年版，第18～19页。

② ［日］神户中华同文学校编：《建校100周年纪念册（1899—1999）》，2000年，第23页。

第三节　华侨社会的变化与华侨学校的改革

随着时代的发展，华侨学校所处的社会环境发生了很大的变化。伴随着老华侨华人落地生根，不断地融入日本社会，以及新华侨华人的日益增多等，日本华侨社会的构成发生了巨大的变化，这些变化给华侨学校教育带来了新的课题。传统的“以华侨为主要教育对象，以确立中国人之自觉、传授中华文化为教育宗旨”的侨校显然已不能完全适应形势的发展。同时，从80年代后半期开始，日本社会急速地向国际化迈进。1990年日本修改《入国法》后，政府的入籍政策发生了很大的转变，致使留学不归的人数逐年增加。他们或者取得了永久居住权，或者加入了日本国籍，和日本人一样工作、纳税，成为日本社会的成员。他们给日本社会带来了多文化、多民族的课题，也极大地影响了华侨学校的发展。针对这种状况，两所学校对教学进行了创新设计，大胆进行了教育改革。

一、教学改革

在长期的教学实践过程中，华侨学校的校长和教师们深深地感到，传统的教学方法已远远不能满足多元化、个性化的学习需求，也无法满足文化背景各异、思维方式不同的学习者的需求。为了适应民族教育国际化的趋势，满足教学改革发展的需求，横滨山手中华学校和神户中华同文学校相继废止“国语”一词，使用“中文”、“中国语”替代。他们采取灵活的教学方法，激发学生的求知欲望。为了巩固所学内容和预习新的课程内容，学校设置早读课，并要求学生在课余时间阅读各种中文书籍。学校还在保证正常教学的前提下，灵活地调整各项重大活动的安排，如庆祝春节、中秋、国庆等活动，以加深学生对中国传统文化的理解。

中文教学是一种语言教学，既不同于中国国内的语文教学，也不同于日本学校的教学模式，是一种特殊的第二语言教学。其教学对象、目的和方式都有其自身的特殊性。在重新认识中文教学性质和深入分析学生实际情况的基础上，学校首先引进中国国内对外汉语教学的模式，即按照分技能训练的思路，根据语言教学的特点重新调整了中文课程的安排，将中学部原来单一的语文课分化为“精读课”、“会话课”、“泛读课”和“写作课”四门课程，并确定了每门课程的教学任务。同时配合中国社会课、中国地理课的教学加深学生对中华语言和文化的理解。横滨山手中华学校还从1994年开始，逐步在小学部也调整了中文课程，在教学方法上以精讲多练为主，把传统的语文教学转变为听、说、读、写分技能训练的语言教学。

随着时代的发展，华侨华人子女的第一语言逐渐变成日语，汉语成了他们的第二语言。第二语言的华文教学，需按语言教学的规律去办，而不能按中国国内语文教学的要求去教学生。中华学校的教学目标是“通过听、说、读、写的技能训练，培养学生使用华语进行交际的能力；通过语言学习，了解中华文化，以促进日中文化的融合”。良好的教学效果，还需要建立科学、实用、有效的教学方法。

以横滨山手中华学校为例，该校将全校的中文教授课程时间调整如下：

表 3－3　横滨山手中华学校教改后的中文课程表

（单位：节）

课程	年级			
	小学 一、二年级	小学 三、四年级	小学 五、六年级	中学部
精读课	6	6	6	3
会话课	4	2	2	3
泛读课				1
写作课				1
文常课			3	1
总　计	10	8	11	9
周课时	25（26）	30（31）	34	35

注：括号里的数字为高年级的课时数。

资料来源：［日］横滨山手中华学校：《横滨山手中华学校百年校志（1898—2004）》，2005 年，第 127、233 页。

如表 3－3 所示，横滨山手中华学校主张中文教学实行分技能训练，将小学低年级的中文课分为精读课和会话课，进入小学高年级后又加入文化常识课，加强对中国文化、历史等方面的教学。升入中学后更增加了泛读、写作课，强化语言知识的教学和训练。华文教学重新设计后，学生主动讲中文的开口率大增，每人每堂课可讲 120 句左右，[①] 较好的学生还可以根据具体的语言环境和谈话对象灵活进行对话。学生的阅读和写作能力也日益增强，语言表达的逻辑性明显提高。

神户中华同文学校一直将小学中文课程称为国语，将中学的中文课程称为国文课，从 1972 年起改为语文课，后来又改为中国语课，并于 1988 年采用中国国务院侨办的《汉语》教材。[②] 除此之外，还使用一些自己独自编写的教材。日语课则

① ［日］黄伟初：《横滨山手中华学校的历史、现状和特点》，载中国海外交流协会文教部编：《海外华文教育文集》，广州：暨南大学出版社 1995 年版，第 149 页。

② ［日］神户中华同文学校编：《建校 100 周年纪念册（1899—1999）》，2000 年，第 87 页。

考虑到学生需要升学这一情况，使用日本普通学校的教材，版本由学校自行决定。

表 3-4　神户中华同文学校 1987—1998 的中文教育课程安排

（单位：节）

<table>
<tr><th colspan="2" rowspan="2">课程</th><th colspan="9">年级</th></tr>
<tr><th>一年级</th><th>二年级</th><th>三年级</th><th>四年级</th><th>五年级</th><th>六年级</th><th>中学
一年级</th><th>中学
二年级</th><th>中学
三年级</th></tr>
<tr><td rowspan="4">国语</td><td>读法</td><td rowspan="4">12</td><td rowspan="4">11</td><td rowspan="3">10</td><td rowspan="2">8</td><td rowspan="2">7</td><td rowspan="2">7</td><td rowspan="2"></td><td rowspan="2"></td><td rowspan="2"></td></tr>
<tr><td>作法</td></tr>
<tr><td>会话</td><td>2</td><td>2</td><td>2</td><td></td><td></td><td></td></tr>
<tr><td>书法</td><td>1</td><td>1</td><td>11</td><td></td><td></td><td></td><td></td></tr>
<tr><td colspan="2">语　文</td><td></td><td></td><td></td><td></td><td></td><td></td><td>6</td><td>6</td><td>5</td></tr>
<tr><td colspan="2">中国历史</td><td></td><td></td><td></td><td></td><td></td><td></td><td></td><td>3</td><td></td></tr>
<tr><td colspan="2">中国地理</td><td></td><td></td><td></td><td></td><td></td><td></td><td>3</td><td></td><td></td></tr>
<tr><td colspan="2">总　计</td><td>12</td><td>11</td><td>11</td><td>11</td><td>10</td><td>10</td><td>9</td><td>9</td><td></td></tr>
<tr><td colspan="2">周课时</td><td>26</td><td>27</td><td>31</td><td>32</td><td>33</td><td>33</td><td>34</td><td>34</td><td>34</td></tr>
</table>

资料来源：神户中华同文学校编：《建校 100 周年纪念册（1899—1999）》，2000 年，第 172～173 页。

两所学校除在学校注重中文教学外，还要求学生在家多读、多看中文书籍、报纸、杂志等。读完后，要求学生将自己的感想写下来，这样既锻炼了学生的阅读能力，又提高了他们的写作水平。

两校在中文教学方法上也进行了创新，采用以下多种方式：

1. 启发式教学

学校提倡启发式教学，力求取得语言训练的更好效果。语言教学有其自身的特点，其基本思路和要求是重视对学生进行全面的语言技能训练。让学生进行充分的练习，才能促使学生学会用汉语说话。教学改革以后，学校重视对学生语言能力的培养，在听、说、读、写全面发展的基础上，坚持“听说领先，读写跟上”的原则，根据学生的认知顺序和实际水平，做到由浅入深、由易到难，有计划、有步骤地引导学生进行四项技能的训练，最终实现学校的教学目标。

2. 确定中文教学目标

两所学校都经常组织或参加所在地区的中国语演讲比赛和中国语征文活动，给学生们提供展示中文学习成果的舞台。学校的教学考试也慢慢地向着水平测试的方向靠近，从传统的注重语文知识测试，转向注重学生语言运用能力的测试。学生在平时的学习生活中，只要认真练习、不断开口，就能取得好成绩。学校还引进了中国汉语水平考试（HSK）系统，在校内举行模拟考试，既可以了解学生的中文水平，又可以检验老师们的教学质量。由于学校华文教学效果良好，中华学校中学毕业生的中文几乎全部可以通过 HSK 三、四级测试，学习较好的学生向着达到 HSK 考试的六级水平迈进。扎实的语言能力，使学生在升学及以后就业中具有很大优势。

3. 创造语言环境

创造良好的语言环境，也是中文教学不可忽视的内容。两所学校还充分发挥从中国国内转来的插班生的作用，在班级内部，各科老师鼓励本地出生的同学多与插班生互帮互学，争取从插班生那里学到正确的发音、语调，养成自觉说中文和用中文思考的习惯。学校在课堂上重视语言能力培养的同时，在课外活动中，也加强了对学生能力的综合训练。例如，学校的毕业旅行，一般是以语言实践、社会考察、文化历史学习和观光旅游为一体的综合活动，使学生的能力得到全面的检查和锻炼。特别是中学的毕业修学旅行，尽可能地安排到中国旅行，让学生亲身感受文化氛围和体验风土人情，增长文化知识。

4. 家长配合中文学习

由于学生们生活在一个主流语言为日语的环境中，要学好汉语，仅靠在学校接受的汉语教学是远远不够的。而大多数学生有中国家庭的背景，家长受过良好的中文教育，并且有让孩子学好中文的美好愿望。为充分挖掘和利用这一有利条件，在家中开辟第二中文教学课堂，共同帮助孩子学好中文，两所学校在加强与家庭联系方面采取了相应的措施。学校定期召开家长会，要求家长在家尽量用汉语与孩子交流，同时多给孩子提供一些汉语书籍。

5. 改革的成果

改革取得了显著的成果，也使学校有了大的发展，现行的课程表如下（表 3-5、表 3-6）。

表 3-5 神户中华同文学校课程表

（单位：节）

【中学部】

	中国语	数学	英语	理科	中国历史	中国地理	保健体育	美术	音乐	技术家庭	日本社会	日本语	德育	班会	合计
中三	5	5	4	4			2	1	1	2	3	5	1	1	34
中二	6	4	4	3	3		2	1	1	2	3	4		1	34
中一	6	4	4	3		3	2	1	1	2	3	4		1	34

【小学部】

	中国语	算术	自然	常识	社会	中国地理	中国历史	音乐	体育	美劳	日本语	英语	书法	班会	合计
六年级	9	6	3				2	2	3	2	3	1	1	1	33
五年级	9	6	3			2		2	3	2	3	1	1	1	33
四年级	10	5	2.5		2.5			2	3	2	3	1	1		32
三年级	10	5	3		3			2	2	2	3		1		31
二年级	11	5		2				2	3	2	2				27
一年级	12	4		2				2	3	2	1				26

资料来源：［日］神户中华同文学校，http：//www. tongwen. ed. jp/home/toppage. html，2011 年 4 月 22 日。

表 3－6　横滨山手中华学校课程表

（单位：节）

[小学部]（2006年修改）

	中文	说话	数学	理科	历史	地理	日文	日社	图工	音乐	体育	集活	英会	书法	周会	周时计
一年级	6	4	4				4		2	2	2	1				25
二年级	6	4	5				4		2	2	2	1				26
三年级	6	2	6	3			4	2	2	2	2	1				30
四年级	6	2	6	3			4	2	2	2	2	1		1	1	32
五年级	6	2	6	3		3	4	2	2	1	2		1	1	1	34
六年级	6	2	6	3	3		4	2	2	1	2		1	1	1	34

[中学部]（2006年修改）

	精读	会话	泛读	写作	文常	数学	理科	日社	日文	英文	技家	美术	音乐	体育	周会	周时计
一年级	3	2	1	1	2	3	4	3	5	4	2	1	1	2	1	35
二年级	3	2	1	1	2	3	4	3	5	4	2	1	1	2	1	35
三年级	3	3	1	1	1	4	4	3	4	4	2	1	1	2	1	35

■ 日社：日本社会

■ 技家：技术家庭

■ 文常：文化常识

■ 集活：集团活动

■ 英会：英文会话

资料来源：［日］横滨山手中华学校，http：//www. yokohamayamate－chineseschool. ed. jp。

从这两所学校的课程表中可以看出：日本的华侨学校基本上保留过去侨校的性质和特色，除了设置当地语言科目外，大部分课程都是用汉语教学。两所学校以教授中文课程为主，中文课又分为精读课、泛读课、写作课、会话课。文化课还有地理课、历史课、文化常识课、书法课。学校同时也教授日语和一些与日本学校同等的课程，使毕业生能够达到与日本学校毕业生的同等学力，并全部考入日本高中。

从课程表中还可以看到，两所学校实施汉语、日本语、英语三种语言教学，这种教育方针已经得到了日本社会的广泛赞同和认可。小学以掌握汉语为目标，在教授中国语上下功夫。中学阶段为了将来学生的升学，教授和日本学校同样的课程内容，使学生具备日本学生的同等学力，同时还在提高中国语的能力上下功夫。

二、教材改革

两所学校在抓好课堂教学的同时，还更多地利用广播、录像、图片以及电脑等，对学生进行训练。教师配合教学内容，自己动手，寻找或制作卡片、教具等，进行直观的情景教学，给学生提供接触、使用中文的机会，让学生在轻松而愉快的气氛中学习中文。

1988 年以来，神户中华同文学校采用中国国务院侨办编写的《中文》教材，进行中国语教学。此外，这个学校的教师长期以来还具有自己编写教材的优良传统，他们根据教学的实践，结合学生们的特点和对课程的理解状况，将中国和日本两国的教科书内容进行翻译、整合、精选，编写出符合教学规律、通俗易懂、有利于学生掌握的教材、辅助教材、补充教材，收到了明显的效果。

横滨山手中华学校于 1993 年启动教育改革，在全面认识中文教学性质并重新设置学校的中文教学科目后，聘请北京中国语言文化学校（原名为“北京华侨学生补习学校”，以下简称为“补习学校”）的老师来校实地考察 3 个月，再依据横滨的实际情况，结合学生的现实生活，编写适合学校特点的教材，并于 1994 年初开始投入使用。从 1998 学年度起，横滨山手中华学校在小学部改用中国人民教育出版社出版的全国通用的《数学》课本①，并配合教师自己制作的补充教材和练习题进行教学。这套课本语言科学严谨，概念叙述清楚，成为学生学习中文的有力补充。至 2000 年，各类教材都陆续到位，取得了良好的教学效果。

① ［日］横滨山手中华学校：《横滨山手中华学校百年校志（1898—2004）》，2005 年，第 128 页。

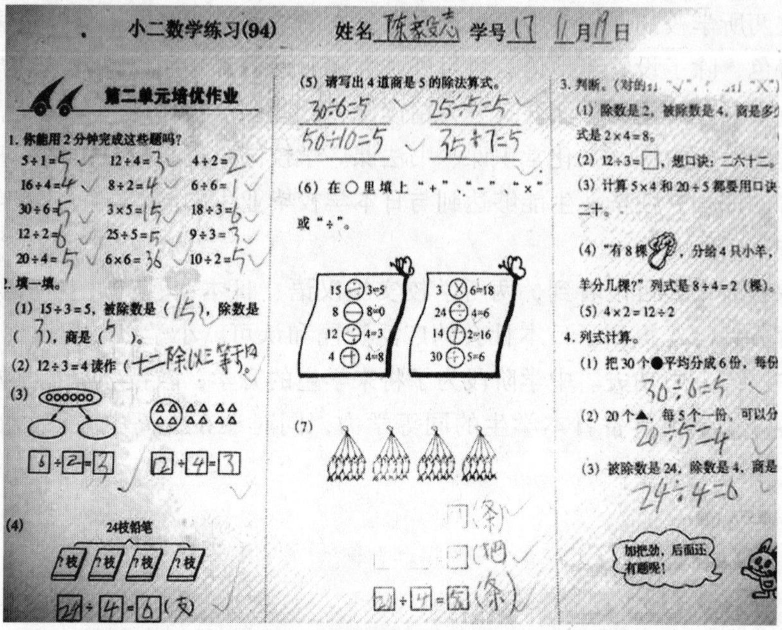

图 3-3　横滨山手中华学校小学二年级数学测试练习

笔者2008年赴日本调查时在横滨山手中华学校拍摄。

表 3-7　横滨山手中华学校中文教材改编状况

小学部	
中文教材	1996学年度，补习学校教师编写的教材初稿投入使用； 1999学年度，小学一、二年级使用上新课本； 1999学年度第二学期，小学三、四年级使用上新课本； 2000学年度，小学部全部使用上新课本
说话课本	早期使用自编课本； 1995学年度，由北京华侨补习学校教师临时编写说话课本； 1998学年度开始，陆续更换使用补习学校编写的课本的初稿； 2000学年度初稿全部到齐
文常教材	使用补习学校编印的《中国地理常识》、《中国历史常识》选本
中学部	
中文教材	早期使用对外汉语协会编写的《语文》课本； 1994学年度开始，陆续使用补习学校外派教师编选的过渡教材； 1998学年度，中学一年级初稿投入使用； 2000学年度，中学三个年级全部用上新的教材初稿

（续上表）

中学部	
会话教材	1993 学年度开始，使用自编课本； 1995 学年度，使用补习学校外派教师选编的临时课本
写作教材	早期无固定课本，仅用临时选编教材； 1999 学年度，使用补习学校外派教师编选的临时课本
泛读教材	一直使用临时编印教材
文常教材	1993 学年度开始，使用补习学校编写的教材； 1998 学年度，使用补习学校教师编写的《中国社会常识》

资料来源：辛玉宝：《横滨山手中华学校教育改革综述》，载任启亮主编《华文教学论文集》，广州：暨南大学出版社 2000 年版，第 176～179 页；［日］横滨山手中华学校《横滨山手中华学校百年校志（1898—2004）》，2005 年，第 127～128 页。

三、管理、经营等方面的改革

在教学改革中，学校着手建立合理的组织机构、会议制度，完善管理体制、修改招生制度，接受并制定插班生制度、各种活动细则、学生评价制度、教师考勤制度和聘任制度等，对学校的定位和发展产生了重大而深远的影响。教育改革也从中文教学发展到教学、管理、经营等多领域、全方位的全面改革，保证学校的稳步发展。学校从学习习惯、生活习惯、劳动习惯、文明礼貌习惯、自律习惯五个方面进一步加强对学生良好习惯的培养，以“计划—实践—总结”的目标来要求学生的校园学习和生活。同时，学校加强了师资培训力度，定期召开教师学习会，系统学习语言教学、素质教育、教育学、心理学等理论，并要求教师到学年末提交年度工作书面总结。

横滨山手中华学校规定，校长、主任同各任课老师一样，都要给学生授课。学校每位教员都亲自参与到教学实践中，既缓和了师资缺乏的问题，又能与学生直接接触，了解他们的具体情况。在校长的带领下，学校教职人员各司其职，尽心尽力，为横滨山手中华学校的发展共同努力。精简完善的行政组织机构，增强了学校集体领导的能力，为学校的稳步发展提供了组织上的保障。

两所华侨学校分别创办了校刊《民族教育通讯》与《学校通讯》，以月刊形式发行。校刊的宗旨在于：“充实教育内容，提高教育效果，发表学生成绩作品和学校的各种预定计划，给家长和侨胞提供参考资料。”校刊由学校老师自己编排，刊登学校教学、交流信息，报道学校各种活动，是广大侨胞、家长和学校之间沟通的桥梁。

四、家长会制度

华侨社会是华侨学校建立的基础与坚强后盾。两所学校所在地区的华侨华人为学校教育的发展作出了巨大贡献，他们一直尽心尽力地支持、维护民族教育，投入大量人力、物力、财力。随着中华学校声誉的提升，距离中华学校较远的华侨华人也送子女来上学，为了集中不同地区家长的力量，配合学校的建设和发展以及教学改革，两所学校都设立了家长会制度，家长会设会长、理事、监事、顾问等职务，人员从校友和各班级家长中推荐。

家长会的历届理事和会员都尽心尽力于学校的教育事业，帮助学校做各种工作，如参加义卖、捐款，义务协助学校给学生检查身体，参加学校学生的游艺会、运动会、成绩展览会等活动，对学校的建设和发展给予了无私的帮助，为学校教育发展建言献策。每当学校发出募捐信息时，家长会的许多成员都慷慨解囊，为学校捐款捐资，表达他们对华侨学校教育事业的一片赤诚之心。本地的家长会还经常与日本其他地区华侨学校的家长会沟通交流，共同商讨民族教育发展的对策。

华侨学校不仅是华侨华人子女接受教育的场所，也是华侨华人进行交流和相互协助的组织。学校组织学生进行的各种活动，如文艺会演、成绩展览会、运动会等，都会得到家长的热烈响应和积极参与。学校也十分注意保持和扩展这种功能。除召开家长会外，学校还为家长组织相应的活动，如体育比赛、中华文化研讨等。通过这些活动，广大的学生家长增进了对下一代的了解，也增强了与他们的沟通。通过办学，学校的组织管理者有更多机会与主流社会接触，得以深入了解当地各方面的情况，在与当地政府部门打交道方面变得更加成熟，可以说是“师生、家长和办学者皆与学校共同成长”。因此，有家长说，华侨学校是将“大人社交”和“子女求学”、“根在祖国”与“身在日本”进行了绝好的结合。

两所中华学校是在日本延续中华文化、开展民族教育的基地。学校依靠着传承中华文化的坚定信念、刻苦自勉的教育实践而延续至今。百余年来，学校培养了大批优秀的毕业生，为在日华人社会作出了巨大贡献，也为海外华文教育提供了示范。2009 年 10 月，横滨山手中华学校、神户中华同文学校，被中国国务院侨务办公室授予首批海外“华文教育示范学校”的称号。①

---

① 《首批海外“华文教育示范学校”名单》，中国新闻网，http：//www. chinanews. com. cn，2009 年 10 月 20 日。

五、学制改革

长期的日本生活和“定居”意识的增强，使华侨华人的家长更加注重考虑子女在当地的升学、就业问题，因此，华侨希望侨校的教育能够“有利于参加居住国的升学考试，有利于进入日本名校”。由此，学校“既要推行民族教育，又要照顾到升学问题”。学校采取措施，一改建校以来一直保持与国内相同的“9月开学，7月毕业”的2学期/学年的学制，而采用与日本中小学相同的3学期/学年的学制，第一学期从4月至7月，第二学期从9月至12月，第三学期从1月至3月。为方便学生升入日本的大学，横滨山手中化学校和神户中华同文学校都不设高中，并随着年级的增长而逐渐减少中国语课时而增加日语课时，以便学生顺利地报考、升入当地高中学校。

改革带来了成效，也正是由于这些特色，增强了学校的吸引力和竞争力，近十几年来，迫切要求把子女送到中华学校就读的华侨华人家长与日俱增，在校学生数逐年增加。

表3－8　横滨山手中华学校学生人数变化

年度	学生人数（人）	年度	学生人数（人）
1994	242	2003	396
1995	246	2004	399
1996	255	2005	411
1997	269	2006	407
1998	278	2007	413
1999	303	2008	460
2000	313	2009	476
2001	355	2010	526
2002	386	2011	516

资料来源：

1. 1949—2004 年度学生人数来源于［日］横滨山手中华学校：《横滨山手中华学校百年校志（1898—2004)》，2005 年，第 275 页；

2. 2005 年度学生人数来源于裘晓兰：《试论日本政府华侨学校的法律地位及其所带来的问题》，《华侨华人历史研究》2009 年第 1 期，第 63 页；

3. 2006 年度学生人数来源于《桃李满天下　横滨山手中华学校第六十届学生毕业》，中国侨网，http：//www.chinaqw.com，2006 年 3 月 16 日；

4. 2007—2009 年度学生人数来源于符顺和：《中華學校をとりまく教育事情—横濱中華街を中心に》，《华侨华人研究》2009 年第 6 期，第 107 页。

5. 2010—2011 年的数据根据日本兵库县立大学华人学者陈来幸教授在暨南大学华侨华人研究院讲演时的数字整理。

表 3 - 9　神户中华同文学校学生人数变化

年度	学生人数（人）	年度	学生人数（人）
1994	610	2003	631
1995	626	2004	642
1996	623	2005	630
1997	635	2006	637
1998	644	2007	656
1999	623	2008	668
2000	643	2009	676
2001	632	2010	676
2002	635	2011	676

资料来源：［日］神户中华同文学校编：《建校 100 周年纪念册（1899—1999）》，2000 年，第 174 页及《学校要览》。2010—2011 年的数据根据日本兵库县立大学华人学者陈来幸教授在暨南大学华侨华人研究院讲演时的数字整理。

经过全面、深入的教育改革，中华学校传统的爱国民族教育逐步转轨为适应时代发展和社会需要的华文教育，形成了一套完整的教学和管理体制，教学内容更加规范，教学质量明显提高。学生的中文水平、精神面貌、综合素质都有大幅度转变，中学部优秀毕业生考入日本名牌公立、私立高中的人数逐年增加，这也进一步为中华学校在日本教育界赢得了良好的口碑。学校教师的教学、教研水平明显提升，年龄结构也更加合理。

教育改革的成果得到了日本华侨华人社会和日本社会的肯定。NHK 电视台、《读卖新闻》等日本各大媒体，《亚洲周刊》等世界华语主流媒体以及《中文导报》等新华侨华人媒体都对中华学校的教育事业给予了很大的关注和赞誉。

六、加强校园、校舍建设

正是由于以上这些教学特色，增强了学校的吸引力和竞争力，近几年来，横滨山手中华学校的学生人数激增，2009 年，全校幼稚部、小学部、中学部总人数达476人，远远超出了学校校舍容纳的极限。而每年到校报名的人数特别多，迫切要求把子女送到中华学校就读的家长与日俱增，很多日本孩子的父母也慕名而来，甚至出现了连夜排队等待报名的现象。然而，学校根本无法全部接受报名的学生，出于无奈，决定在优先保证华侨华人子女入学的前提下，剩下的名额采用抽签的办法来决定。因此，为了能让子女在21世纪接受更好的教育，学校决定购地建新校舍，满足华文教育日益发展的要求。横滨山手中华学校的潘校长说："50多年前，日本的老华侨只有5万人，那时实施全日制教育的华侨学校有5所。目前，在日华侨华人人口迅速增长，已80多万，可华侨学校还是这5所。所以大部分的华侨华人家长被迫选择了日本学校让孩子接受日本式的教育，或者骨肉分离将孩子送回国接受国内教育。目前，在日华侨华人子女教育问题已日显突出，且亟待解决。"①

横滨山手中华学园理事长梁庆安表示："第一代华侨合力建造了山手中华学校，才有了今天的我们。接下来应该是华侨第二代兴建学校，这是我们的历史使命。"横滨侨界人士说："从横滨华侨100多年的历史来看，我们深知发展华文教育的必要性和重要性，这对于横滨乃至日本华侨华人社会可谓百年大计，我们深感责任重大。从广大在日华侨华人的长期利益出发，也是为了更好地在日本弘扬传播中华文化，进一步巩固华侨华人的地位，大家一致决定扩大中华学校的规模，购置新地皮，建设新校舍。"

从2003年开始，学校提出了择址扩建新校舍的议题，经过横滨华侨总会和横滨山手中华学校的联合研究与分析，经过五年的选择、协商、交涉，在当地爱国侨胞的支持下，在日本友好人士的帮助下，学校克服各种困难和阻碍，于2008年8月斥资逾60亿日元（约合人民币4.4亿元）购得横滨市中区吉滨町2番66号地，横滨市JR石川町车站北口一块面积3 000平方米的公有土地，作为建设校舍之用。2009年3月，新校舍破土动工，开始建设②。经过一年的努力，2010年4月，拥有112年历史的横滨山手中华学校新校舍落成启用，新校舍建成后可容纳800名学生学习，大大地改善了学校的教学条件。

① 文中引用他人语言均为笔者在日本实地采访时记录。

② ［日］横滨山手中华学校：《民族教育通讯》，2009年1月。

图 3－4　横滨山手中华学校新校舍的教学大楼

资料来源：蒋丰：《日本百年侨校横滨山手中华学校新校舍落成》，中国新闻网，http：//www.chinanews.com.cn，2010 年 4 月 3 日。

校舍为 7 层建筑，占地总面积为 4 151.30 平方米，教学楼建筑总面积为 11 224.33平方米。一、二层是学校熊猫幼儿园以及对外开放的室内设施，三、四层是小学部，五层是中学部，六、七层则是体育馆、多功能教室以及更衣室①。

表 3－10　横滨山手中华学校新校舍各层设施设备介绍

楼层	设施设备
7 层	体育馆、舞台、回廊、音响室、设备器材放置场等，面积 592.71 平方米
6 层	体育馆、舞台（6～7 层为挑空设计）、大型道具仓库、教官室、体育仓库、多目的室等，面积为 1 689.07 平方米
5 层	中学 1～3 年级教室（各 2 间）、多媒体区（图书角、电脑角和自习角）、语言教室、技术家庭室、技术家庭准备室、理科室 1、理科室 2、理科准备室，面积为 1 553.23平方米
4 层	小学 4～6 年级教室（各 2 间）、多媒体区（图书角、电脑角和自习角）、电脑室、中国文化室（展示室和体验室）、演播室、演播工作室、音乐教室、音乐准备室等，面积为 1 553.23 平方米

① 孙辉：《日本横滨山手中华学校乔迁新舍，百年侨校展新颜》，中国新闻网，http：//www.chinanews.com.cn，2010 年 4 月 2 日。

（续上表）

楼层	设施设备
3层	小学1～3年级教室（小学1年级为3间，小学2、3年级各2间），多媒体区（3～5层为挑空设计，图书角、展示角和自习角）、会议室、美术教室、美术准备室、家长会室等，面积为1 757.3平方米
2层	中小学玄关（大厅）、幼稚园教室（小班、中班、大班各2间）、保健室、心理咨询室、教务室、校长室、理事长室、接待室、教师用资料室（会议区）等，面积为1 685.01平方米
1层	中国文化中心（一般开放教室和烹调室）、幼稚园（玄关、职员室、游戏室）、教职员玄关、事务室、配膳室、校友会室、教科书仓库等，面积1 829.82平方米

资料来源：［日］横滨山手中华学校：《民族教育通讯》，2009年4月。

从表3－10中可以看出，学校大楼布局非常人性化，采取了针对中华学校特点的设计，每层楼的上方都用汉字标写“一楼”、“二楼”等，并标注拼音和声调，无形中向来宾展示这是一所以中文教学为特色的学校。学校每层装饰墙上挂有往届学生以及在校生们的美术和手工作品，几乎所有的作品都围绕一个主题——中华文化，如水粉画中的人物是中国的少数民族，手工作品表现的是中国传统的婚礼等。新校舍三楼专门设置中华文化教室，整个房间全部为中式设计以及中国传统的木制装修，室内展示了很多中国传统艺术品以及中国传统样式的家具。新校舍一楼还设有宽敞的烹调教室，可以让学生学习烹调中式菜肴，从中了解中国的饮食文化。为了使更多的横滨市民了解和喜爱中华传统文化，校方计划今后与横滨中华街联手，在学校开办面向横滨市民的中华料理教室。目前学校也在筹划开办太极拳等以中华传统文化为内容的学习班。①

横滨的华侨社团是当今日本最具凝聚力的华人社区之一，从重修关帝庙、兴建十座牌楼，到中华街大改造，在一系列的自我整新过程中，横滨华侨展示了出色的能力。中华街不仅是一个商业街区，更是一个文化社区，此次的聚资办学，恰是商业经营与文化弘扬的完美结合。新校舍的落成启用，凝聚了祖（籍）国、日本华侨社会、横滨侨胞和学校教师的心血，是迄今为止在日华人社会投资最大的一项公益事业，实现了几代华侨华人的梦想，也开启了百年侨校的现代转型。横滨山手中华学校成为日本现有的华侨学校中规模最大、建校历史最久的侨校。

① 孙盈：《日华媒记者体验横滨新校舍：中华文化特色突显》，中国新闻网，http：//www.chinanews.com.cn，2010年4月6日。

第四节　华侨学校的办学特色

随着日本社会国际化的进展，华侨学校所处的环境发生了很大的变化，特别是支撑着华侨学校的华侨社会内部结构的变化，促使历来以民族教育为中心的华侨学校在教育方针、教学大纲、教学内容以及学生的升学状况等方面都发生了深刻变化。学校不断进行教育改革，在继承和传播中华文化的同时，融合多元文化，以期达到既培养国际化优秀人才、又能够成为中华文化在海外传播的重要基地之目的。

目前，这两所华侨学校在教育内容上虽有些细微的不同，但在文化传承的教育宗旨与学生的文化认同上有着共同的特点，主要体现在以下几个方面：

一、办学宗旨是培养传承中华文化、全面发展的人才

神户中华同文学校的办学宗旨、目标是：通过民族教育培养华侨子弟能够正确地理解祖国的一切知识，在德育、智育、体育各方面取得健全的发展，成为一个三好五爱、具有自觉性的中国人，并能为中日友好工作作出积极的贡献。①

横滨山手中华学校的办学宗旨是：本校是一所以教授汉语普通话和传播中华文化为主的学校。其宗旨是通过德育、智育、美育、体育等多方面的教育使华侨、华人的子弟成为一名三好五爱、既有科学文化知识、又有高尚道德情操的人、进而为中日两国的友好交往作出贡献。②

2012 年改为：本校是一所由华侨创办、华侨自主经营的，教授中日双语、中日两国文化的全日制国际性华侨学校。宗旨是通过德育、智育、体育等多方面的教育使华侨华人子弟继承和弘扬中国语言和文化，了解和掌握日本语言和文化，具备日本学校的同等学力和较高的综合素质，为促进中日友好和成为国际型人材打下基础。③

两所华侨学校大力提倡素质教育，主要是指培养学生的思想品德素质、科学

---

① ［日］神户中华同文学校编：《神户中华同文学校大事记》，《神户中华同文学校八十周年纪念刊》，第 245 页。

② 横滨山手中华学校官网，http：//www. yokohamayamate – chineseschool. ed. jp。

③ 横滨山手中华学校官网，http：//www. yokohamayamate – chineseschool. ed. jp/chn/school/index. html。

文化素质、身体心理素质、劳动技能素质和审美素质，即在老师的引导下，培养学生全面综合的能力，包括明辨是非的能力、获取知识的能力、适应社会的能力、与人交往的能力、具体来说，就是要培养学生的自主性、积极性和创造性，让学生在学校多听、多说、多动脑、多动手、多交流，养成良好习惯。

两所华侨学校都努力教育华侨子弟不忘祖（籍）国，热爱故乡故土。每一年的入学典礼和毕业典礼中，在主席台上都会悬挂中华人民共和国的五星红旗，用钢琴弹奏中国乐曲《义勇军进行曲》、《梁祝》、《长江之歌》和《洪湖水浪打浪》等，使学生受到中华文化的熏陶和教育。华侨学校举行各种仪式时，中国驻日大使馆大使（或教育参赞）、大阪总领事也都会出席。校长们在各种仪式致辞时，也总会要求学生珍惜一代代华侨先辈呕心沥血创造出的良好学习环境，努力学习汉语和中国传统文化，多关心祖国发展，将来要成为有尊严、有抱负、有才能的华侨新一辈。

实践证明，这些教育发挥了良好的作用。神户中华同文学校第八届毕业生、现任日本大学教授的蔡胜义先生在《神户中华同文学校——我心魂的故乡——母校与我的祖国情》一文中写道：

当有人问起我为什么没有加入日本国籍，中国护照会不会带来很多不方便时，我的回答是能保持原籍，就保持原籍，这不最自然吗？我爱人还常常强调：单单从方便不方便的观点考虑改籍不改籍，既对不起双方国家，自己也过意不去。可以这么说：我爱人和我的祖国情不允许我们改籍。……我的祖国情，应该说几乎完全来源于在母校上学时候的老师们的熏陶，并在毕业后参加校友会活动的时候得到巩固。……不但是祖国情，我为人的基础，全是在母校上学的七年间和参加校友会活动中打好的，我真感谢老师们的辛勤教导和前辈们的亲切指导。①

横滨华侨总会会长曾德深在《五十年后的横滨中华学校》一文中说：

语言是人们交流思想传递信息的手段，而一种民族的语言蕴含着饱经历史磨炼的民族精神。国际化是当今时代的潮流。“超越国境，不忘祖国”，在国际化的大海中航行要有罗盘，要有牢固的坐标轴。对于我们来说，民族认同感就是坐标轴。②

① ［日］神户中华同文学校编：《建校100周年纪念册（1899—1999）》，2000年，第138～139页。

② ［日］横滨山手中华学校编：《横滨山手中华学校百年校志（1898—2004）》，2005年，第15页。

这两位侨校毕业生所言很有代表性，也充分地反映了侨校在传承中华语言文化方面所取得的成就。

华文教育要求学生努力学习，掌握自己的母语，具备一个中国人应有的基本知识。学校要求全体学生既要有科学文化知识，又要有高尚的道德情操，将来为中日两国人民的友好作出贡献。由此可见，日本的华侨学校尚未当地化，其教育方针仍然是“在加强中华文化传播”的同时，注重日本文化教育。他们的教育宗旨是通过德育、智育、美育、体育等多方面的教育，使华侨华人子弟养成“三好五爱”（“三好”：学习好、工作好、身体好；“五爱”：爱祖国、爱学习、爱勤劳、爱清洁、爱公物）的品行，成为既有科学文化知识、又有高尚道德情操，既具有中华民族精神、又具有多元文化兼容、多种语言兼备的新生代，进而为中日两国的友好交往作出贡献。

二、丰富多彩的教学形式

中华学校除课堂教学之外，还举行各种各样的文体活动和校外旅游活动，丰富了教学内容，增强了师生之间、学生之间团结协作的精神。学校每年例行的校内大型文体活动有游艺会、中文演讲会和成绩展览会等。

每年为庆祝儿童节而开展的游艺会，编写剧本、节目排练、道具制作、舞台布置、灯光音响等工作都由教师、学生、家长一起完成，锻炼了学生团结协作的能力，提高了他们爱劳动的意识。游艺会节目内容丰富多彩，有中文、英文、日文三种剧目，体现了学校多种语言教学的特长。

中文演讲会是为了加强学生的中文表达能力而举行的，至今已有50多年的历史，成为侨校的特色和传统。比赛中，四年级以上学生演讲的内容全部由自己撰写，大部分是关于中文学习、到中国旅行、在中国短暂生活期间的各种愉快回忆。学生们流利的口语、精彩的表演让评委和家长们赞叹不已。他们还参加各地区或全日本的中文演讲比赛，并均能取得好成绩。通过演讲会、各种形式的演讲比赛，孩子们能够更多地练习中文，体会汉语的语言魅力和文化内涵。

每年两所学校还举行成绩展览会，向家长、侨胞介绍学校的教学内容和方法，展示学生各科目的学习情况。成绩展览会的布置由老师和学生一起完成，在展览的当天，学生们还要负责为来参观的客人、家长讲解。整个过程加深了学生对各个科目的认识，增强了他们与人沟通交流的能力。

除此之外，学校还开展例行教育活动。这种活动包括学艺活动、保健体育活动等。通过这些实践活动，加深了学生对历史、地理知识的了解，扩大了中国文化的传播渠道。中华学校把调查、考察、参观旅游也作为教学的重要组成部分。

学校每年都定期举行春游秋游活动、社会参观、春令营、冬季滑雪、毕业到中国旅行等。在赴中国进行毕业旅行时，同学们饱览了祖国的锦绣河山，亲身感受了中国历史的悠久、文化的博大精深，看到了中华大地人杰地灵，无一处不精彩，无一处不难忘。中国的历史文化和风土人情都给他们留下了珍贵而美好的回忆，很多学生回学校后将这种感受写成作文，有些佳作还登载在学校的《学校通讯》、《民族教育通讯》上，供大家欣赏。

三、保持特色、融入多元文化

随着时代的变迁，华侨华人子女的第一语言逐渐变为日语，汉语成了他们的第二语言，华侨学校教育日益向着本土化方向发展。但是，学校还是注重培养、塑造学生，使之具备中华民族的素质，并把中华文化作为所在国多元文化中的一元，加强与所在国主流文化的沟通交流。在积极推广多语言教学和多元文化交流的基础上，课程设置也从单一的汉语语言学习扩展到经济、文化等多个领域。

随着在日华侨华人政治认同的日本化及华侨社会的世代交替，中华学校学生的法律身份也随之变化，其文化素质也由中华文化与日本文化相结合而形成多元文化，从而改变了学校以中国人为教育对象的特点和教育方针，学校教育也逐渐由华侨教育变为华文教育。

四、保持传统的教学理念

日本学校曾在相当长的时间里提倡“宽松教育”，教科书越改越薄，教学内容越来越少，学生学习欲望减退。“学级崩解”、“同学之间欺辱人”、“不尊重老师”等现象越来越严重。日本家长对公立学校不满、不信任，有些学生转入私立学校，公立学校渐渐丧失魅力。

与日本学校的教育现状相反，华侨学校人气一直颇为旺盛。以前每到春季，学校都需要寄信件、明信片等对招生工作进行宣传，扩大影响，挖掘生源。现在不用宣传不少人都积极主动联系，询问报名时间，以免贻误时机。为什么华侨学校越来越有人气呢？主要原因是华侨学校不跟风（不跟日本“宽松教育”之风），坚守自己的教育传统，保持侨校特色，坚持传统的育人方式，重视品格的培养，严肃课堂纪律。神户同文中华学校金校长说：“我们严格要求学生，养成良好的习惯。尊重老师，爱护学生，校风好，得到了社会的好评和认可。”

学校还特别重视对学生德、智、体、美、劳全面教育，从学习、生活、劳动、文明礼貌、自律等五方面加强对学生良好习惯的培养。华侨学校又大力提倡素质教育，培养学生的思想品德素质、科学文化素质、身体心理素质、劳动技能素质等全面综合能力，努力把学生培养成德才兼备的高素质综合型人才。

华侨学校的校园文化建设、课堂布置、教学活动等都体现了浓浓的中国文化特色。每年春节期间，中华学校在全校范围内进行春节装饰，如挂上红灯笼，贴上春联、窗花等，还组织师生包饺子活动和春节联欢会，并邀请校友和当地侨胞前来参加。联欢会上，学生们向来宾表演精彩的武术、舞狮、相声及民族舞蹈等。春节期间，中华学校的舞狮队还会参加中华街的“春节祭”系列庆祝活动。通过这些异彩纷呈的节目，使中国传统文化得到了传承。

每年的国庆，中华学校都要举行隆重的庆典，庆祝祖国的生日。学生们还准备各种精彩的节目，有音乐、舞蹈、朗诵、舞狮、舞龙等。例如：2011 年横滨山手中华学校举行的庆祝中华人民共和国成立 62 周年的典礼上，小学部的代表发言反映了侨校的教育成果。其发言稿如下：①

各位老师，各位同学：

大家好！

今天我们怀着兴奋和喜悦的心情，同祖国人民和世界华人同胞一起迎接伟大的祖国母亲 62 岁的生日。

六十二年前，拥有五千年灿烂文明的古老国家获得了新的生命力。六十二年的风雨中，中华巨龙不断崛起，创造了一个又一个奇迹，经济建设取得了举世瞩目的成就。我们热爱祖国，如同热爱我们的母亲，因为母亲是我们的心灵、身体的来源和归宿。祖国的甘泉、母亲的乳汁，哺育了一代又一代的优秀儿女。他们为了自己的祖国，不惜牺牲自己的生命，为了伟大的中华民族，迎来了一轮又一轮的朝阳。

我们都是中华民族的子孙，我们的根在中国。祖国的锦绣河山，悠久的历史，灿烂的文化遗产和飞速发展的今天，这些都让我们感到无比自豪。现在，我们的任务是好好学习自己国家的语言，更多地了解中国的文化和历史，增添对祖国的感情，长大以后为增进中日两国人民的友谊作出贡献。我们衷心希望，祖国更加繁荣昌盛，中日友好世代相传！

谢谢大家！

小学部代表　今冈 贤派

横滨山手中华学校潘校长说：“我们保持侨校特色，教育学生作为中华民族

① 横滨山手中华学校官网，http：//www. yokohamayamate－chineseschool. ed. jp/pdf/2011－10. pdf。

的子孙——中国人而骄傲，学校上下课的钟声还是《东方红》乐曲。”①

每年运动大会都会有隆重的升降国旗仪式，五星红旗永远牵动着海外赤子们的心。在雄壮的国歌声中，在鲜艳的旗帜下，我们不禁心潮澎湃。

五、重视德才兼备教育

华侨学校坚持教书育人的大方向，不但设立学习优秀奖，还设立劳动服务奖，要求学生打扫校园、教室和厕所，修理桌椅，简单的事情自己动手，鼓励学生养成爱劳动的思想品格和良好习惯。提倡爱校如家、团结友爱精神，将劳动传统代代相传。

2007 年，神户同文中华学校金校长提出“劳动为一，学习为二”的口号。他说：“劳动可以使孩子获得能力，生活上独立；在面对挫折时，孩子善于以独立的积极的心态去面对。我们学校教育的终极目的无非是希望孩子们获得更好的生活能力。因此，我认为，学校教育中学习固然重要，而劳动对人才的影响，其意义更加深远。教育是为了培养德才兼备的人才，而德和才，绝对是德先才后。而道德的培养，仅靠书本知识的说教，是绝对不够的，劳动正是形成道德观的一个实践过程。以劳树德，是学生成长的需要，是培养为集体、为社会服务的精神的需要。”

百余年来，华侨学校一直坚守自己的教育理念：教授华语坚定不移，传播中华文化百折不挠。学校坚持传统的教学育人方式，重视学生优秀品格的培养，大力提倡素质教育，培养学生的全面综合能力。从其校园文化建设、课程设置及各种文娱活动都可以深切地感受到学校民族教育的理念。学校特别重视道德教育，坚持“以德育促教育，寓德育于教育”的原则，培养学生健全的人格。学校非常重视对学生基本道德品质的教育，认为学生的品格培养是一个长期的、潜移默化的过程，需要从生活、学习的一点一滴做起。因而学校的课程设置、教学活动、课外活动都渗透着对学生良好品质的教育和培养。学校还鼓励和支持学生参加日本的地区社会义务活动，将抽象的道德教育化为实际行动，深刻影响着学生良好道德品格的形成。通过各式各样的志愿者服务活动，使学生深刻体悟到帮助别人、奉献自己的价值，以达到道德教育的目的。

横滨山手中华学校在新时期的教育任务里也强调：“中华学校的毕业生要对祖国有深厚的感情，要具备较高的综合素质，可以在今后的社会工作中具有更强的竞争力，成为适应社会形式变化的新型人才。”②

---

① 文章中引用他人语言均为作者在日本实地采访时的记录，下同。

② 横滨山手中华学校官网，http：//www. yokohamayamate – chineseschool. ed. jp。

无疑，这些道德教育对学生今后的学习能起到很大的影响，甚至会影响他们终生。作为宣传和弘扬中华文化的基地，让学生们切身感受中华文化，在他们的感情深处打上“中国烙印”是学校教育义不容辞的责任，也是华文教育的一个重要手段和方式。每年的国庆，横滨山手中华学校都要为祖国的生日举行隆重的庆典。在典礼上，校长和学生代表分别发言，庆祝祖国的伟大生日。学生们还准备了精彩的节目，有舞蹈、朗诵、舞狮、舞龙等，作为献给共和国生日的礼物，也借此表达他们的拳拳赤子之心。学校建立有不同层次的文化团体，如舞蹈、民乐、武术、书法、国画、球类、舞龙、舞狮等，激发学生的潜能、发展他们的第二特长，让学生从小就有一种艺术特长，既提升了他们的文化素养，又为他们以后就业提供更多的平台。

六、不分国籍、出身，面向所有阶层开放

随着时代的发展，华侨社会的中心已经由民族意识很强、与祖国有着密切联系的第一代、第二代逐渐向在生活、教育、交友等方面渐渐被日本社会同化了的年青一代转移。老华侨的日本化和新华侨的加入，使日本社会内部结构变得多样化，也给华侨学校的教育带来了极大的影响。

另外，自 20 世纪 80 年代以来，日本社会急速向国际化迈进，对于经济技术人才需求的增加，日本政府在外国人入籍的政策上逐渐发生改变。1985 年日本修改《国籍法》，放宽了在日外国人加入日本国籍的限制，修改后的《国籍法》第二条规定：“子女出生时，父亲或母亲为日本公民时，其本人为日本公民。”即 1985 年以后，日本《国籍法》改“父系血统主义”为“父母两系血统主义”，由此确立了父母两系血统主义原则。其他规划条件和实际操作过程也较为宽松，使得在日华侨加入日本国籍相对轻松，华侨人数逐渐递减。

《国籍法》的修改给日本华侨的法律身份带来了很大影响，华侨子女的法律身份、文化素质均发生着急剧变化。根据修改过的《国籍法》，华侨与日本人结婚所生子女一律自动持有日本国籍。许多旅日老华侨及其子女与日本人通婚，这样他们的子女都变成了日本国籍。所以华侨学校的在校生具有日本国籍的逐渐增多，特别是越低年级的学生日本籍的比例越高。随着时代的变化，华侨学校的学生中外籍学生的数量越来越多，并且呈逐年上升的趋势。

1990 年日本修改《出入国管理法》，政府关于外国人入籍的政策发生了更大转变。在日外国人数也随着这一变化而逐年增加。日本社会的国际化和多元化，也促使民众对于不同文化开始采取宽容和理解的态度。因此，有关人士呼吁：“中文学校的生源千万不能仅限于华人子女，要面向社会，为社区服务，招收各

民族的学生，学校才能被社会认同，才能充分发展。”①

为了确保生源，学校采取了不分国籍、出身，向所有社会阶层开放的政策。此外，华侨学校良好的校风、高质量的教学水平、优良的升学率越来越多地受到日本社会的关注。

目前华侨学校在籍的学生状况是，除了中国和日本以外，还有美国、韩国及其他国籍的学生。他们中既有老华侨的子孙、新华侨的子女、中国人和日本人结婚所生的子女，也有日本人的子女、韩国人的子女等，在籍学生呈现出多样化趋势。

图 3－5　神户中华同文学校不同国籍的在校生

（笔者于2008 年在神户中华同文学校拍摄。）

表 3－11　1991 年度横滨山手中华学校学生国籍状况

年级	学生人数				
	总计（人）	中国籍（人）	日本籍（人）	其他国籍（人）	非中国籍者比例（%）
幼儿部小班	15	4	11	0	73.3
幼儿部大班	12	4	7	1	66.7
小学一年级	21	10	10	1	52.3
小学二年级	21	11	10	0	47.6
小学三年级	28	17	11	0	39.3
小学四年级	22	16	5	1	27.3
小学五年级	26	18	8	0	30.8

① 李嘉郁：《近二十年华文教育形势浅析》，http：//www.hsm.com.cn/news/2006/0117/68/13436.shtml。

（续上表）

年级	学生人数				
	总计（人）	中国籍（人）	日本籍（人）	其他国籍（人）	非中国籍者比例（%）
小学六年级	28	23	4	1	17.9
初中一年级	24	22	2	0	8.3
初中二年级	25	20	5	0	20.0
初中三年级	30	26	4	0	13.3
全校	252	171	77	4	32.1

表 3－12　1993 年度横滨山手中华学校学生国籍状况

年级	人数		
	华侨（中国籍）	华人（日本籍）	纯粹日本人及其他国籍者
幼儿部	28%	26%	46%
小学部	59%	25%	16%
中学部	83%	14%	3%

资料来源：朱慧玲：《日本华侨学校的特点及其面临的课题》，《华侨华人历史研究》1994 年第 2 期，第 19 页。

神户中华同文学校在校“外籍”（包括华人子女）学生逐渐增多，所占比率逐年提升。

表 3－13　神户中华同文学校外籍（包括华人子女）学生统计

年　度	1983	1986	1989	1991	1993	2000	2003
百分比（%）	4.1	7.8	16.0	20.5	28.8	52.15	64

由表 3－13 中可以看出，神户中华同文学校 2003 年在校外籍学生占学校学生总数的比例高达 64%，超过华侨学生。

如表 3－11、3－12 所示，在横滨山手中华学校，越是低年级，中国籍学生比例越低，日本籍学生的比例越高。以小学三年级为界，三年级以下各学年人数明显受到 1985 年修改的《国籍法》的影响，甚至出现日本籍学生多于中国籍学生的现象。

2010年，神户中华同文学校有676名华侨华人子女及日本等国子女在小学部、中学部学习，其中父母都是日本人的在校生为67人，占10.0%。该校负责人表示，学校以历届毕业生（OB）的子女及华侨华人子女优先，除了10.0%的日本人的孩子外，还有英、美、葡、加等12个国家的孩子就读。

表3-14 横滨山手中华学校学生国籍成分 A

学年/人数	中国籍学生（%）		日本籍学生（%）		其他国籍（%）
	成分				
1995/246人	老华侨	新华侨	华人	日本人	2.4
	36.0	25.6	20.7	15.3	
	61.6		36.0		
	华侨华人				
	82.3				
2000/316人	老华侨	新华侨	华人	日本人	2.7
	13.5	41.9	26.9	15.0	
	55.4		41.9		
	华侨华人				
	82.3				
2004/399人	老华侨	新华侨	华人	日本人	2.6
	6.4	35.9	38.2	16.9	
	42.3		55.1		
	华侨华人				
	80.5				
2009/476人	老华侨	新华侨	华人	日本人	0.6
	3.4	28.4	61.1	6.5	
	31.8		67.6		
	华侨华人				
	92.9				

注：(1)“其他国籍”为英国、新加坡、柬埔寨等的学生；

(2)“老华侨”为其父母在日本出生的子女，“华人”为加入外国国籍的华裔。

资料来源：符顺和：《中華學校をとりまく教育事情—横濱中華街を中心に》，《华侨华人研究》2009年第6期，第108页。

表 3－15　横滨山手中华学校学生国籍成分 B

成分	年度			
	1995	2000	2004	2009
老华侨子女	36.0%	13.5%	6.4%	3.4%
新华侨子女	25.6%	41.9%	35.9%	28.4%
华人子女	20.7%	26.9%	38.2%	61.1%

根据表 3－14 数据统计整理。

由表 3－14、表 3－15 可知，随着时代的变化，学校老华侨子女人数逐渐变少，新华侨子女人数逐渐增加。学生国籍成分的变化也充分说明了横滨山手中华学校在当地具有良好的教育质量和办学声誉。学校教育对象不断扩大，在籍学生呈现多元化的现象，也促使学校的教学管理不断完善，教育内容不断改进。培养具有“中国心”、“国际心”的人才，将成为横滨山手中华学校的教育核心，学校教育也由传统的爱国民族教育转轨为适应时代发展和社会形势的华文教育。

一位日本家长说：“日本的中华学校至今仍然归入“各种学校”，即便如此，家长依然争先恐后地将子女往中华学校送，哪怕冒着违反义务教育的大义。虽然日本已经结束了‘宽松教育’，日本学校教育质量下滑，使得一贯重视教育的中华学校越来越受欢迎。”

表 3－16　2011 年日本五所华侨学校的在校生人数、国籍的比例

类别	学校				
	神户中华同文学校	横滨山手中华学校	横滨中华学院	东京中华学校	大阪中华学校
在校学生总数	676	516	381	338	247
日本人（日本人子女）	11%	5.3%	20%	不详	19%
日本国籍（华人子女）	72%	67.6%	73.3%	57.4%	63%

根据日本兵库县立大学华人学者陈来幸教授在暨南大学华侨华人研究院讲演时的数字整理。

日本人子女争先恐后报考华侨学校，使得学校门槛也在升高。随着全球中文热，华侨学校走向国际化不可避免。

21 世纪初，就读于华侨学校的日本人子女只有寥寥几人，随着中国经济飞

速发展，近年来日本等外国人子女人数年年递增。越来越多的非华裔子女走进华侨学校，通过这些学生让他们的家庭了解中国、了解中华文化，消减日本社会由于中日两国多年意识形态差异而造成的互不理解，减少对华侨华人的偏见，也产生了不可估量的作用。

七、教学内容与日本的普通学校接轨

华侨学校的学生生活在日本，将来生活基本上也在日本，因此，华侨学校在重视中文、中国文化、中国历史教育的同时，也讲授日本语、日本文化、日本的风俗习惯等。

华侨学校将日本同级学校的基础教养等科目融入课程中，也就是说把中国和日本两国的文化都编入到了教学内容之中，培养学生学习日本普通学校学生所应具备的知识。在具体实施上，分阶段设定相应的教育目标：幼儿园主要是以使用日本语为主，接触中国语和中国文化；小学以掌握中国语为目标，在授课中增强中国语言学习的力度；中学、高中阶段以升学为主要目的，讲授和日本学校同样的教学课程和内容，使学生具备日本学生的同等学力，同时也注意提高学生运用中国语的能力。学生具备了与日本学生同等的学力，毕业后可进入日本的教育体系继续深造。

正是由于教学内容的改革，形成了一套完整的教学和管理体制，教学内容更加规范，教学质量明显提高。学生的中文水平、精神面貌、综合素质都有大幅度提高。

1990 年以前，华侨学校的毕业生必须通过日本文部科学省规定的大学检定资格考试，才有参加大学考试的资格。这样一来，就比日本普通学校的学生多了一道难关，导致很多华侨子弟毕业后回中国大陆及台湾或到欧洲去上学。1990 年以后，日本的入试资格问题有所缓和，一部分公立、私立大学可以根据对学生学习能力的独自判断，决定是否解除考试资格的限定，因此华侨学校毕业生考入大学的人数逐渐增多。

为适应时代发展和社会需求，中华学校在保持民族教育不变的情况下，加强多元文化教育，即在重视传授中文和中华传统文化，扎实奠定民族教育基础的同时，也注重教授学生在日本生活、升学所必需的文化知识，致力于保持和日本学校同等甚至是超过一般日本学校的教育水准，使侨校毕业生的升学有了保证。中学部优秀毕业生考入日本名牌公立、私立高中的人数逐年增加。根据华侨学校的升学统计，目前中学毕业生几乎全员升入日本各名牌私立、公立高中。高中毕业升入大学的人占半数以上。中华学校以自身的优良素质和成绩证明了学校高水平的教学质量，赢得了日本社会和华侨华人的好评。

表 3－17　2009 年度神户中华同文学校第 65 届学生高中进学状况

公立高中					
県立	東灘	1	府立	桜塚	1
県立	御影	2	府立	北野	1
県立	神戸	7	府立	旭（国際）	2
市立	葺合（国際）	3	府立	住吉（総合科学）	1
市立	葺合	4	市立	加古川南	1
市立	六甲アイランド	2	市立	須磨翔風	1
県立	芦屋	3	県立	長田	1
県立	神戸甲北	1	市立	兵庫商業（国際経済）	1
県立	夢野台高校	2	市立	神港（商業）	1
県立	神戸鈴蘭台	1	市立	神港	4
私立高中					
私立	大阪産業大付属	2	私立	神戸龍谷	5
私立	神戸第一	2	私立	仁川学院	3
私立	神戸学院　文系	6	私立	神戸野田	2
私立	神戸学院　理系	6	私立	芦屋学園	1
私立	神港学園	2	私立	夙川学院	1
私立	須磨学園　理Ⅲ	7	私立	神戸山手女子	1
私访	須磨学園　英Ⅲ	3	私立	近畿大学附属	1
私立	須磨学園　英Ⅱ	2	私立	履正社	1
私立	須磨学園　英Ⅰ	1	私立	大阪夕陽丘学園	1
	滝川	3	私立	箕面自由学園	1
私立	育英	3	私立	四天王寺　英数	1
	報徳学園　選抜特進	1	私立	金蘭会	1
	関西学院	2	私立	追手門大手前	1
私立	大阪桐蔭	1		Willbraham Monson Academy	1
私立	神戸星城　特進 A	10			

神户中华同文学校官网，http：//www.tongwen.ed.jp/home/toppage.html。

表3－18 横滨山手中华学校2012年3月中学部毕业生升学情况

公立高等学校（15人）			
日本国立东京学艺大学高等学校	1	东京都立大崎高等学校	1
神奈川县立横滨荣高等学校	1	神奈川县立横滨国际高等学校	1
横滨市立东高等学校	3	神奈川县立修悠馆高等学校	1
神奈川县立神奈川总合高等学校	1	神奈川县立横滨立野高等学校	2
神奈川县立矶子高等学校	1	神奈川县立釜利谷高等学校	1
川崎市立川崎总合科学高等学校	1	Canada West Vancouver School	1
私立高等学校（19人）			
日本大学高等学校	2	山手学院高等学校	1
横滨创英高等学校	4	横滨商科大学高等学校	2
横滨创英高等学校	3	秀英高等学校	1
青稜高等学校	1	东京高等学校	1
成蹊高等学校	1	フリースピリット音乐艺能学园	1
橘学苑高等学校	1	日体荏原高等学校	1

资料来源：横滨山手中华学校：《民族教育通讯》，2012年3月。

八、培育日本、中国、世界通用的人才，适应社会发展需求

华侨学校不但用日语、汉语进行双语教学，还从小学三年级起教授英语，实施三种语言教学，而日本学校是从中学开始教授英语，起步晚于中华学校。另外，华侨学校不少科目都采用中国教材，难度往往比日本教材要高一些。华侨学校既是培养华侨华人事业接班人的摇篮，也是在日本传播弘扬中华文化的重要场所。很多日本人很认可华侨学校的教学效果，他们说："将来的时代需要能掌握多种外语的人才，如果孩子进入华侨学校，既可以学习到日本学校的课程，又能在小学就学习到英语，还能学习并掌握中国语，这对孩子的成长是大有好处的。"

实施多种教育内容，吸取多种文化，有利于培育世界通用的人才，在今后的社会工作中具有更强的竞争力。特别是日本的《学习指导要领》中将教科内容削减了近三分之一，实施所谓的"轻松学习"，使日本家长对学校不信任、失望，而热心教育、纪律严明、具有良好传统和校风的华侨学校受到了日本家长的信任。

正是由于华侨学校的这些特点，增强了它的竞争力和吸引力，华侨学校的学生人数激增。《神户中华同文学校的招生启事》写道：

随着祖国国际地位的不断提高以及中日两国间各项事业的不断发展，在广大侨胞、各位家长以及各界人士的亲切关怀与热情支持下，本校在教育等领域也享有越来越高的声望和信誉。为此，近年来希望进入本校就读的学生人数不断增加，其中非华侨华人的纯外籍学生，报名的人数也越来越多。

仅此即可以反映中华学校培养通用人才的方针深入人心。

中华学校的办学方针与内容得到了社会的强烈反响，学生及学生家长慕名而来，使学校生员处于饱和状态。横滨山手中华学校的学生（幼稚部、小学部、中学部）总数达400多人，远远超出了校舍的容纳极限。

2011年春，横滨山手中华学校新建的7层校舍落成启用，在一定程度满足了社会的需求。目前有526名华侨华人子女及日本等国子女，在幼儿园、小学部及中学部学习。潘民生校长表示，迁入新校舍后学校进行了扩招，一年级由原来的一个班增加到两个班，招生人数也由原来的36人增加到72人。本着在校生学弟学妹、校友后代、幼儿园在读华侨子女优先的原则，今年招生72个名额，第一阶段已经用掉53个；第二阶段实际对外招生19个名额，报名人数有78人，合格倍率高达4.1倍。潘民生校长还介绍说，随着在日中国人安居倾向日益明显，在日华侨华人群体日趋庞大，中华学校不愁生源，而日本人子女想进来求学就比较难，目前在读的日本人子女有28人，占5.3%。①

1995年以前，华侨学校的日本籍家长每年都会收到县、市教育部门的通告，被告知将孩子送入华侨学校学习违反了《日本学校教育法》。随着日本社会国际化的推进，从20世纪90年代中期以后，此类通告便基本不见了。华侨学校的教育方针顺应了时代的发展，开展双语和三语教学得到了日本社会的认可和赞同。

第五节　华侨学校在文化传承与文化认同上的作用

中华学校是以教授汉语普通话和传播中华文化为主的学校，学校对华侨华人子女实行系统教育，学生在此既能够受到中华文化的教育，又能够得到与日本学生同等程度的教育。两种文化的共同熏陶，可以开阔学生的眼界，锻炼学生的才干，使他们适应时代的发展。华侨学校在文化传承与文化认同上所发挥的作用大体有以下几个方面：

---

① 孙盈：《中华学校招生火爆　报名人数达预期四倍》，（日本）《中文导报》，2011年11月19日。

一、培养侨界人才

华侨学校和华侨社团具有唇齿相依的紧密关系。一百多年来，华侨学校培养了大批的毕业生，为华侨团体、华侨社会输送了大批人才。华侨学校的教师、校友、毕业生是华侨社会的主力军与核心力量，侨校的领导同时也是华侨社会的重要侨领。华侨学校培养了他们身为华人的民族意识、投身社区建设的火热的公益心以及服务和奉献中华街的强烈责任感。他们有的成了企业家、商人，有的成了华侨学校的教师等，也有许多毕业生活跃在日本的主流社会，分布在日本的各行各业中。

华侨学校是联络、团结华侨的中心。华侨社团的紧密团结、中华街的商业繁荣与华侨创办的产业和经济实体相辅相成。而华侨社会的发展，要依靠热心、关心和献身华侨利益、华侨事业的后继人才。正是华人社会自己培养的第二代和第三代子女，亲历了华侨华人奋斗的过程，理解了民族的文化，才能继承并开创日本华侨爱国、爱侨、危难相扶、荣辱与共的优良传统。屹立百年、与时俱进的中华街的持续繁荣，正是其培养学生的硕果的体现。

百余年来，中华学校培养了大批的华侨学生，其中不乏优秀人才和杰出人士。早期有知名的资产阶级民主革命家冯自由、文学大家苏曼殊、著名的建筑学家梁思成等，中期有成为日本职业棒球选手第一位中国人、后来回国担任天津棒球队教练的刘濑章。①

两所中华学校重建之日，正值新中国社会主义建设之时。大部分教师和学生都把回国参加社会主义建设当成人生的理想和追求，逐渐形成中华学校学生的归国热潮，他们活跃在新中国外交、经贸、教育、科研等各个领域，为祖国的发展和繁荣作出了自己的贡献。

神户中华同文学校第四届毕业生，担任过中共中央委员、全国人大常务委员、全国归国华侨联合会副会长等重要职务的林丽韫，在母校百年校庆时寄文《难忘中华同文学校》说："在神户中华同文学校学习期间所受到的爱国主义教育，所奠定的人生观至今仍然支配着我的为人和处事。"

华侨学生的归国服务，也密切了中华学校与祖国的联系，是中华学校坚持传统教育理念的动力之一。

① ［日］横滨山手中华学校编：《横滨山手中华学校百年校志（1898—2004）》，2005年，第450页。

二、宣传中华文化

海外华侨学校是华文教育传扬的载体，中华文化的魅力通过华侨学校这块宝贵的阵地正在源源不断地展现及传播。中华学校成为继承和弘扬中华文化、贡献当地社会的重要基地。与横滨山手中华学校毗邻的一所日本的公立小学，近几年突然宣布中国的狮子舞是他们学校的特色节目，而且要重点推广和发展。原因很简单，这个学校的学生和老师常常看到横滨山手中华学校学生练习和表演狮子舞，耳濡目染，产生了兴趣。华侨学校与日本学校的师生交流也非常频繁，以致有的日本学生喜欢上了学中文，加强了对中国和中国人的了解。

日本华侨学校为了使当地居民更多地了解中华文化，还在新校区内设置了传授中国文化的国际文化中心，向社会开放。华侨学校的教育正在潜移默化地影响着当地社会，促进了日本社会的国际化，也促进了所在地域人民对他国文化的了解，对日本社会的多文化、多民族化的形成作出了贡献。

华侨学校的教学水平高，教学方法科学，赢得了家长们和当地社会的一致认同。教育改革的成果得到了日本华侨华人社会和日本社会的肯定。近几年，日本电影人将镜头对准横滨山手中华学校，一部名为《中华学校的孩子们》的电影将学校孩子们的生活搬上银幕①。这是一部由日本电影人片冈希小姐策划并拍摄，展现旅日中国人生活的电影。影片以横滨山手中华学校小学四年级的学生为主角，跟踪拍摄了他们三年间的学校生活，并从这个视角出发，观察该校传播中华文化的教育理念，同时也介绍了学校发展的历史。2008 年 11 月，电影在日本上映，在日本社会引起了很大的反响。中国国内华文教育界也称赞横滨山手中华学校是“华文教育的一面旗帜”。正是由于这些特色和优势，2009 年 10 月，神户中华同文学校、横滨山手中华学校均被中国国务院侨务办公室授予首批海外“华文教育示范学校”的称号②。

华侨学校发挥了促进两国文化沟通的作用。学校经常在社区表演中华文化节目，让日本社会了解中国文化，甚至对中国文化产生兴趣，发挥了中日交流的纽带作用。

---

① 《展现华文教育　日本电影首次聚焦中华学校》，中国侨网，http：//www. chinaqw. com/nwjy/hjxw/200810/23/134935. shtml。

② 《首批海外“华文教育示范学校”名单》，中国侨网，http：//www. chinaqw. com/news/200908/04/174383. shtml。

三、对外交流，增进互信

作为教育活动的一部分，华侨学校也非常重视和日本学校及朝鲜、韩国、欧美等国在日学校的交流。在和其他国家、民族的学校交流的过程中，互相影响、互相促进、互相支持，不断借鉴、吸收、融合外来文化，促进学校发展，推动学校进步。通过交流也能够促进学生的身心发展，不仅使其增长知识技能、开阔眼界、陶冶情操，而且培养其与人交际的能力，促进学生身心全面、健康发展。例如，横滨山手中华学校和元街小学、北方小学约定，进行定期的互访、交流，共同召开体育运动会、文艺发表会等活动，开阔了学生的视野。神户中华同文学校的校舍，被列为所在地区的公共避难所向社会开放，该校也积极参加地区的各种社会活动。1995 年，日本阪神大地震后，由神户中华同文学校发起创立了兵库县“外国人学校协会”。① 该协会包括神户中华同文学校、朝鲜高级学校、朝鲜初中级学校、西神户初级学校等。其创办的目的是：加强外国人学校之间的相互联系，共同应对地震等自然灾害和其他的办学困难，共同办好各民族的教育，促进外国人学校的共同发展，以一种共存共荣的国际精神培育学生。这些学校在日本都属于外国人学校的类别，所以遇到的问题也往往类似，创立协会有助于相互帮助，共同面对困难，共同发展。

与其他学校进行体育、文化的交流，有助于各国之间的文化交流，使其他学校更好地了解中国文化、中国艺术。学校组织全体学生共同参加当地社会举办的“学校交流会”，通过音乐会、舞蹈会、运动会、夏令营等形式，交流各自的学习经验、办学经验，加深了了解和友谊。这种交流有助于华侨学校与其他学校相互取长补短，使其更好地融入当地社会，让日本社会更加了解中华学校，让中华学校得到更多的理解和支持。同时，注重与所在社区的日本文化、民众团体合作、交流，如在中日两国重要的节日，学校学生丰富节日庆祝活动，表演狮子舞、龙灯舞、中国民乐演奏等，与地区社会紧密相连，携手共进。华侨学校的交流主要体现出以下特点：

1. 交流对象的广泛性

横滨山手中华学校与日本、中国大陆的学校经常进行交流互访活动，学校还常常接待祖国大陆和其他国家前来访问交流的专家和学者，交流对象十分广泛，以 2011—2012 年学校活动为例：

---

① ［日］兵库县外国人学校协会编：《外国人学校结成五周年纪念志》，2000 年。

表 3 - 19　横滨山手中华学校对外交流活动情况

时间	相关活动
2011 年 5 月	埼玉市立浦和高等学校师生代表团来校参观
2011 年 6 月	与横滨市立西金泽中学校进行了一年一度的两校校际交流； 首都大学东京师生来我校参观调研； 参加日本华侨华人联合总会代表委员会
2011 年 7 月	与峰冈幼稚园的七夕交流活动； 中国北京华文学院代表团访问我校； 县立神奈川总合高中家长来我校参观； 我校学生参加“关帝诞”巡游活动； 我校舞蹈队参加东京和平祭演出
2011 年 8 月	我校学生参加辛亥革命一百周年纪念活动； 我校学生参加市英文演讲会
2011 年 9 月	中国国务院侨办副主任赵阳一行来我校视察； 东洋英和女学院代表团来校参观
2011 年 10 月	热烈庆祝中华人民共和国成立六十二周年国庆典礼隆重举行，我校师生参加庆祝国庆节游行。我校狮子队的狮子舞，中学女生的中国民族服装方阵，中、日国旗方阵，舞蹈队的民族舞，舞龙队的长龙，中学男生的旗队让整个游行异彩纷呈，为游行添色不少； 校长赴中国参加第二届世界华文教育大会
2011 年 11 月	神户中华同文学校家长会来访； 学生参观“孙文与横滨华侨”历史资料展
2011 年 12 月	帮助外国人义务市民团体来校参观； 我校学生参加“中国寻根之旅”冬令营
2012 年 1 月	我校师生参加中华街春节系列活动； 清濑市小学教师代表团来校参观； 国立大学学生代表团来校参观； 相模原市立富士见小学校代表团来校参观
2012 年 2 月	中国驻日大使馆韩志强公使一行来我校视察； 日籍南美裔代表团参观熊猫幼稚园
2012 年 3 月	法政中学校参观授课； 中国驻日大使馆大使夫人来校参观

资料来源：横滨山手中华学校：《民族教育通讯》，2011—2012 年刊，http：//www. yokohamayamate - chineseschool. ed. jp/chn/common/communication. php。

日本两所华侨学校还积极与日本其他地区的华侨学校进行交流，例如，横滨山手中华学校的领导、老师经常与神户中华同文学校互访交流，共同研讨华文教育的发展。两所学校的家长会也建立了交流关系，定期互访，有助于彼此取长补短，以推进民族教育事业的大力发展。通过与外界的交流活动、互访活动，学校可了解其他教育机构的办学经验和特色，提高自己的教育水平。

学校还积极地与其他学校交流，参加所在地区的各种文体活动，并取得了很好的成绩。

图 3－6　神户中华同文学校对外交流活动获得的奖状和奖杯

（笔者于 2008 年在神户中华同文学校拍摄。）

图 3－7　神户中华同文学校乐队在兵库县中学音乐会上表演

（笔者于 2005 年在神户中华同文学校拍摄。）

这些交流活动也有助于各国间的文化交流，使更多人了解中国文化、中国艺术，同时也促使横滨山手中华学校的学生更好地融入社会，对学生以后踏入日本社会参加工作也有很多益处。

2. 交流形式的多样性

两所中华学校的对外交流活动内容丰富多彩、形式多样，通过开展运动会、体育比赛、音乐会、舞蹈会，召开教育恳谈会等多种形式进行对外交流。

横滨山手中华学校与横滨市立北方小学、元街小学定期进行互访，三校的文化交流会已持续了39年（截至2012年），主要是互相邀请，共同召开体育运动会，举行乒乓球友谊赛，开展文化交流（如绘画比赛）等活动。

学校主办的“中日友好杯”篮球大会，已成功举行了20届（截至2012年），其目的是促进交流、加深了解、增进友谊。每年的篮球大会，学校都邀请神奈川县十多所中学的篮球队前来参加。

图3－8　横滨山手中华学校参加地区的篮球比赛和文艺交流

（资料来源：横滨山手中华学校：《民族教育通讯》，2008年8月。）

中华学校的学生还积极参加日本学校或专业单位组织的各项文化交流活动，他们表演的舞龙舞狮、民族舞蹈以及水墨画、剪纸等作品深受日本儿童的喜爱。每年，学校舞蹈组都会应邀参加日本东京和平协会举办的世界儿童“和平祭”活动，同学们精湛的表演、亮丽多彩的民族服装得到了组委会和观众的赞赏。

教育恳谈会是横滨山手中华学校组织的横滨地区教育界的交流会。为了加强学校的升学工作，从1969年起，学校每年12月份都邀请神奈川县政府、横滨市政府教育部门及东京、横滨地区各公立、私立高中的领导进行恳谈。

教育恳谈会至今已经举办了43届（截至2012年）。随着横滨山手中华学校在日本社会的影响日益扩大，参与恳谈会的日本教育机构越来越多。中国驻日使馆及东京、横滨的侨界领导也应邀出席。教育恳谈会为横滨山手中华学校教育事业的发展和为促进中日民间友好发挥了积极的作用，同时也是向日本社会宣传中华学校、弘扬中华文化的手段，起到了文化传播的桥梁作用。现在，教育恳谈会已经是关东地区教育界一年一度的盛会。

四、密切与中国大陆的交往

长期以来，中华学校一直保持着与中国大陆的交往和联系，中国国家领导人也对中华学校关怀备至。周恩来、何香凝、廖承志等老一代党和国家领导人对中华学校给予了极其热情的关怀，在物质和精神上均给予了大力支持与资助。

中日邦交正常化的第二年，以廖承志为团长的中日友协访日代表团就访问了华侨学校。此后的40多年来，中国驻日使馆的历任大使、参赞以及国务院侨办主任、侨联主席都经常到中华学校视察、访问、慰问、指导。华侨学校的教学成就和教育发展一直深受祖（籍）国政府的关怀和帮助。

国务院侨办和外交部在师资派遣和培训、教材编写、购置文化教育用具等方面都为学校提供了直接的帮助。强盛的祖国成为学校发展壮大的坚实后盾。神户中华同文学校、横滨山手中华学校在百年校庆时都收到了时任总书记江泽民的题词："传播华夏文化，增进中日友好"。

图3-9 时任中国驻日本大使崔天凯和夫人到神户华侨幼儿园访问

（笔者于2008年在神户华侨幼儿园拍摄。）

2008年5月9日，正在日本进行国事访问的胡锦涛主席参观了横滨山手中华学校。[①] 胡主席高度评价了横滨山手中华学校的教育工作，并赞扬了日本华侨华人为增进两国人民的友谊、促进中国现代化建设作出的贡献，他在讲话中说：

山手中华学校具有百余年的历史，从这里走出了很多杰出人才，可谓桃李满天下。贵校以培养中日友好人才为己任，为传播中华文化，促进中日友好发挥了重要作用，我对贵校取得的成就表示衷心的祝贺。……日本有60多万华侨华人，大家在艰苦的创业的同时，积极支持家乡建设，为促进中日交流合作作出了积极贡献。中国政府和人民时刻挂念着海外广大侨胞，十分感谢广大侨胞为祖国发展作出的贡献。[②]

胡锦涛主席还参观了学生上中文课的情况，并向学生赠送了书籍，鼓励同学们珍惜青春，努力学习，将来为中日友好贡献力量。胡锦涛主席在访日期间参观横滨山手中华学校，是中国国家元首有史以来首次到海外华侨学校视察，是对横滨山手中华学校百年历史和华文教育工作的肯定。胡主席的亲切关怀和指导对全校师生来说是一个极大的鼓舞，全体师生将更加信心百倍地开创华文教育的美好未来，把中日友好的精神永远传递下去。

中国民间组织、团体、企业也经常到学校访问参观，捐款助学。华侨学校的师生也经常到大陆旅游和交流。

在教学方面，两所中华学校还通过中国国务院侨办聘请专业教师来校任教，为学校的发展作出了重要的贡献。学校也派遣教师赴中国各地大专院校进修学习，与国内的华文教育专家进行研讨；组织中学二年级学生来中国修学旅行，增强学生对祖（籍）国的了解。这些交流活动，不仅密切了华侨学校与祖国的联系，对提升华侨学校的教学质量，改善教学环境也起到了重要的促进作用。

五、促进祖国和平统一

由于历史原因，海峡两岸仍处于分治局面。但作为炎黄子孙，日本华侨渴望祖国早日统一，并为促进统一做着力所能及的工作。神户中华同文学校始终坚持“爱国就是一家”、“爱国不分彼此”的理念，团结两岸同胞共谋发展。老校长李万之在《我和神户中华同文学校》一文中说：“在日本投降之后，台湾回归祖

① 钱彤、孙承斌：《传播中华文化　促进中日友好——记胡锦涛主席前来参观横滨山手中华学校》，新华网，http：//www. xinhuanet. com，2008年5月9日。

② ［日］横滨山手中华学校：《民族教育通讯》，2008年5月。

国，许多台湾子弟要求进入我校读书，但是他们年级不同，又来自不同学校，给正常教学带来困难。老师们经过研究之后，决定开设特别班，先教授拼音字母和简单会话，待经过一段时期后，再编入正式班级。现在回想起来，当时的这项措施很好，是老师们对大陆与台湾统一的一个具体的贡献。通过在一起读书学习，大陆侨胞与台湾籍侨胞几十年的隔阂消失了，同学们之间的感情融合了，有些人毕业后结为夫妇了。这在当时对沟通台湾籍与大陆侨胞之间的感情起了很大作用。”①

“中华全国台湾同胞联谊会”的杨国庆先生（神户中华同文学校第七届毕业生）在百年校庆贺词中说：“作为台湾籍同胞，母校给我留下的一个极其深刻的印象：在这里，从来不分学生是大陆出生还是台湾出生，大家互助友爱，亲如一家。学校已不仅仅是一个简单的传道授业场所，而成为神户侨胞汇聚议事的中心，成为广大侨胞团结、爱国的象征。”②

由于历史上海峡两岸的政治原因，横滨有两所华侨学校：一所是“横滨中华学校”，一所是“横滨山手中华学校”。两所学校原本是同一学校，由于台湾当局的挑唆，1952 年后分裂成两所学校。20 世纪 60 年代到 90 年代期间，两所学校由于对立情绪很浓，相互没有往来，导致学校生源不同（横滨山手中华学校的学生全部是与中国大陆联系密切的华侨华人的后代，而横滨中华学院的学生则都是与中国台湾联系密切的华侨华人的后代），两所学校的办学方针、授课内容也有差别。因学生间缺乏了解，对立情绪严重，甚至影响到华侨社会的稳定。

随着国际形势和中国国内政治的变化，两岸华人政治上的分歧正在淡化，慢慢地走向合作。近几年来，在日两岸华人携手共同修建关帝庙，共同设计、承担中华街的大规模形象改造工程，加深了彼此间的深入了解，体现了团结互助共建家园的精神。华侨华人能摒弃彼此之间的意识形态纷争，团结共建中华街，这是最宝贵的无形财产。2006 年底竣工的妈祖庙，融资贷款协议书中的土地登记名义人，就是由大陆和台湾的两家华侨总会会长共同担任，这在中华街的历史上还是首次。

大陆家长和台湾家长因为子女同读华侨学校而经常接触，时间久了，双方都感到彼此交往融洽，这对淡化意识形态、增进华社内部团结起到一定的促进作用。横滨华侨总会会长曾德深说：“横滨的学校自 1952 年分裂以来，两校并立已有半个世纪以上，这是因为祖国尚未统一的缘故。祖国不统一，那么我们的学校也不能统一吗？我觉得不见得如此。横滨华侨之间不存在地理上的台湾海峡，日

① ［日］神户中华同文学校编：《建校 100 周年纪念册（1899—1999）》，2000 年，第 30 页。
② ［日］神户中华同文学校编：《建校 100 周年纪念册（1899—1999）》，2000 年，第 21 页。

常交往阻碍少，比较容易增进相互间的理解。尤其自从一起合力重建关帝庙以来，我们深深地体会到合作比对立给华侨带来的利益之大。以存小异求大同的精神坚持下去，学校统一的目标一定会实现。”①

随着两岸关系的进一步缓和，两所华侨学校的联系、合作也日益密切，将会为在日华侨社会的稳定、发展，为促进两岸的和平统一发挥更大的作用。

2010 年日本 5 所华侨学校的基本状况如下：

（1）横滨中华学院。

具有 112 年历史的日本最早华侨学校之一的横滨中华学院，有 363 名华侨华人子女及日本人子女在幼儿园、小学部、中学部及高中部学习，其中父母都是日本人的在校生为 108 人，占 29.8%。2010 年小学部一年级新生招收 36 名，报名者有 70 多名。

（2）横滨山手中华学校。

2010 年 4 月迁址新校舍的横滨山手中华学校，创建于 1898 年，也是日本创办最早的华人学校之一。目前有 526 名华侨华人子女及日本等国子女，在幼儿园、小学部及中学部学习。在读的日本人子女有 28 人，占 5.3%。迁入新校舍后学校进行了扩招，一年级由原来的一个班增加到两个班，招生人数也由原来的 36 人增加到 72 人。

（3）神户中华同文学校。

创建于 1899 年的神户中华同文学校，已有 111 年历史。目前有 676 名华侨华人子女及日本等国子女在小学部、中学部学习，其中父母都是日本人的在校生为 67 人，占 10.0%。学校以历届毕业生（OB）子女及华侨华人子女优先，除了 10% 的日本子女外，还有英、美、葡、加等 12 个国家的子女就读。

（4）东京中华学校。

创设于 1929 年，已有 81 年历史的东京中华学校，已于 2008 年被东京都批准为学校法人。目前有 338 名华侨华人子女及日本等国子女在小学部、中学部及高中部学习，其中父母都是日本人的在校生为 34 人，占 10.1%；另外，还有英、美、法、加等国子女 20 人左右，约占 5.9%。

（5）大阪中华学校。

创设于 1946 年，已有 64 年历史的大阪中华学校，目前有 252 名华侨华人子女及日本等国子女在幼儿园、小学部、中学部学习，其中父母都是日本人的在校生为 50 人，占 19.8%。

---

① ［日］横滨山手中华学校编：《横滨山手中华学校百年校志（1898—2004）》，2005 年，第 15 页。

第六节　华侨学校面临的困难

日本华侨学校虽历经艰难困苦，但广大侨胞在继承中华文化、传承民族传统理念的支撑下，克服种种不利因素，慷慨解囊，投入了难以计量的财力、物力、人力，使代表着民族特色的华侨学校发展成海外继承民族教育、传播中华文化的阵地。尤其是在全球化日益推进、世界多元文化并存的今天，华侨学校将肩负更大的历史使命。华侨学校的发展如何，不仅是关系到华侨学校自身生存的问题，对日本华侨社会的生存、发展也至关重要。目前，尽管华侨学校取得了很大的成绩，但仍面临如何持续发展的困难与一些亟待解决的问题。

一、日本教育法的制约

日本一向以重视教育著称，其教育事业取得了令世人瞩目的成绩。“二战”结束后，面对一片废墟，日本政府把发展教育放在首位，令世人折服。但是，日本教育政策的另一面，则反映了日本教育政策的狭隘性，即在重视发展本民族教育的同时，限制、排斥其他民族的教育，这与标榜自己为教育大国的称号是不相称的。“二战”后，日本政府制定并实施了《学校教育法》。

《学校教育法》在学校制度方面，把学校分成三个系列：正规学校系列、各种学校系列、专修学校系列①。专修学校是设立较晚的学校体系，它与各种学校系列的区别主要在于教育科目的单一性与较强的专业性，如烹饪学校、西服裁缝学校等。《学校教育法》中规定，正规学校“必须是由国家、地方自治体、法人代表创办、经营的学校”。因此，华侨学校被排除在正规学校之外，属各种学校系列。然而，华侨学校在教学内容上，基本是采用日本的教学大纲，与日本的中、小学教学内容没有什么差别。唯一的不同，是在学习内容上增加了一些中国语言文化教育。可以说，在学校性质上，他们与日本《学校教育法》所规定的正规学校没有什么区别。但是，《学校教育法》却把华侨学校归入各种学校系列之中。这种划分体现出日本的教育理念，即排斥外国人学校的正统地位，束缚这些学校的发展，这反映了日本政府狭隘的民族主义教育理念。

根据《学校教育法》的规定，正规学校系列由国家文部科学省批准设立，

① 日本在1975年创设了专修学校制度，中学毕业后可升入专修学校。专修学校的毕业生不具备考大学的资格，必须经“大学入学资格检定”（简称“大检”），但从1985年开始得到了大学考试资格的承认。

享受相应的待遇和权利，而各种学校系列则没有这些待遇与权利。同样是进行初等、中等教育，就因是其他民族所办，即丧失了这些待遇与权利。其主要的差别体现在以下几个方面：

（一）大学入学考试资格上的差别

《学校教育法》规定：正规学校系列的高中毕业生即取得了报考大学资格，可直接考取大学；而各种学校系列的高中毕业生则不具有这种资格，若想参加大学入学考试，必须首先通过“大学入学资格检定”（简称“大检”），“大检”合格后，才可以报考。

日本的外国人学校（民族学校）之中，40 所学校有办高中部（欧美国家所办的学校 23 所，亚洲国家所办的学校 17 所），其中，中华学校只有一所，即东京中华学校。因为被列入各种学校系列，毕业生均须参加“大检”。这不仅给高中毕业生升入大学多设置了一道门槛，同时，也使上述学校为了学生能顺利通过“大检”，在教学安排上增加了负担和困难。多年来，日本的外国人学校（包括日本教育界的有识之士）不断提出抗议、交涉，要求日本政府取消这种不合理的限制政策。

关于外国人学校毕业生的大学入学资格问题的争论已经有很长的历史。1998 年，日本律师联合会向日本政府提交《劝告书》，指出：“不承认外国人学校的毕业生具有考大学资格，是重大的人权侵害。”在此之前，有半数以上的公立大学、私立大学、短期大学，经过大学的独自判断检定，给予了外国人学校毕业生考试资格，使很多外国人学校的毕业生跨进了大学的校门。可是，几乎所有的国立大学均遵循文部科学省的“不承认各种学校毕业生考试资格”的政策，对外国人学校的毕业生关闭大门，当然华侨学校的学生也不例外。

1998 年，京都大学和九州大学的研究生院违背文部科学省的指令，根据《学校教育法施行规则》第 70 条：“报考研究生院者，根据个别的入学资格审查，大学毕业或具备同等大学以上的学历者应予以承认”，认为这一条款适用于在日本的朝鲜大学校①毕业生，承认了该校毕业生的考试资格，开创了研究生院门户开放的先河。这期间，东京大学也承认了这两种大学本科毕业生考研究生的资格（然而高中毕业生仍没有考大学的资格）。从 1999 年开始，经各大学研究生院独自审查、得到认可后，外国人学校本科毕业生能够报考国立大学的研究生院，而外国人学校高中毕业生考大学的入学资格仍得不到承认。

2002 年 6 月，日本经济团体联合会在综合规章制度会议上提出了《关于国

① 在日本有两种不被正式承认的大学，一种是朝鲜大学校，一种是美国大学的日本校，多数已倒闭。

际学校问题的建议要求书》，针对外国人学校的现状，提出了如下要求：①按照正规学校的基准予以承认；②给予升入高中、大学的入学资格；③扶助办学；④纳税制度上给予优惠政策；⑤日本停办学校的校舍为国际学校的转用提供方便并保障设施整备的灵活性。日本文部科学省采纳了其中的第2项，并决定付诸实施。可是不久，第2项又被冻结，停止实施。2002年9月，京都大学“同和、人权问题委员会”提出《从历史责任、人权、教育国际化的观点出发，必须承认外国人学校毕业生的考试资格》的报告，得到了各大学的响应。

《学校教育法》规定，各种学校系列高中毕业生必须经大学“检定”合格，否则不能升学。但在具体实行时，并不是完全一致。同样属于须要“检定”的学校，日本学校和外国人学校却有差别。1985年开始规定，学生由日本中学毕业后进入专修学校学习，修完高中课程，就承认其大学入学资格，不必经过“检定”。其主要理由是：①高中修学年限为三年以上；②总授课时数为2 800小时（从2002年开始改为2 590小时）以上；③普通科目的总授课时数为420小时以上。然而，专修学校的烹调、针灸、设计、西服裁缝等各种专业都没有教学大纲，现有的教科书也未经鉴定，只是把上课时数作为一个条件，就承认了其大学入学资格。而外国人学校高中部的学生，不仅具备了上述所有条件，而且是非常正规化的教学，远远超过了所规定的课时，例如，东京中华学校高中3年的总授课时数为3 141小时，可是还是不被承认具有报考大学的资格。

在考大学资格的政策上，日本政府之所以要求外国人学校的毕业生必须通过“大检”，其主要理由之一是外国人学校在教学内容上增加了一些本民族的语言文化课程，没有完全按照日本文部科学省规定的教学大纲组织教学。实际上，这一理由根本站不住脚。文部科学省规定，外国高中毕业生到日本留学，可直接报考日本的任何大学，并不需要通过大学资格“检定”。对此，文部科学省只是根据是否经过了12年的学习为界线。例如，某学生在本国读到高中二年级，高中三年级时，随父亲来到日本，进入外国人学校的高三学习，毕业后就得不到考大学的资格；如果他一开始不随父亲来日，而是在本国高中毕业后再来日本的话，日本的大学却能接受。显然，日本文部科学省的规定自相矛盾，日本文部科学省对此也解释不清。外国高中毕业的留学生不需要大学“检定”考试，为什么外国人学校的高中毕业生就必须要呢？

日本政府的这种“检定”政策，在遭到不断抨击的压力下，2003年3月6日，日本文部科学省对这项规定进行了修订，认定了16所外国人学校（民族学校）具备大学考试资格，毕业生不必参加“大检”。这一修订，虽然体现了对外国人学校束缚政策的松动，但稍加分析就可以明白，它并没有改变日本政府排斥外国人学校的核心：取得认定资格的16所学校均是欧美人士所办，而亚洲移民所办的中华学校、韩国学校、朝鲜学校等均被排除在外。

这一决定遭到日本民间人权团体及大学教职员的强烈批判，也遭到了日本各界的强烈抗议和坚决反对，一致认为这是民族歧视。各地的华侨总会、中华学校等亚洲地区的社团组织纷纷向文部科学省发出《请愿书》，要求给予平等待遇。日本全国律师有志会向文部科学省发出《关于认定外国人学校毕业生入学资格的质问书》，文部科学省的回答却是“正在研究中”。

由于2004 年度大学招生报名截止日期是2003 年 9 月 16 日，时间紧迫，日本各地的律师们在接受外国人学校的学生和毕业生谈话的基础上，担当了他们的代理人，向东京大学、京都大学、一桥大学、大阪大学、九州大学等国立大学提出申请，要求“认定外国人学校毕业生有入学资格”。在日本，律师会直接向国立大学发出申请还是第一次。日本市民团体“要求给予所有外国人学校毕业生大学考试资格行动委员会”发出在《请愿书》上签名的号召，得到了成千上万市民的响应。3 月 18 日，行动委员会代表田中宏龙教授将签名簿提交给了国会和文部科学省。

国立大学教职工联合会发出“要求给予所有外国人学校毕业生大学考试资格”的《请愿书》，在短短的几天内就得到了 82 所国立大学 1 432 名教授的声援。日本的律师会认为现行的入学规定是“明显的不平等和重大的人权侵犯”，向政府提交了意见书。日本政界的民主党、公明党、自民党也纷纷请愿。面对来自各方面的巨大压力，3 月 28 日，文部科学省发表了将“决定”冻结，并就这一问题进行再探讨的书面声明。

此后，在日华人民间团体与华侨学校也首次联手向日本政府递交了请愿书，希望日本政府从维护在日华人的权益出发，给予在日外国人学校公正待遇的请求，并要求从政府的政策措施上着手解决问题。

2003 年 7 月 16 日，横滨华侨总会与横滨山手中华学校通过自民党国会议员向日本政府各相关部门递交了请愿书；日本中华总商会及日本华侨华人联合总会也一道联手，首次向日本政府提出了请愿。该请愿书向日本政府报告了在日华侨华人子女的教育现状，希望日本政府能够平等地对待外国人学校。

与此同时，学校也于2004 年5 月向中国政府教育部提交了与向日本政府提交的请愿书内容大体相同的建议书，全文如下：

关于横滨山手中华学校的资格问题

横滨山手中华学校是1898 年在孙中山先生的倡议下，在康有为、梁启超等人大力协助下，由横滨华侨自己创办、自己经营管理的全日制华侨学校，至今已有106 年的历史，期间经历了1923 年关东大地震、中日战争、1945 年的美国空军大轰炸、1952年台湾当局强权政治镇压等种种艰难困苦，在广大爱国侨胞支持和关注之下，我校几代同仁前赴后继，始终把为在日华侨华人后代传播中华文化放在首位，以培养华侨华人事业接班人为己任，爱国民族教育事业从未间断过。

目前，我校设有幼稚部、小学部、中学部，学生年龄为4～15周岁，学生毕业后完全可以达到日本学校的同等学力，并可纳入日本的教育体系。但长期以来中华学校在日本一直无法获得合法地位，并受到了不公正的歧视性待遇：

(1) 日本文部科学省不承认中华学校的学历证书，所以日本的国立高中、外县府的公立高中几乎不允许中华学校的中学毕业生报考，严重地限制了华侨华人子弟的发展。中华学校以前也自己办过高中，也是由于日本大学的限制而被迫中断。去年，文部科学省又取消了欧美系外国人学校的高中毕业生在报考大学之前必须参加的检定考试，而亚洲系的外国人学校却无法享受这种优惠政策，人为地给中华学校的发展设置了障碍。

(2) 由于受到“各种学校”的资格限制，神奈川县地方政府给予中华学校的教育补助金远远低于日本的私立学校。神奈川县政府给予日本私立中小学校每个学生每年的教育补助金平均为189 700日元，而给予中华学校每个学生每年的教育补助金为40 882日元（2003年度），这种不公平的待遇使中华学校的日常经营和管理受到了严重的影响，经费常年入不敷出，使中华学校的生存发展长期面临困境。

(3) 为了解决经营困难，中华学校不得不向广大侨胞筹募资金。单位、团体、个人给日本私立学校捐款的时候可以免交税款，而中华学校因受到“各种学校”的资格限制无法享受这种优惠政策，这进一步恶化了中华学校的经营情况，也严重影响了扩建新校舍的计划。

(4) 为了保障学生的身心健康和教学秩序，学校要为在校生加入日本政府推行的“伤害保险”，但因中华学校不具备日本私立学校的资格，无奈只能另外加入民间团体的险种，保障程度和范围大大降低，这严重影响了华侨华人学生的成长和学校的正常教学。

尽管受到日本政府诸多不公正的歧视性待遇，中华学校始终以促进中日友好的态度，长期与日本学校进行着体育、文艺、教学研讨等多方面的交流，在促进横滨中华街繁荣发展、中日民间交流往来方面发挥着重要作用，在日本关东地区担当了中日民间交流的窗口，代表着在日华侨社会。已成为促进中日友好的重要民间力量和培养华侨华人事业接班人的摇篮，在日传播弘扬中华语言文化的重要阵地。

改革开放以来，中国经济的飞速发展，国际地位的日益提高，中华学校在日本华侨华人社会和日本主流社会受到越来越多的关注，影响力也大大提高。

1998年，我校迎来百年华诞，江泽民主席、钱其琛副总理欣然为学校挥毫题词，并高度评价了我校长期以来为日本华侨教育、侨社发展、中日友好作出的重要贡献。日本地方政府也派高级官员前来祝贺。但这样一所有着光辉历史的百年侨校仍在政治上、经济上、招生、升学等各方面受到不公平的待遇，严重影响了中华学校的生存和发展，也在一定程度上限制了在日华侨社会的稳定与发展。

虽然我校几代同仁为了中华学校的资格问题几十年来一直多方奔走，积极争取，祖国外交部也曾在给日本外务省的照会里提到中华学校的资格问题，但均毫无进展。根据我们长期与日本政府交涉的情况来看，要想解决中华学校在日本的资格问题，我们认为首先需要得到祖国政府对中华学校的认可，才能进一步争取中华学校在日本的正当权益。故此，我们特向祖国政府郑重建议如下：

①为了更好地维护海外中国公民的正当权益，尤其是保障华侨子女受教育权，希望祖国政府相关部门专门为海外全日制华侨学校立法，并在法律上承认我们中华学校的合法地位。

②为保障中华学校在日本的正当权益，推动日本华侨教育事业的发展，希望祖国政府相关部门进一步加强与日本政府的交涉，在外交上敦促日本政府给予中华学校享受日本私立学校的同等待遇。

③目前经济日趋全球化，人员交流往来愈加频繁，我校有华侨子弟在日本接受了长期或短期的教育后需要回到祖国继续学习，但国内的中小学或大学都无法接纳，影响了这些学生的正常成长。希望祖国教育部首先承认海外华侨学生的学历，并在政策上有所照顾，使海外华侨子弟能够得到留学生的优惠待遇。

我们真诚希望祖国政府对以上建议予以重视并着手逐步解决中华学校的资格问题，这正是在日华侨华人的所思、所需、所急。

学校法人　横滨山手中华学园
理事长　梁庆安
校长　潘民生
横滨华侨总会　会长　曾德深

2004年5月

此后，东京中华学校也通过公明党的国会议员向日本政府递交了请愿书。2004年8月1日，横滨中华学院也向文部科学省大臣递交了请愿书。在日华人民间团体与华侨学校共同反映了同一心声，即希望日本政府给在日外国人学校以公正的待遇。

日本国立大学中已有56所大学[①]明确表示从2004年的入学考试开始，承认外国人学校的考试资格。由于文部科学省由“外国人学校的毕业生不承认考试资格”转换成“委托各大学进行个人的资格审查，判断是否具备入学考试资格”的方针，剩下大学的态度于2003年11月中旬左右也逐渐明朗。

经过这样一系列的抗争，终于促使日本文部科学省召开了中央教育审议会大学分科会，撤销了以前的决定。新制度中规定具备大学考试资格的有：①瑞士的国际（baccalaureat）高中毕业会考事务所或接受过WASC（美国）、ACSI（美国）、ECIS（英国）三个评价机关认定的欧美国家的16个学校。②中华学校、韩国学校、印度尼西亚、法国、德国、加拿大等被确认为“具有和本国的12年正规课程同等地位”的学校。享受公平待遇的大门已经敞开，对中华学校免除“大检”，考生委托各大学进行判断。以这次抗争为契机，外国人学校争取教育权斗争取得了胜利，也促使日本文部科学省深刻反省。

（二）学校助成金方面的差别

日本的《学校教育法》规定，“正规系列”的学校享受国家的助成金，而“各种系列”的学校只能从都、道、府、县领取助成金，其金额远远低于国家助成金。在日本，一般具有1 000人规模的国立高中，一年间能从国家领取的学校运营费约8亿日元，私立高中每年领取私学助成金3亿日元，而各种学校系列只能领到约900万日元的学校运营费，是公立高中的1/64、私立高中的1/24[②]。

助成金是日本政府税收中的一部分，来源于纳税人。在日本生活的各国侨民和日本人同样纳税，却得不到相同的待遇。这种制度上的差别助长了民族歧视之风，不仅给学生们带来了偌大的经济负担，而且精神上的负担更是难以言表。这正是精神上、物质上、制度上的排外主义的表现。所以外国人学校的学费很高，加重了学生的负担，进而导致学校运营困难，使学校面临生存危机。

（三）向外国人学校捐款没有免税待遇，所以很难筹集到捐款

2003年3月31日，日本各地政府和主管部门修改了法人税法及所得税法，追加了在初等教育和中等教育中对实施外语教育的各种学校设立特定公益增进法

---

① ［日］朝日新闻编辑部：《国立大学中70%承认考试资格》，（日本）《朝日新闻》，2003年10月4日第1版。

② 朝鲜高中学校教员朴良法老师在“对所有外国人学校的毕业生给予大学入学考试资格——为了多民族、多文化的共生”大会上的发言。

人制度，4 月 1 日开始施行①。然而，文部科学省大臣发表的告示中又规定，具有特定公益增进法人资格的学校，必须是对具有“外交”、“公用”、“家属滞在”在留资格的子女实施教育的学校，限定必须经过 WASC（美国）、ACSI（美国）、ECIS（英国）等评价机关的认定。该规定对日本国内欧美系统国际学校的法人给予了特定公益增进法人待遇，而将亚洲地区的中华学校、韩国学校、朝鲜学校等又一次排除在外。这一规定再一次遭到了各界的批判。

日本政府对外国人学校的排斥性政策不仅体现在以上三个方面。根据《学校教育法》的规定，正规学校系列在义务教育阶段，学生享受教科书免费待遇，而各种学校系列的学生则须自费购买教科书。《学校教育法》又规定，正规学校系列的学生都可加入日本学校体育健康中心，学生在出现伤害事故时，权益可以得到保障，而各种学校系列的学生则不能加入体育健康中心。不仅如此，正规学校系列的学生乘车享受学生票（月票）待遇，而各种学校系列的学生则不能享受这种待遇（1994 年后得到了改正）。凡此种种，都体现了对外国人学校的排斥。所以，在“二战”以后的 57 年间，日本的中华学校一直是在这种相当艰难的条件之下运营。这不但给学校的师生带来了精神上、物质上的困难，同时也不利于日本教育乃至社会的有序发展。

日本文部科学省限制、束缚其他民族教育发展，是非常不公平的。中华学校学生的祖辈，基本上是在日本近代侵略中国时期流落到日本，饱尝了被奴役、被强迫的苦难。日本社会的繁荣有他们的贡献。他们怀着对祖国、对本民族的眷恋，克服重重困难，开办学校，希望后代或多或少地学习中华民族的语言文化，这对繁荣日本的教育是一件好事，它有益于增强日本人民与中国人民之间的理解和信任。

现在就读于华侨学校的学生几乎都是华侨的第三、四代，他们生于日本，长于日本，基本上已不会说中国话，只是在华侨学校通过类似外语课（比普通学校外语课多几节），学习中国语言、民族乐器、舞蹈等方面的知识，掌握中国的历史、文化传统。教师也基本上是华侨的第三、四代。学生们除了学习英语外，也学习现代日本语、日语古文等，并积极地投入到和日本学生一样的学习之中。

华侨学校的学生们在日本社会中和日本人共同生活，并将继续生存下去，他们的生活基盘还是日本。在生活习惯、思维方法、文化等方面已被同化，他们已经和日本孩子没有什么不一样。难道就因为他们多学了一些中国的语言文化，就该遭到排斥，遭受不公平的待遇吗？更何况华侨学校不仅招收华侨华人的子弟，

① 成为增进法人后，办学捐献金的征集变得容易起来，企业和个人捐献者可免除纳税，这对学校设施的充实、学费的减免等大有好处。

也接受日本学生。例如神户中华同文学校，在校日本人的子女占学生数的11.9%，日本籍华裔占49.8%，两项加起来占学生总数的61.6%，新、老华侨的子女占34.9%，其他国家的子女占3.5%①，从学生构成和教学内容等都可看出华侨学校已经相当的国际化。同时，现在华侨学校向社会开放，欢迎日本社会各界人士来校参观交流；华侨学校的学生也经常参加所在地域的活动，举行和日本学校的教师、学生之间的体育、文艺等各种交流，为日本社会及所在地域的发展、为丰富日本的社会生活作出了贡献。

日本政府应该注意到，随着在日本的外国人居住者越来越多，日本的国际化进程也在加快，所以日本政府应该提供条件，创造出一个不同语言、不同肤色、不同信仰、不同价值观、多种文化容易共存的社会环境，而不应阻碍这种环境的形成。

随着全球经济一体化进程的加快，各国都注意发展多元文化，并为外国在本国开展外来民族的教育提供条件。日本是经济输出的主要国家，与此相对应，日本人在其他国家日本侨民比较集中的地区开办学校，所在国却并没有像日本政府那样束缚、排斥日侨学校的发展。日本有华侨学校，中国也有日本人学校，也有越来越多的日本学校的毕业生升入中国的大学。

近年来，随着在日华侨华人的不断抗争，在日本各界有识之士的同情和支持下，日本政府对待华侨学校的政策有所松动，但要从根本上改变这种政策，还需日本政府彻底地消除狭隘民族主义的教育理念。

二、资金问题

中华学校的资金来源有三个方面：华侨华人资助、社会集资、收取学费。中华学校的财政经费除了学生的学费以外，主要依靠华侨社会的捐款来补充。而华侨社会的援助常常受到社会经济状况的影响，这项财源非常不稳定。因此，中华学校目前尚无理想的解决财政困难的办法。随着世代交替，华侨社会的向心力减弱，华侨对公共事业的关心度下降，募捐活动日渐艰难。同时，华侨学校不属于特定公益增进法人对象，因此个人或企业向学校捐款还得纳税，挫伤了捐款者的积极性。财政困难，带来了教职员不足、教育设备老化等问题。此外，侨校学生结构发生变化，华侨子弟日益减少，非中国籍、非中国血统的学生日益增加，这无疑也给募捐活动带来了消极的影响。鉴于募捐活动的困难化、物价的上涨等因素，华侨学校的财政困难将会影响学校的发展。

① ［日］神户中华同文学校编的《学校简介》（2002年版）。

三、改善教学条件

神户中华同文学校面临着希望加入华侨学校的学生与日俱增、超出了校舍容纳极限的局面，学校的发展受到了极大的限制。目前，华侨华人及在日中国人人口迅速增长，已达到80多万，可华侨学校仅5所。所以大部分的华侨华人家长被迫选择了日本学校，接受日本式的教育，或者将孩子送到中国接受教育。

横滨山手中华学校扩建新校舍，极大地改善了教学条件，但也面临着新的课题和挑战。尽管学校设备齐全、功能完善，但也面临着各类教室的管理维护、教学、管理工作等问题；学生人数日益增多、国籍日益多元化，如何更好地创新华文教育教学工作亟待研究；在新的世纪，面对世界华文热的大环境，学校如何审时度势，进一步加强理论建设、师资培训，充实和研究华文教学内容等问题，都需要未雨绸缪。

四、加强师资队伍的建设

长期以来，华侨学校教师人数不足，学校师资的更新换代出现了严重的问题。目前，学校的师生比为1：13，现有的教师全部都是“超负荷运转”（每个老师每周21~22节课，还担当班主任、课外活动指导教师等）。学校需要外聘教师，却常常因工资太低而难以聘到优秀教师（侨校教师的年收入只是日本教师的80%左右），更无力提供教师接受正规培训所需的费用。

中文师资短缺、水平参差不齐是普遍存在的问题。比如，当地能聘到的中文教师主要是在日的华人，他们可能有较高的学历，但很少受过正规的中文知识训练，有的甚至连普通话也讲不好；有的中文水平很高，但是缺乏教授中文的经验和能力，特别是缺乏在中小学教中文的经验。中国派去的汉语教师也不尽人意：派去的教师虽然在国内具有丰富的教学经验，但这些经验不完全适用于日本的课堂。此外，在日本的华侨教授中文，还需要流利的日语。再加上在日本生活的学生所具有的较强个性、中日文化的差异等，由中国派去的老师要站得住讲台，成为合格教师的确面临着很大的挑战。目前海外华文教育仍普遍存在着师资力量不足、专业教师缺乏、教师流动性大等问题，日本的华侨学校也是如此。

师资缺乏直接影响到学校办学质量和华文教育的长远发展。由于中华学校没有稳定的资金来源，因而不能以薪金吸引师资。学校教师人数不足，更新换代困难。因此，要继续在中国和日本举办师资培训班，提高华文师资水平和缓解华文师资短缺现象，并协助办好汉语水平考试（HSK）点，培养更多的汉语专业人才。

五、教材问题

教材是教师教学的根本。在华文教学过程中，一套完整的汉语教材将对华文课程的成熟与稳定起到引导作用，特别是实用的教参将对该地区的教师教学水平的提高起到促进作用。

目前，华文教材问题一直是华文教育工作中的重点和难点。华侨学校的教师上课有时还得自编教材，造成了人力、物力和财力上的浪费和效率的低下。

随着时间的推移，特别是由于在校学生国籍呈现多元化，教材也需要进一步地改进，在教材的更新上要根据不同适用对象的个性化需求，开发针对性的教材。如何编写更有时代特点、更加合适的教材成为中华学校当前要思考的问题。

第七节　华侨学校的发展机遇

作为延续中华文化、开展民族教育的基地，中华学校的蓬勃发展离不开国际、国内和中日关系的大环境，也离不开团结奋进、热心于教育的广大华侨华人的大力支持。当前，华侨学校中文教育的发展面临很好的机遇。具体表现在以下几个方面：

一、中国的日益强盛是华侨学校发展的最好背景

伴随着持续的改革开放，中国经济发展，社会稳定，人民生活水平不断提高，国际地位显著增强。作为联合国常任理事国之一，中国参与了全方位、多层次的国际事务，并发挥着重要的作用。因此，世界各国迫切需要接触和了解中国，加强与中国的政治、经济、外交、文化教育等各方面的往来和交流，中文无疑成为重要的媒介，中文的经济价值得到不断的提升。

随着中日关系的加强，日本迫切需要大批熟悉中国情况、通晓中文的人才，因而在一定程度上推动了中华学校教育的发展。每年都有很多日本学生报考中华学校，并有相当部分的学生进入学校学习。

据日本《中文导报》记者周宏报道：“每年一度的中华学校招生工作，2010年11月底落下帷幕。今年在中日撞船事件的影响下，中日关系大环境面临重大挑战，而在日中华学校的报名不仅丝毫不受影响，而且更加火爆，五所华人学校人气傲人。目前，五所华校在校生达2 155人，其中日本学生287人，占

13.3%，此外还有英、美、法、加等国子女，国际化趋势日渐明显。”① 这种局面的形成，当然离不开华侨学校自身的努力与华侨社会的大力支持，但更得益于祖国经济的发展、国力的强盛，使中国语言文化在世界占有显著地位。

二、华文教育受重视为华侨学校的发展提供了有利条件

随着中国国际地位的不断提高，“汉语热”风靡全球，各国纷纷建立“孔子学院”，学术界越来越多人研究、探讨华文教育，建立起全球性和全国性的学术组织，出版学术著作和专业刊物，从理论和实践两个方面来加强对华文教育的研究工作，其学术地位日渐突显。

目前已经建立的学术组织有“中国海外交流协会”、“世界华语文教育学会”、“广东省海外交流协会”、“中文现代化教学学会”等全球性、全国性和地方性学术组织。华文教育学术交流也非常活跃，大型的研讨会有“国际华文教育研讨会”、“世界华语文教学研讨会”、“东南亚华文教学研讨会”等。

华文教育专业刊物主要有：《世界华文教育》（北京华文学院）、《华文教学通讯》（北京华文学院）、《海外华文教育动态》（厦门大学海外教育学院）、《海外华文教育》（厦门大学海外教育学院）、《暨南大学华文学院学报》（暨南大学华文学院）、《华文教育》月刊（菲律宾）、《华文教学概论》、《海外华文教育文集》、《华文教育研究与探索》等。这些学术著作和专业刊物给华文教育界、华文教育研究者开辟了一块交流和互相切磋、学习的园地，也为华侨学校的中文教育发展奠定了理论与实践研究的基础。

三、各国政府、广大华侨的支持成为华侨学校发展的保障

在全球发展趋势的带动下，华文教育越来越多地得到各国政府和主流教育部门的理解、宽容和政策支持，一些国家开始转变对华文教育的政策。逐渐宽松的政治环境，给海外华文教育事业的发展提供了新的发展契机和更为有利的条件。

中国政府的支持成为海外华文教育发展的坚实后盾。政府专门设立“海外华文教育基金会”，投入大量人力、物力探究华文教育教学方法，培训对外汉语教师，编撰教材等。大力发展海外华文教育事业、加快汉语国际推广已成为我国的重要战略。

① ［日］周宏：《日本华文学校人气飙升　生源国际化趋势日益明显》，（日本）《中文导报》，2010年12月17日。

在日本，学习华文的人已逾百万，这对日本整个华文教育的发展是极大的促进。

受历史因素的影响，以前日本侨社的政治阵线分明，现在意识形态的争执在弱化。虽然在意识形态领域两岸侨界仍存在分歧，但在维护当地华侨华人权益的时候互相配合、互相支持，不以意识形态划界，团结、融合已经成为海外华侨华人的一种趋势，这对侨校的发展极为有利。侨社侨领、华侨社团也比以往任何时期更加关心、支持华侨学校华文教育的发展，在租地、购置房屋、捐钱捐物等方面出谋划策，为华侨学校排忧解难。

因此可以说，华侨学校发展的驱动力也有来自华人的文化自觉。正像日本新华侨华人会会长陈玳珩所说："努力地学好华文、用好华文，不但让中华民族文化在海外可以做到薪火传承，更让这种文化的情结永驻心头。"

四、华文媒体的发展为华侨学校学生的中文学习提供帮助

华文教学的进展是与华文媒体的发展互为条件、互相作用的。华文教育水平的提高，为华文媒体直接提供范围更加广阔的受众群；反之，华文媒体则为华文教育提供丰富的听、说、读写材料，可作为华文教育最好的课外读物。

日本的华文传媒已有多年历史，在传播中华语言文化方面起到了重要的推动作用。目前，日本存在华文报刊、华文电台、华文电视台、华文互联网等多种华文媒体，并继续朝着多元化、立体化、本土化的方向发展。

现在的日本华侨华人，大多数有阅读中文报刊的习惯，而收听、收看中文电台、电视的华侨华人的比例也在升高。这些条件都为华文传媒的发展创造了快速运营的平台。日本的华文传媒不仅运用、展示传统的汉语言文字，还承载着传扬中华文化、社会道义的民族责任。因此，华文教育和华文媒体之间的密切关系是不言而喻的。两者互为催化剂，共同推动着华人社会的文化发展。

五、今后办好华侨学校的着力点

随着在日华侨华人的增多，华侨学校迎来了新的时代。从在日华侨社会的现状来看，归化成日本国籍或者和日本人结婚的华侨越来越多，他们的孩子自然地具有日本国籍。但是，尽管孩子的国籍发生了变化，让孩子学习中国语、中国历史文化的愿望却没有变。因此，今后华侨学校的教育内容应该将"民族化"和"全球化"更紧密地结合起来，办学形式也应该更加多样化。应将以下六个方面作为着力点：

1. 继续办好以招收华侨华人子弟为主的全日制学校

熟练运用中日两种语言教学，深入了解中日两国文化，在此基础上兼学英语，使学生具有较高的语言交际技能和多种文化感观与素养，学生毕业后可被纳入日本主流教育体系。

2. 举办以招收华侨华人子女为主的周末中文学校

在办好全日制学校的同时，举办以招收华侨华人子女为主的周末中文学校。这类学校已经有一定的规模和数量①，主要对象是在日本学校学习、无法接受华文教育的华侨华人子弟，以补习中文为目的。以上这两种办学形式培养出来的学生，也会成为将来华侨华人事业的接班人。

2010年横滨山手中华学校新校舍建成后传来了好消息：日本新华侨创办多年的华人子女周末补习学校——同源中文学校与横滨山手中华学校成功合作，把同源中文学校横滨分校的周末中文班全部移入横滨山手中华学校新校舍的文化中心内，实行“资源共享”。横滨老华侨主办的《横滨华侨通讯》为同源周末中文学校提供了免费的大幅广告，取得了很好的效果。

这种效果还表现在生源方面。目前，横滨山手中华学校新生爆满，一些不能如愿的学生，可以先在周末到同源中文学校学习中文，当横滨山手中华学校出现学生名额的时候，又可以直接从同源中文学校招生。从某种意义上说，周末中文学校起到了中华学校“预备校”的作用。这样，新老侨校从各自的优势出发，寻求最大的利益共同点，开拓出务实合作、互惠互利的双赢结果。②

3. 向所有适龄儿童开放

随着中国对世界的影响日益加深，华人融合于当地社会的速度也渐渐缓慢下来，各国人都更加关注中国的语言和文化，华侨学校很可能成为向所有适龄儿童开放的全日制学校。并且，全日制的班级中也应招收在日学习的其他外国人子女，以教授中日两国语言文化为主，学生在校还可以使用自己国家的语言，保持本民族的文化、风俗，在校园内创建一种浓厚的国际交流氛围，使学生觉得不出国就能了解他国知识，也可以进行多语言、多文化的交流。

4. 开办函授教学

通过邮政、网络传授授课内容。学生在教师的指导下，不受地域、时间限制地自学，这是一种远距离教学模式，适合那些想学汉语而又不能进入中华学校学习的学生。

5. 健全师资培养机制，完善教材建设

教师是海外华文教育得以发展的中坚力量，是中华语言文化的积极传播者。

---

① 鞠玉华：《日本周末中文学校教学现状研究》，《中国语教育与研究》2006年第3期。

② 陈玳珩：《日本新老侨校合作出现双赢局面》，《日本新华侨报》，2010年7月4日。

具有一个优秀的教师团队，对于海外华文学校来说至关重要。在师资方面，华侨学校应大量录用改革开放后赴日的新华侨华人中的优秀分子，吸引他们加入到华侨学校的教育行列。因为他们具有接受过中日两国文化教育的背景，并熟练掌握中日两种语言，了解日本社会、文化，了解日本华侨历史，熟悉当地华侨社团和华文媒体的状况。这些优秀的专业人才加入到华侨学校教育的师资队伍中来，会使教学质量得到提高。

学校要探索建立以“请进来”、“走出去”为主要方式的海外华文教师培训机制[①]，切实加强海内外华文教师培训。例如：

（1）每年暑假或寒假可举办华文教育方面的培训班，使更多的海内外华文教师到华文教育基地进行专业进修，帮助其提高汉语和文化水平。

（2）同一国家或地区的华文学校可以与其他中文学校一起组织“华文教育重大课题研讨班”，邀请本学科的国内外著名专家学者进行指导，集中讨论教育教学问题，并围绕一些有关学科建设的重大理论问题进行研讨和师资培训。

（3）作为日本的华文教育基地，中华学校可以与海内外教育机构联合办学，培养华文教育人才。要满足不同地域、不同背景、不同层次的学习者的需求，开发编写出具有针对性的实用的本土化、系统化、标准化的经典教材，不仅要充分发挥外派教师的力量，也要加强本地教师与中国大陆专家的合作。另外，学校也要加强教师对教材进行合理、适度的二次开发的能力，重视教师分析、评价及运用教材的能力，使教材具有生命力。通过互联网共享教育资源，充分利用远程教学模式，建设区域间、学校间交流互助的平台，建立网络教材资源库和试题资源库。这样可以避免重复劳动，提高资源利用率。

（4）加强与其他华文教育机构的交流与合作。随着中国综合国力的不断增强，学习汉语的人不再仅仅是华侨华人和华裔子弟，越来越多的非华裔人士也加入到汉语学习的热潮中。中华学校应该抓住这一历史机遇，加强与当地主流社会的交流与合作。一方面，学校要注意多吸引非华裔学生前来读书，形成“学汉语，到中华学校去”的品牌效应，这样既能扩大学校的生源、帮助更多人学习汉语，又是华侨社会增强凝聚力、发挥社区功能、融入主流社会的有效手段。另一方面，学校也可以寻求与当地主流教育机构联合办学，如联合举办针对性强的课外活动等。中华学校举办的“中日篮球大赛”、“三校交流会”、“教育恳谈会”等都是学校的品牌活动，既加强了学校和当地教育机构的合作与交流，又宣传了中华文化。

---

① 刘正文：《对海外汉语师资培训的几点思考》，载周小兵、朱其智主编：《对外汉语教学习得研究》，北京：北京大学出版社2006年版，第493～495页。

中华学校也要进一步加强与中国政府部门和教育机构的交流与合作，如与国内的华文教学及研究机构加强交流及合作。中国北京华文学院、暨南大学等与神户中华同文学校、横滨山手中华学校建立了良好的交流合作关系，在师资培训、教材编撰、回国旅行活动等方面都有良好的合作。国内也要进一步发挥国务院侨办华文教育基地院校的作用，加强海内外协调与合作，建立有效的协调、沟通、互动机制与工作渠道，使有着丰富教育资源和专业优势的基地院校为海外侨校华文教育的持续发展提供切实有效的支持。

总之，在日的华侨学校也必须不断进行改革，在继承和传播中华文化的同时，融合多元文化，以期达到既培养国际化优秀人才，又能够成为中华文化在海外传播的重要基地的目的。

第四章　日本周末中文学校的文化传承

在日本，不论是取得日本国籍的华人，还是保留中国国籍的在日华侨，都执着地继承和传播中华文化。这种执着表现在子女教育问题上，他们煞费苦心地让生活在日本的子女接受中国传统文化教育，学习汉语，延续中华民族的精神和品德。因此，一种新的文化教育模式——周末中文学校应运而生。

周末中文学校通过教授中文及举办各种各样的文化活动，为海外华侨华人青少年提供了一个了解中国文化的平台，建造了一扇瞭望中国、认识中国的窗口，也搭起了一座通向中华文化的桥梁。

笔者对日本的周末中文学校进行了实地考察，对其教师、家长、学生进行了访谈及问卷调查，深感周末中文学校对在日华侨华人子女学习中华文化具有重要的辅助作用，既是海外传播中华文化的阵地之一，也是有效的模式之一。

本章以东京同源周末中文学校为例，对学生学习汉语的动机、家庭影响、群体状况、在日生活和学习情况等进行梳理和研究。分析周末中文学校的教学和运营状况，探讨存在的问题，提出改善、振兴的对策。

第一节　周末中文学校的由来及现状

新华侨华人经过20多年的努力奋斗，以他们的聪明才智和勤奋精神，在竞争激烈的日本社会取得了令世人瞩目的成就。他们从求生存到求稳定，又从求稳定到求富裕、求发展。他们在日本的生活逐渐稳定之后，更加重视子女的教育。他们希望孩子在融入日本社会的同时不丢掉汉语，并具有一定的中华文化修养。一位新华侨说：“因为种种原因我们选择了留在日本学习与工作，选择了在海外报效祖国，实现人生价值。让子女不忘中文，在海外学习中华文化，这是新时期海外华人的共同课题，是一项任重道远的事业。”①

子女继承中华文化，是新华侨华人的强烈愿望，而实现这个愿望又受到种种

① 笔者于2005年、2007年、2010年三次赴日对华侨学校、周末中文学校进行调研。下文中未注明出处的引文，均为笔者访谈记录。

条件的制约。为此，他们探寻多种方式，力图实现愿望，周末中文学校便是这种探寻的结果之一。

一、周末中文学校的由来

新华侨华人子女基本是在日本出生、长大，可以说日本语是他们的“母语”；即便是年幼时来日的孩子，虽然已经初步掌握了汉语，但是来日本后，天天在幼儿园、学校里讲日语，抵挡不住大环境的强势影响，中文越来越生疏，甚至完全忘光。一位华侨开玩笑说：“小孩好像变成别人的小孩了。”

还有一位华侨说：“女儿是三岁来日本的，三个月后已经能和日本小朋友一起玩了，半年后就几乎做起了父母的日语小老师。但和学日语的速度一样快的，是中文忘记的速度。就像是日语进来把中文赶走了的感觉。女儿五岁时，几乎一句中文也不会讲了，我们做父母的真急啊！”

在日本，类似于这位家长所述的情况很普遍。面对这样一种状况，华人家长们忧心忡忡，并积极采取措施进行弥补。他们感到，孩子对中文的淡漠、疏远是环境造成的，弥补的办法是创造学习中文的环境，营造学习中文的氛围。根据家长们在国内学习外语的经验，他们想出开办课后中文补习班的方法，让孩子在中文补习班中感受学习中文的乐趣。

为此，新华侨华人们以居住地为轴心，联合起来创办“中文班”，家长轮流任教，给孩子们授课，创造更大的空间和环境，使孩子们能更多地接受中华文化的熏陶。

中文班是一种自发的学习组织，没有经费来源，也没有资金聘用专职教师，仅有家长轮流任教，借用场地，在课后、节假日授课。但是，由于这样的教学多数是边玩边学，没有明确的学习进度和标准，所以，有些家长不满意上课的质量而让子女停学。随着时间的推移、人员的变迁，更主要的是由于教学松散、不够正规，这些由自发人员、义务工作者形成的小型教室，其中的一部分逐渐停办。然而，这是周末中文学校的雏形。

鉴于这种情况，一些有识之士为了解决子女学习中文的问题，将分散的教室组织起来，进行整合，成立了比较正规的周末中文学校，聘请在国内当过老师的新华侨华人任教。这些教师在国内都曾经受过正规训练，有教学经验，保证了教学的质量，明确了学习的目标。这样一来，周末中文学校成了一种特殊的华人教育团体。

周末中文学校注重地域性的特点，在新华侨华人相对集中的市、町开办具有一定规模的周末学校，学生在接受日本系统教育的同时，课余时间接受相对系统的中华文化教育。这种教育既包括汉语学习，又有中华文化的熏陶，因此具有较强的生命力。

在日本，周末中文学校开设时间最长的已经有十七八年的历史。在东京、大阪、名古屋等大城市，都有很多规模不等的周末中文学校。规模较大的有七八百名学生；规模较小的，学生人数不等，多的三十多人，少的不足十人。最近六七年间，华人子女学中文的势头不断增长。①

图 4－1　东京同源中文学校上课的情景 A

（笔者于 2011 年 5 月在东京同源中文学校调研时拍摄。）

二、周末中文学校形成的主要原因

日本中文学校是一种自发形成的特殊教育组织，之所以能够在日本普遍兴起，大致有以下几个原因：

1. 中国与世界的互动逐渐增加，汉语的实用价值不断提高

中国改革开放以来的经济崛起、国力上升以及海外华人经济地位的提高，使汉语在全球的地位不断得以提升。作为联合国常任理事国之一，中国参与了多方位、多层次的国际事务，在国际舞台上发挥着重要的作用，使“中国概念”日益深入人心。中国国际地位和整体综合国力的提高，不仅仅表现在经济和政治上，更在文化、军事、科技、体育等多个领域有长足的发展。世界各国迫切需要接触和了解中国，迫切需要加强与中国的政治、经济、外交、文化教育的往来和交流，汉语无疑成为重要的媒介。

汉语不仅是传播中华文化和维系海外炎黄子孙的纽带，还是进行中外贸易活

① 此为笔者采访东京同源中文学校时，该校校长杨林所述。

动的重要媒介，其作为一门实用语言的实用价值不断提高。近二十多年来，日本学习汉语的人越来越多。社会上举办各种汉语学习班，一些家庭主妇、退休老人也积极地学习汉语。与此相应，在日本，几乎所有的国立、公立、私立大学都开设汉语课程，汉语热日益高涨。大学中，选修汉语的在校生数量远远超过选修德语、法语、俄语、韩语、西班牙语等语种的人数，成为仅次于英语的第二大外语。以日本国立冈山大学2008学年为例，新生入学人数是3 100人，其中选修汉语课程的学生是2 335人，占新生的75%以上。①

随着中日交流的增多，日本迫切需要大批熟悉中国情况、通晓中文的人才，因此汉语的语言作用日益受到重视，这也在一定程度上推动了周末中文学校教育的发展。

2. 新华侨华人人数的增加推动了华文教育发展

20世纪80年代以来，移居日本的新华侨华人迅速增多，为周末中文学校提供了生源。新移民的社团组织也相继建立，且分布广，涵盖所有华人相对密集的地区，影响力和规模也不断扩大，因此重视教育的传统也得到发扬。日本各地由华人组成的华文教育团体也纷纷成立，共商子女教育大计。特别是新华侨华人中有一些是在中国国内就受过专门师资培训的专职中文教师，既有教学经验，又懂得教学方法，这在一定程度上弥补了学校教师的不足。

3. 华侨华人的文化自觉

世界各地的华侨华人都有其特性，也有其共性。一般而言，他们都具有中华情结，但年龄和世代层次不同，中华情节的程度也有所不同。第一代华侨华人，他们即便加入了外国籍，但由于接受了中国国内的教育和父母的熏陶，仍然具有不可磨灭的“中国情结”。他们到华人超市商店购物，借中文录像带，到图书馆也喜欢看中文报纸书籍，请客吃饭更是喜欢去中餐馆。这种“中国情结”，反映了新华侨华人对祖（籍）国文化“自发”的眷恋和怀念，他们既有意愿也有能力，并“自觉”地传播、推广中国语言文化。华人家长们普遍认为，作为华人的后代，孩子应该学会汉语，因为语言是民族认同的标志。

另外，海外华侨华人普遍希望中国强大，相信中国会发展得更好，期望中国在国际上的地位越来越高，这样将会大大增加他们的民族自豪感，他们深知中国发展有助于改善他们在海外的生活环境。

4. 继承中华民族的语言和优良传统

中华语言和文化的学习既是海外华侨华人及其后代继承、传播中华文化的摇篮和基石，又是海外侨胞保持与祖（籍）国联系、交流的纽带和桥梁，因此被

① 笔者在日本期间去冈山大学教务处采访所得的数据。

海外华侨华人看作是一项重大的“留根事业”，同时也是提升华人后代文化素质、参与竞争的海外“希望工程”，其意义在千秋万代。

华人在家庭教育中往往强调中华传统伦理道德，这对华裔孩子影响很大。教育他们懂得尊老爱幼、孝顺父母、重视祖先渊源等，让子女学习民族语言、文化，继承民族传统美德，饱含着华侨华人对下一代的期望。

为东京同源中文学校捐献电脑的日本千代田国际语学院副理事长、华侨陈秀洁说：“1987 年，也就是我 20 岁的那一年，我辞别了在中国学校的工作，来到日本。因此，我深知教育的重要性。现在，我有家庭，还有三个孩子。我作为一个华人母亲，知道让孩子们学习中文的重要性。如今，我在日本东京还经营着三所日本语学校——千代田国际语学院、亚细亚国际语学习中心和东京商务学院，这又让我再次认识到学好两种语言的重要性。”

同源中文学校杨林校长向陈秀洁副理事长赠送感谢状时也表示：“华人企业家捐赠电脑，不仅可以帮助我们提高教学质量，还可以推动华侨华人社会华文教育的学习，‘众人拾柴火焰高’，我们一定要把具有‘留根工程’意义的华文教育办好。”①

因为家庭的血缘关系，大多数华人子女的家庭中都经常使用汉语或汉语方言。因此，他们在语言学习的关键期前就受到家庭汉语教育或汉语方言语音系统的熏陶。另外，华人家长经常带着子女参加华人社会举办的各种活动，如庆祝国庆节、春节、龙狮舞大会等，孩子们都能够受到中华文化及周围环境的影响。所以，华人子女在学习阶段依靠语言因素、年龄因素、社会因素等有利条件，汉语尤其是口语提高较快。虽然这些因素在深入学习中可能会慢慢失去优势，但在开始学习阶段的顺利，给了他们学好汉语的信心，增加了他们对汉语的喜爱之情，从而也增强了他们对祖（籍）国的感情。这些积极的情感，让他们的学习生活更加健康、丰富和美好。

5. 促进子女全面发展

中华传统文化博大精深，语言仅是认识和了解中华文化的媒介，增强传统文化的内在修养才能充分认识和理解中华传统文化的内涵。因此，中文学校在教授学生语言的基础上，因地制宜，扩大学生的文化视野，传授中华传统文化。

新华侨华人有感于子女在传统艺术方面所接受的教育和中国国内的孩子差距太大，不利于孩子的全面发展，为此，他们又自发地组建艺术私塾，聘请艺术界的华人专业人才为华人子女上课，目的是让孩子们通过学习中国传统艺术，进一

① 林道国：《树立“华文教育华人办”的风气　华人企业家向同源学校捐赠电脑》，《日本新华侨报》，http：//dougen. jp/one_ page. php？id =348。

步理解和感受中国文化。华人艺术私塾有绘画教室、钢琴教室、舞蹈教室、器乐演奏等各种“学习塾”，主要利用周末或课余时间进行授业。每个周末，华人办的学校大楼内的十几个教室中，都会传出琴箫雅奏的中国民乐之音。

6. 具体和直接的原因

周末中文学校之所以成为目前最好的一种对华人子女进行汉语教育的教育模式，还有以下几个具体和直接的原因：

（1）地域性优势。这些周末中文学校尤其是有一定规模的学校，非常注重地域性，往往在新华侨华人相对集中的市、町、地区开办。这样，华人子女在接受系统的日本教育的同时，可以利用课余时间接受相对系统的中华文化教育。由于学校开设在华人较为集中的地区，也便于家长接送子女上下学。

（2）经费优势。由于学校只在周末租用日本的公共福利设施作为教室，费用相对较低，每名学生每月只收取 5 000 ~ 6 000 日元的学费，是家长所能接受的，因而不会使在日华人家庭在子女教育费用问题上产生更多的负担。正如一位家长所说：“周末中文学校的办学精神、办学方向、办学手段，与我们的要求相吻合。低廉的收费，也让人感到这个学习的机会唾手可得。”

（3）教师授课质量较好。学校在招聘每位教师时，都要进行严格的面试、试讲。这些老师都经过选拔，而且几乎所有老师都曾是国内的中小学老师，其中不乏在国内时就获得过“优秀教师”、“先进教师”光荣称号者，因此，他们具有丰富的教授经验，教学效果良好。

中文学校的开设满足了那些既不愿放弃日本学校的正规教育，又希望子女能学好汉语并接受中华文化精神熏陶的华侨华人家长的愿望。由于周末中文学校既不与正规的日本学校教育发生冲突，又在地域和资金上为在日华侨华人提供了便利，因而受到在日华侨华人家长的极大欢迎。

以上这些因素，使周末中文学校遍布日本的许多城市，直接扎根到了千万个华人家庭。每到周末，日本的华侨华人，母子或父子便放弃休息和娱乐，前往周末中文学校学习，春夏秋冬风雨无阻。一位华侨说：“将父辈的中国情结，通过中国的文字和文化传播给下一代，没有其他任何一种手段比这个更现实了。”

第二节　东京同源中文学校

在众多的周末中文学校中，规模最大、最具有代表性的是东京同源中文学校，它基本上反映出日本周末中文学校教育的特点。

同源中文学校成立于 1995 年 11 月 5 日，当时只有两个初级班，1 名教师，34

名学生。随着学生不断增加，学校规模逐步扩大，现已成为东京都规模最大的华人子女补习中文的周末中文学校。2003 年被东京都认定为非营利活动法人。该校现有 60 多个班，在校生 700 多人，具有丰富的小学教学经验的教师 20 多人。[①] 学校设有中文初级班、中级班、上级班、阅读写作中检班和英语班，在名古屋、福冈等地也有自己的分校，迄今为止已经从这个学校走出了 4 000 多名学生。

以新华侨华人子女为主要生源的同源中文学校，在校长杨林的带领下，经过全体师生、家长的共同努力，已经有了较大的发展。2008 年秋季终于在华人相对聚集的东京池袋地区设立了学校本部，有了固定的校舍（以前都是租借教室）。

图 4－2　东京同源中文学校外景

（笔者于 2008 年 5 月在东京同源中文学校调研时拍摄。）

同源中文学校成立以来，一直得到国务院侨办[②]、中国侨联、各地侨办、中国大使馆以及华侨社会的大力支持。一些新华侨华人为学校捐赠多媒体教室，购

① 日本东京同源中文学校官网，http：//www. dougen. jp/one_ page. php？ id＝1。

② 国务院侨办的领导赴日时经常去同源中文学校看望师生，帮助他们解决困难，当得知新校舍建成后，立即赠送“华星书屋”，将一批包括漫画、寓言童话、拼音读物、智力启迪、古典名著、旅游地理、百科常识、育儿、修养、历史读物、散文小说、词典类等 400 多册图书送到学校。学生们利用提前来校或课间的时间，多阅读这些中文书，接触中国文化知识；家长送子女来学校等候期间，也可以阅读一些育儿、修养方面的书籍。

置投影仪、电视及相关设备，改善了该校的教学条件。2012 年 3 月 10 日，学校在东京丰岛公会堂内成功举办了第一届中文朗诵比赛，向日本社会展示了在日华人子女语言学习的成果。

同源中文学校是在日华人子女在周末学习中文的补习性质的学校，目的是使华人子女并学会使用自己民族的语言。该校学生中年纪最大的 17 岁，最小的 5 岁。学校每周六、周日上课，每次两课时，每课时 45 分钟。每月授课 4 次，学费每月为 5 000 ~6 000 日元。每年 8 月放一个月暑假。使用的教材以中国国内为海外华人子女学习中文而编写的教材为基础，结合在日华人子女的特点，适当补充阅读和会话内容。同源中文学校杨林校长介绍说，从 2005 年 9 月起，该校开始全面使用暨南大学华文学院编写的中文教材，并适当补充自编教材的内容。

一、教学现状及采取的改进措施

周末中文学校从无到有、从小到大，越办越好，是新华侨华人第一代移民不懈努力的结果。他们深知语言文字是民族文化的血脉，没有血脉的联系，华人孩子对祖（籍）国的认知和情感必然产生疏离和漠视，因此华人第二代的中文教育水平亟待提高。

然而，这只是家长们的一厢情愿。在日本出生的华人子女，从小进入日本的保育院、幼儿园，感受和接触的是日本的语言、事物、生活习俗，接受的是日本文化教育。对这些孩子来说，中文是一种外语而非母语。特别是为了融入当地社会和参与职业竞争，华人第二代看重的是日文和英文教育，很多孩子对学习中文的兴趣不是很浓。从某种意义上讲，对于在日本出生、成长的华人子女，学习中华文化是他们的一种额外负担。因此，不少孩子不太愿意去周末中文学校上课，大多数家长被迫命令他们“去也得去，不去也得去”。

正是因为父母逼迫，使得一些孩子产生抵触情绪，因此周末中文学校的教学难度可想而知。在这种情况下，如果不能启发、调动孩子学习中华语言文化的内在欲望，不能够让学生轻松、愉快、主动、有效地学习，就很难达到预期效果。因此，同源中文学校制定了教学方针，确定了学校的办学特色。如：

（1）营造氛围。在异文化的国度里，要使孩子们主动积极地学习本民族的语言文化，必须营造出语言学习的小环境。在这个环境中，听说的语言、接触的事物、所见到的视觉图像等均与中文有关，使学生处于浓郁的本民族语言文化环境之中。

（2）注重教学质量。老师都具有中国基础教学经验，经过试讲、专家听课、上岗选拔方才任用。老师每年要在日本至少研修两次，部分老师被派遣参加国务院侨务办公室组织的教师研修班。老师须严格遵守学校制定的教学大纲和要求来教学，三个月上一次公开课。

（3）提高效率。充分重视每一节课的45分钟，课上要安排听、说、读、写的训练，培养学生上课时集中注意力，使学生的语言能力和学习能力得到全面提高。

（4）明了有趣。力求使教学方法富有变化、教学过程富有活力，为每一位学生提供在轻松、快乐的气氛中体验、学习中国语言和文化的机会。

（5）循序渐进。为使学生吸收和消化所学知识，每天有作业，定期有复习、考试。暑假有假期作业。[①]

周末中文学校中，有一批在中国国内即是老师、曾有多年中小学教学经验、热爱教育事业、辛勤培育华侨华人孩子成长的教师群体。他们在教学方法上刻苦钻研，针对海外子女的特点，在教学实践中积累出许多很有创意的教学方法来调动华侨华人孩子的学习热情和积极性。

笔者在日本同源中文学校调研过程中，深刻地感受到了这所学校的老师们所作出的努力。老师们通过各种有创意、有效果的教学方法，激发学生学习汉语的兴趣。其课堂教学特点如下：

1. 激发学生的参与意识和自主能力，做班里的小主人

上中文课时，老师都安排了班里的学生担任值日生，并且每周轮换，让每个学生都有机会行使各自的权利，如收作业本，帮助老师维护课上和课下的纪律，帮助老师管理和维护教室的卫生，帮助老师确认听、说、读、写等课外作业的完成情况等，让他们觉得自己在中文学校起到了举足轻重的作用。为学生创设更多的汉语交流场面，在课堂上，为学生创设更多的汉语交流场面，让学生以活动的方式参与课堂，使学生在课堂上勇敢地与教师对话，体会到学习的成就感和乐趣。课堂上学生们积极地、争先恐后地回答问题。例如在低年级的课堂上，教“减肥”一词时，老师提问：谁在减肥？学生们便争先恐后地发言，说爸爸在减肥，妈妈……在教学中注重调动学生的主动性，创设轻松、自由的学习环境。从老师教、学生学，变为学生主动地学习，并学以致用。这种重视学生参与和体验的教学方式，符合语言学习的规律。

2. 精心设计教学内容，激发学生的学习兴趣

传统的教学法偏重问答、解词、抄课、背书、默写等，忽视了学生，影响了学生学习的积极性、主动性和创造性。由于在教学过程中过于强调读写而相对轻视听说训练，学生运用中文的机会大幅度减少，学习效果不是很理想，特别是对在日本出生又缺乏中文环境的孩子，往往难以达到预期的教学效果。

---

① 日本东京同源中文学校网页，http：//www. dougen. jp/one_ page. php? id =13。

对于在日本出生、长大的华人子女来说，他们的第一语言逐渐变为日语，中文成了他们的第二语言。怎样才能提高孩子们学习中文的积极性，使他们变被动（父母的命令）为主动呢？一位华人老师总结自己的教学经验时说："兴趣是最好的老师，兴趣也是推动学生学习最实际最有效的一种内部动力。对于生活在日本的华人孩子来说，汉语学习是枯燥乏味的，因而需要教师精心设计教学内容，创设丰富多彩的课堂，激发学生浓厚的汉语学习兴趣，产生强烈的求知欲和积极性非常重要。"

这位老师在讲授《龟兔赛跑》之前，给学生出了两个简单的谜语，要求学生猜猜是哪两个动物。学生的注意力一下子集中起来，随即争先恐后地讲谜底。在说出了谜底之后，老师又让学生分别来画一画，然后用几句话说说兔子和乌龟的样子。孩子们很高兴，各抒己见，表现出极大的热情。这时老师又充分利用这一有利时机，提出疑问"兔子和乌龟之间发生了什么事情"，再回到课文，让孩子怀着好奇心去学习课文。原本枯燥的中文课，让孩子产生了兴趣，吸引了他们的注意力，激发了他们的学习热情、参与意识和自主能力，使孩子们在轻松愉快的环境中学到了知识。

老师在讲课时，采用各种形式的授课方式来激发孩子们的学习兴趣，如教孩子们学唱中文歌曲，念绕口令，看一些中国动画片。在课文的学习中，老师专门给孩子们找一些教学磁带，让孩子们比较直观地理解课文，避免了枯燥感。另外，每逢圣诞节和中国的春节，学校都举办联欢会，做游戏，一起观看春节晚会的录像带等，让孩子们在欢乐中感受中国文化的乐趣。

图4－3　东京同源中文学校上课的情景 B

（笔者于2011年5月在东京同源中文学校调研时拍摄。）

3. 运用教材创设语言环境，提高学习兴趣

华人子女除了在中文课堂上，其他时间很少有机会接触中文。如何在课堂上把孩子们牢牢吸引住？唯有“寓教于乐”，即运用丰富多样的手段，让孩子们在课堂上快乐地学，并体会到学的快乐。小学低年级的教科书中，童话故事占有很大的分量。例如，同源中文学校目前使用的《中文》教材中，就有《司马光砸缸》、《三只小猪》等。学生在学这类情节性很强的课文时，不会觉得枯燥。他们会兴致勃勃地听老师讲这些故事，再借助课文的情景图理解这些故事，他们有时会对故事里的主人公提出一些自己的想法或建议。

童话故事也是排演课本剧的好材料。老师们在课堂上让学生扮演课文中的角色，模仿着做几个动作，课堂气氛就会马上活跃起来，也吸引了孩子们的注意力。学生在熟读课文的基础上，分别扮演课文中的角色。孩子们处于兴奋状态时，接受信息最快，记忆力也最好，因此能达到教学目的，收到很好的学习效果。

笔者调研时看到，老师在教“狐假虎威”这个成语时，让全班学生扮演森林里的小动物们。把手指放在头上做长耳朵，一蹦一跳的是扮演小兔子；扑着翅膀飞呀飞的是扮演小鸟；东拱拱西钻钻的肯定是扮演小野猪……课堂一下子成了一个动物王国，让人看得眼花缭乱。当“老虎”看到大大小小的“野兽”全撒腿就跑时，以为大家真怕“狐狸”，也吓得跑回了自己的座位。生动的表演惹得大家都哈哈大笑，在笑声中也明白了“狐假虎威”的真正含义。孩子学习功课有一个快乐的心境，学习就信心十足，干劲倍增。

这种教学方法，能够提供更为真实、自然的语境，既适用于预先准备的言语交际活动，又给学生即兴发挥留有相当的余地。王老师高兴地说：“在上课本剧的课堂上，学生‘小脸通红，小眼发光，小手直举，小嘴常开’，让课本剧成为学生乐于学习语文的催化剂，语文课堂应该是充满活力的课堂。”

《中文》教材中，从课文内容到练习，都比较侧重学生的说话训练，比较适合在海外生活的孩子们学习。另外，《中文》教材中不仅有生动活泼的童话故事，也有图文并茂的讲述中国历史文明的小故事。这些浅显易懂的课文，对于海外孩子进一步了解中国是有帮助的。

同源中文学校的老师们以教科书为基础，在教学中又增加了对中国历史、风俗、城市的介绍等一些内容，使孩子们不仅知道了一些有关中国的小知识，也提高了他们学习中文的兴趣。为了让海外儿童了解中国的历史与文化，老师们结合教材讲解一些古诗和寓言故事，不让孩子们感觉学中文很枯燥或学中文没有用。

华人子女学习中文的最大困难就是没有一个良好的语言环境。因此，教师们就为学生创设贴近生活的场景，提高他们在实际生活中运用汉语进行对话的能

力，通过各种有效的教学方法，帮助这些在日本生长的华人子女能够熟练地运用汉语进行听、说、读、写，进而提高他们的语言综合能力。

4. 精心设计教案，寻找与教材有关的新知识，吸引学生的注意力

在教学中，教师们还以教材为基础，适当补充阅读、会话内容，拓展教材，寻找与教材有关的故事与知识，吸引学生们的注意力。上课时，教师们除了讲授教材上的内容以外，还尽可能地超越教材，讲述一些课外的内容。一位老师说：“在学字词句单元中的‘孔’字时，我告诉了学生孔子是谁，孔子的儒家学说主要的意思，以及很多影响甚广的孔子名言。其实本来并没有指望他们能理解、能记住多少，毕竟这些似乎离他们很遥远。没有想到自从那堂课以后，学生不但开口闭口‘孔子曰’，更能在恰当的时候使用适当的孔子名言，实在是可爱极了。这说明他们不但能理解，而且对此有浓厚的兴趣。”

老师讲一个有趣故事，学生聚精会神地听，就能提高学生的听力；学生们围绕故事七嘴八舌地讨论，就锻炼了中文会话能力，以及在日常生活中使用中文的能力。多渠道培养学习兴趣，使学习过程变得更有趣、更丰富多彩。

图4-4　东京同源中文学校上课的情景 C

（笔者于2011年5月在东京同源中文学校调研时拍摄。）

笔者在调研中注意到，虽然老师在上课时反复强调要用汉语问答，但孩子们还是经常用日语提问题或回答问题。课间休息时，更是出口便是日语。同源中文学校的教师们每堂课都精心设计教案，编排导语导课。老师们说：“好的开场白能勒住学生思想野马的缰绳，使他们的注意力集中到老师的教学上来。注意力集中了自然能为课堂的学习拉开序幕，搭好桥、铺好路。”

教师们改变传统的教学模式，让每个同学参与到教学中来。教师们学习日本老师的教学方法，让教师起引导作用，让孩子们能在课堂上自由发挥，没有束缚，孩子们学习兴趣高了，自然学得就活了。

周末中文学校的学生年龄参差不齐，最小的才5岁，其注意力的高度集中只能持续5分钟，如果想让他们在45分钟的中文课上全部集中注意力来学习，很难实现。因而在教学中，老师用各种办法来吸引学生的注意力。例如：在每节课上让每个学生至少有一次机会下座位，到讲台上来活动身体，或是找生字写在黑板上，或是到台上分角色朗读课文，或是做动作，让下面的同学猜。儿童往往好胜心较强，让他们到讲台来能激发他们参与的积极性，这种好胜心会激发他们想方设法地多参与、多表现、多出力，刺激他们积极主动地去学习更多的新知识。

老师有时让学生扮演老师的角色提问："这句话是什么意思?"下面的学生回答正确后，他们就模仿老师说"对"或是"非常好"。这样一来，课堂气氛活跃了，学生们精力集中，教学效果极佳。兴趣总是和成功连在一起的。要提高孩子的学习兴趣，首先要使他们尝到成功的喜悦和成就感。

5. 针对每个学生的情况开展教学

周末中文学校的教师本着"学生是学习的主人，根据学生个体的差异，满足不同程度学生对学习的需求目标"的宗旨展开教学。周末中文学校的学生与普通正规学校的学生不同，他们的中文程度参差不齐：从中国刚刚来日本的学生能说会讲，在日本土生土长的孩子则是一切从零开始，也有具备一定听说能力的孩子。周末中文学校的每个班级中，学生都存在着一定的差异性。在这样一个不分年龄、不分中文程度的特殊的中文教室里，教师们就得想方设法研究教学方案。

李老师在介绍她的经验时说："在入学的第一天，我通过摸底测试了解了每个人的中文水平之后，在教学中就注意把课堂提问分成不同的层次：基本知识留给中等生，简单问题让给稍差的学生，高难度问题交给那些能言善谈的学生。对较特殊的学生，就单为他们设计问题。这样就使每个人都有机会在全体同学面前讲话，增强他们的自信心。有几个中文水平不错的学生，我还安排他们当会话的小老师，带动着其他人敢说、敢读，帮助一些同学克服了难以开口的羞怯。一节课45分钟，孩子们是主角，人人有机会，人人能参与，乐趣由此产生。而我，在各种提问中与娃娃们同乐!"

在教学过程中，老师们还在如何吸引学生注意力上下功夫。例如在做例句时，老师用孩子们的名字造句。听到自己的名字被用上，孩子们立刻兴奋起来，将注意力非常集中地移到老师这里，并自觉地拓展思路，用身边的人、事、物组词造句。当学到《聪明的公鸡》这节课时，有位孩子便模仿老师的这种方法马上说："我叫孙××，我是孙悟空，我最聪明!"在教学过程中，注意让学生在各种不同的场合获得表现的机会，从而体验和认识自己的能力，在学习过程中看到自己的成功，并激发求知欲。孩子们因为有了兴趣，就会用全副精神去做事，提高学习活动的效率。

图 4－5　东京同源中文学校上课的情景 D

（笔者于 2011 年 5 月在东京同源中文学校（横滨山手中华学校校舍）调研时拍摄。）

6. 解决识字困难

教师怎样才能帮助学生更好地认识、记住汉字，成为教学中的一个难题。由于周末中文学校学习的时间有限，下课后，这些华人儿童平时又没有更多复习和应用的环境，他们的中文是学学忘忘，生字总是变不了熟字。周末中文学校的老师就研究出使用字卡、词卡进行教学的方法，他们总结出字卡、词卡具有掌握快，记得牢，随时复习，省时省力等优点，特别是能给学生提供反复学习、重复练习的机会，在学汉字的同时掌握了常用句子，在学句子中又巩固了汉字，相得益彰。李老师总结出“认读结合，认字与造句应用并进”的一套教学法。她说：“认字的最终目的是为了阅读和实际生活的交流，学生在认字的早期就练习阅读，学认一百个字，读说一百句话。形成了‘认字—读句—说话—读句—记字’这样认、读、说结合的良性循环，不但加强了口语表达能力，还使这些字在学生的眼里从生字变成熟字。”

阅读理解是学生学习中文、发展智力的基础和前提。要读懂一篇文章，需要具备一定的词汇量和一定的语言知识，并要加以综合、分析，是个一举多得的好办法。阅读一篇短文，起初生词会比较多，读起来自然磕磕绊绊读不了太快，但要贵在坚持。一节课一杯水，十节课就是一桶水，细水长流才能使中文这棵大树不枯萎。不断地阅读和理解，不断地从文章中吸收新的知识和文化背景，才能够达到由量变到质变的目的。

图4－6　东京同源中文学校上课的情景E

（笔者于2011年5月在东京同源中文学校调研时拍摄。）

7. 鼓励与奖励的教学法

随着汉语学习难度的加深，孩子们也容易因为挫折、困难和乏味变得焦虑、不耐烦，感到学习是件“苦差事”，对汉语学习失去兴趣，甚至产生反抗的情绪。当孩子遇到困难时，想方设法给予鼓励、引导，提高其积极性，可以使孩子保持浓厚的学习兴趣。特别是当孩子取得一点进步、成绩有所提高时，要善于表扬，不要吝啬赞美。笔者在采访中发现，周末中文学校每次的作业本上交都一个不差，而且孩子们的字都写得很认真。王老师说：“交作业，我采取的是凑集小贴图奖赏法。孩子们只要每次能认真提交作业，我都会奖励一个小贴图，孩子们只要凑足了5个贴图就可以得到一份奖品。有的孩子还自制了贴图表格，使贴图数一目了然。孩子们常常会干劲十足地挥着小拳头，以示争取多拿贴图的决心。所以我从来不担心学生们是否会不完成作业，因为他们都有自己的小目标。”

老师们每讲完一课后，都设计一些综合训练题（比如课文的复述和延伸），引导学生积极思考，知难而上，让不同水平的学生都能“试一试”，使学生从中体验到成功的喜悦，感受到努力的价值。在教学过程中，老师们还尝试着给每个孩子创设竞争和成功的机会，让他们体会到通过自己的努力感受成功的快乐。对基础比较差的孩子，要多给他们创造成功的机会，对他们学习中每一点成绩都及时地、真诚地给予肯定和表扬，增强其信心。一位老师说："每个孩子都有对成功的渴求，即使是写对了一个词语、说对了一个句子，也要及时肯定，激发他们更大的学习热情，继而对中文产生亲切感。"

老师的表扬会反馈出巨大的内驱力，驱使学生向着第二次、第三次或更多次的成功迈进，从而形成稳定而持续的兴趣，增强学习中文的自信心。

8. 提供素材，让学生有说话的内容

同源中文学校根据近年来入学的新生普遍低龄化、母语基本是日语、汉语基本不会说的实际情况，自 2005 年起全面选择了更适合海外儿童学习汉语的教材——《中文》。杨林校长说："与其他教材相比，《中文》教材的编排更有实用性，更可以满足学生的实际需求。"

首先，对于大多数在日本出生、成长的学习中文的儿童来说，在会话中，他们第一时间反映在脑子里的，仍然是最熟悉的日语。因此，多数学生对自己的汉语能力没有自信，在用汉语表达的时候会比较羞涩，不敢大声表达出来。老师们就运用多种方式激发学生说话的"热情"，训练学生从最简单的打招呼，到稍微复杂的场景对话，让他们有条理地、通顺连贯地表达自己的意思，从而逐步提高学生的汉语能力，培养学生学以致用的能力。

同源中文学校的张老师在谈到她的教学体会时说："首先，我经常让他们到台前表演，这样既可以激发学生向他人展示自己的欲望，增强学生的自信心，还可以培养学生认真倾听别人发言的习惯。为培养学生专心听话的习惯，我在课堂上进行'传话'游戏，充分地调动了学生的参与意识，听说训练也落实到了实处。其次，《中文》教材也为我们提供了丰富的说话内容。如在教"他是谁"的句子时，我让学生带家庭成员或其他人的照片，先在同桌之间练习说话，如：介绍照片上的人是谁，或者描述照片上人的样子，或者说出这张照片是在什么情况下拍摄的等。由同桌间再延伸到面向全班同学，从而使教学得到延伸。再次，要引导学生观察，自己发掘说话的内容。在学完有的课文后要求学生复述，大量地积累词语对学生张口说话很有帮助。在课堂上创造机会，让学生开口，锻炼学生当众独立表达的能力，鼓励他们大胆、大声地说汉语。最后，在教学中精心设计一些问题，启发学生想象，可以加深他们对课文的理解，又训练了说话的能力，还发展了学生的想象力。"

9. 给孩子创设一个形式多样的课堂

在教学中教师通过游戏教学、形体语言教学等幽默的方式来吸引学生。为了结合生活实际、结合教材，教师们安排了一些和生活息息相关的课文内容，譬如《上餐馆》、《买文具》、《去医院》等。这些都是我们日常生活中经常做的事，学生学起来也觉得实用。

由于词语教学比较枯燥乏味，大多数孩子都是在记忆词语时对汉语失去兴趣。老师们就在课堂上开展各种有趣的中文词语游戏，从猜谜到词语接龙，从唱歌到形体的表达。一位老师说：“孩子在游戏中慢慢学，慢慢记，学习效果很好。例如：孩子对于字词容易遗忘，对此我们采取了词语接龙的游戏，‘草地—地上—上面—面条……’一方面帮助学生回忆、复习字词，另一方面帮助学生拓展词语的积累，让孩子在无意识记忆下快快乐乐地学习。在讲解字形方面，我们摒弃了以往死记硬背的方法，相反用顺口溜的方式帮助孩子记忆。比如渴和喝这两个字字形相似，容易搞错，就编成顺口溜：‘口渴要喝水，就用三点水。喝水要用嘴，就用口字旁’，这样就容易记忆。”

此外，老师们通过游戏也为学生提供了有话能说的机会，孩子们对此也表现出了极大的热情。在课文的朗读和背诵方面，采用按座次依次逐段接力朗读的方式；对于有人物对话的课文或段落，就采用分角色朗读的方式进行朗诵、背诵比赛。在强烈的自尊心、好胜心和竞争意识的驱使下，朗读背诵的同学往往会全力以赴，争取做到最好，这样学生们上课时精神饱满，听别人朗诵时聚精会神，强化了对课文内容的感知和领悟。

除基础的中文学习以外，同源中文学校还新开设了阅读写作中检班，目标是辅导孩子考中国语检定 2 级以及准 1 级。在这个学习班里，可以通过老师指导阅读名家名文，提高孩子的中文修养；通过写作训练（包括实用中文邮件），提高孩子日常应用文的写作能力。

一位教师在谈到她的教学感受时说：“我的这群娃娃们在短短八个月里学完了《拼音》和《中文》两册书，各册考试成绩均在 90 分以上。娃娃们年龄不一，从幼儿园大班到小学四年级，最大的 10 岁，最小的才 5 岁。他们的中文程度各异，从中国刚刚来日本的学生能说能讲，在日本土生土长的孩子则是一切从零开始。在这样一个不分年龄、不分中文程度的特殊的中文教室里，看到的都是一张张认真的小脸儿，听到的是不畏羞涩的琅琅读书声。我喜欢看他们和我一起读书的样子，爱听他们童声童气地回答，甚至迷恋于他们那软软嫩嫩的小手儿、小脸儿。最让我这个老师感到自豪和欣慰的是——我们的教室学习气氛简直是棒极了！”

在日本，每到周六，各地的中文教室里都会传出孩子们积极踊跃地争抢着回答问题的声音、稚嫩的中文读书声和课间休息时的嬉笑声。

二、教师研修制度

同源中文学校现有 20 多名教师，他们都是在国内具有丰富教学经验的中小学教师。尽管这样，学校仍不满足于现状，坚持每年开设两次教师研修会。这种教师研修制度已经坚持了很多年，从一开始的集体讨论，发展到现在的上观摩课、公开课等各种形式的研修活动。在每次的研修中，他们都会选择几个具有普遍性的问题或难点，集思广益加以研究，畅谈各自的经验和教训以及解决的办法，相互交流，靠大家的力量克服教学中的各种困难，使其他教师少走弯路。

图4－7　东京同源中文学校教师研修A

图4－8　东京同源中文学校教师研修B

（日本东京同源中文学校网站：http：//www. dougen. jp/one_ page. php？ id =328。）

每次研讨会还有一个更重要的任务，即都会围绕着如何提高教学水平，如何调动孩子们学习中文的积极性，如何让老师们尽快适应海外华文教学的特殊环境，取别人之长，补自己之短，不断摸索、总结经验，结合国内和海外教学的特点，如何在教学中尽显独特的风格等教学议题展开讨论、交流。

例如：2008年的一次教师研修会的议题是“用中文贯穿课堂教学”。不少学生入学时中文水平比较低，完全听不懂中文的学生不在少数，这就给老师们的教学带来了困惑和挑战。研修会上，首先由两位教师做“基础班教学”和“上级班教学”的观摩课；观摩课后，全体老师参加评议和研修。课堂上究竟应该使用什么语言，每位老师都积极参加讨论。有的老师提出，应尽其所能，尽心设计，针对不同水平的学生，用图解、儿歌、游戏、肢体语言等方式帮助学生理解课文的意思，这样做效果较好。还有老师提出，对于有一定理解能力，具有一定听、说水平的学生可以借助中文的语音、语感来帮助其加以理解。两位主讲老师通过现场实地教学，让大家感受到了中文贯穿课堂教学的可行性。

近年来，同源中文学校的规模不断扩大，他们持之以恒地教授华侨华人子女学习中文、传播中华文化。老师们不断摸索、总结，结合中国国内和日本教学经验，让孩子们在学习中文基础知识的同时，开展一系列实践活动。如参加国务院侨务办公室组织的北京、四川、广西、云南等地的寻根夏令营活动，让孩子们踏上中国的大地，了解中国。学生们还参加了为奥运水立方捐款、为四川灾区小朋友捐款等活动。2000年至2008年分别有80多位学生在中国国内举行的华人及华人小学生作文大赛中拿到了名次。

学校还组织丰富多彩的课外活动。如中秋联欢会、春游、暑期郊游、春节华人儿童联欢会、参加拍摄“金的乌龙茶”广告等。[①] 组织中文发表会是活动之一。2001年，该校有7人在第四届华人少年作文比赛中获奖；2002年至2008年，又分别有80多位学生在华人及华人小学生作文大赛中取得佳绩。学校自己也组织汉语作文比赛、硬笔字书法比赛、朗诵比赛、绘画比赛、英文作品比赛等活动，调动孩子们学习积极性，使学校生活更加丰富多彩。杨林校长说：“给孩子们表演的舞台，让他们学以致用，享受收获的喜悦。”

三、取得的成果

2006年1月，同源中文学校召开了成立十周年庆祝大会，有中国驻日本大使馆的工作人员和1 000多名学生、家长参加。中国侨联主席林军为同源中文学校题词：“同学中华文化，源溯世代交流。”学校还出版了学生优秀作文选——《新芽》。一位家长说：“参加学校的校庆活动，颇为感慨，那些原本以日语为母语的孩子终于学会了纯正的中文发音，朗诵诗歌，说绕口令，甚至像模像样地说起相声，着实让人惊喜。”

通过在周末中文学校的学习，许多一点儿也不会或者已经忘记中文的华侨华人子女，学会了纯正的发音，能够用中文朗诵诗歌，背诵少儿读物，甚至说绕口令。一位华侨家长说：“儿子4岁来到日本，不久学会了日语，忘了中文。到6岁时，竟变成了中文小文盲，真急坏了我们做父母的。刚好听朋友说，同源中文学校已经成立，我们就迫不及待地给孩子报了名。也就是说，儿子进入日本小学一年级的同时，也成了同源中文学校的一年级学生。如今儿子已经上了高中，除了中途因中考暂停了两年以外，已经在同源中文学校学习了7年的时间。今年4月他从同源中文学校毕业了。在毕业典礼上，手捧着毕业证书，家长、学生和老师，都不禁感慨万千。”

---

① 东京同源中文学校师生和家长250人前往位于神奈川县相模湖的“远足乐园”，举行一年一度的春游活动。春游中学生进行传悄悄话练习发音比赛，自己动手做冰淇淋等活动，和大自然亲密接触，和说中文的小朋友在一起，体验文化氛围，加强学中文的乐趣。东京同源中文学校校长杨林表示，一年一度的春游活动，不但可以组织孩子们在大自然的陶冶中进一步学习中文，还可以加强孩子们对中文、对中国文化的认同感。平常，这些孩子都分散在日本的学校里读书学习，即使是周末来到同源中文学校学习中文，也是把重点放在学习中文上，难有更多的接触交流机会。现在，通过这种大规模的集体春游，让在日本的华人孩子走到一起学中文、用中文，这一定会对他们未来的人生产生积极的影响。

另一位家长说："孩子从开始学习 b、p、m、f，到能够自如地查阅《新华字典》；从听不懂、不会说，到能听懂也会说；从鹦鹉学舌似的朗诵课文，到如今能写出感想及作文。日复一日，年复一年，孩子的中文已经有了很大的进步。"

一位华侨孩子说："我不喜欢中文，但妈妈总是说：'你是中国人必须学习。'我只好不情愿地进入同源中文学校。突然有一天，我对中文的成语产生了浓厚兴趣，积极背诵、理解、应用，渐渐地自认为已经掌握了许多，常骄傲地考爸爸，可不但总是考不住，反而自己却被问得张口结舌。所以，我认识到自己的中文水平还很低。于是就经常翻看词典、故事书等，渐渐地越学越感到中文的奥妙和趣味，同时也喜欢去同源中文学校上课了。去年，我随妈妈参加了一次中文发表会，在会上我一口流利的中文博得了台下听众的阵阵掌声，那时别提我有多得意了。从那以后，我不但喜欢上了中文，还认为应该把中文学好。"

还有一位华侨孩子说：

"我是去年春天开始到同源中文学校学习中文的。起初我并不喜欢学中文，每到周日有中文课时，我总会装出一副头痛不舒服的样子，以各种借口来推却。可是不知怎么的，每次我的谎言都能被妈妈那'X 光眼'识破。走在去学校的路上，妈妈总是不停地对我说：'虽然我们生活在日本，但我们是中国人，能说一口流利的中文、会写一手漂亮的汉字，这才能证明你是真正的中国人。'我原本就讨厌学中文，再加上妈妈的这番唠叨，我真恨不得找个东西把耳朵堵上。

"就这样，带着不情愿的心情学习了一段时间后，我渐渐地喜欢上了中文。现在我不但想要学中文，而且要学好中文。上了日本小学后，我认识了许多日本小朋友。我们一起学习，一起玩游戏，每天的生活既充实又有趣。时间长了，我也自然地渐渐适应了这种新的生活。爸爸、妈妈为了让我不忘记中文，就把我送进了同源中文学校。从那以后，我每个星期天就奔走于同源中文学校和家两地之间。刚开始学中文时，我很轻松，因为我已经在中国学了拼音，中文也有一定的基础，所以上课老师的提问，我基本上可以对答如流。可是到了四年级，我开始上补习班，各种学习和作业都很多，而中文的学习内容也越来越难，渐渐地我感到力不从心，甚至有点厌倦，几次都想放弃。可父亲说许多的外国人都在学中文，作为一名中国人，更加没有理由学不好中文。坚持就是胜利，毕业后我还是要继续学好中文。"

还有一位孩子说："那时候我觉得中文并不重要，因为我心里想总有一天我会去美国读大学，那时候最重要的语言还是英语。可是妈妈的一句话却提醒了我，作为一名中国人，不会说中文是会被别人笑的。从此以后，我在中文、英文和日文上合理安排时间，如今的我已经学了六年的中文了。虽然即将离开同源中文学校，但我相信我永远不会忘记这些年所学的中文，不管我在世界的任何角落。"

同源中文学校的很多学生还用中文写日记和作文，一部分学生的作文被《人民日报》海外版选入《海外儿童学中文习作选》一书出版，有的作品还刊登在日本的华文媒体上，也有很多孩子在华人少年作文比赛中获奖。一位华侨感慨地说："原本以日语为母语的孩子终于学会了中文，心里安稳了许多。"还有一位华人说："作为一个有中国血统的人，必须得知道朱自清、鲁迅、郭沫若和老舍等大家及其作品，哪怕只是知道一点点皮毛也行。"

同源中文学校的老师们除了教中文以外，有的老师还掌握音乐、美术的一些知识，这对教学、辅导是非常有帮助的。他们在中国时就已是教学经验丰富的中小学教师，因此他们了解孩子的心理状况，有灵活的教学方法，教学效果较好。一位家长说："每当听到从教室里传出孩子们稚嫩的中文读书声、课间休息时的嬉笑声的时候，我都很高兴，在异国听到这种声音更使我非常激动。"

还有一位华人家长说："如今来日的中国人越来越多，而他们的孩子的教育成了一个大家共同关注的问题，在日本能有这样一所既能学习中文，又能让孩子们了解中国历史文化的学校，使这些孩子今后无论是回国还是留在日本，都能很快适应两个不同的社会，是一件非常有意义的事。"

近年来，为了让更多的华侨华人孩子不忘中文、学好中文，该校推广多媒体教学，受到华侨华人学生和家长的欢迎。在东京的一些新华侨华人得知同源中文学校为了改变教学环境，准备建立多媒体教室的消息后，新华侨企业家任雄主动提出捐赠两套多媒体教学用电脑、投影仪器，并且亲自调试，补充软件，让老师们的教学与"现代"挂钩。为表达感谢，同源中文学校以任雄的姓"任"命名"大任多媒体教室"，并举行了挂牌仪式。

任雄在日本早稻田大学毕业以后，创办"大任飞网"，面向日本华人社会，为其提供服务。在创业的同时，任雄还十分重视自己孩子的中文学习，先后把两个孩子送到同源中文学校学习，已经坚持了四年之久。他的孩子中文很好，还被日本企业选聘，为上海世博会上日本小松机械的广告做了中文配音。为日本东京同源中文学校捐赠电脑的，还有华人企业家陈秀洁（日本名"栗田秀子"）。她说："华文教育华人办，我们在日本的华人社会应该形成这样一种风气。"

2010年，同源中文学校又与经营百年的横滨山手中华学校成功合作，把同源中文学校的横滨分校的教室，全部移入横滨山手中华学校新近落成的校舍的文化中心内，周末学习中文的120多名华侨华人子女的学习条件从此有了大幅度的改善。①

同源中文学校校长杨林表示，华文教育是一项传承中华文化的事业，也是在

① 陈玳珩：《日本新老侨校合作出现双赢局面》，《日本新华侨报》，2010年7月4日。

华侨华人后代身上的“留根事业”。如今，新华侨企业家能够援助华文教育事业，一方面证明了新华侨经济实力的增长，另一方面也为华文教育事业的发展起到了助推的作用。

第三节　周末中文学校的文化传承

周末中文学校适合在日华人子女接受汉语教育。因为周末中文学校既不与日本的学校教育发生冲突，又在学校地点、教材选择、教师任用等方面具有规范性和学费合理等优势。华人子女平时在接受日本系统教育的同时，业余时间在周末中文学校接受相对系统的中华文化教育，接受中华文化的熏陶，因而受到在日华人家长的欢迎。

周末中文学校向华人子女提供了一个安全、健康、有趣的学习环境，调动了他们参与学校组织的各种有益活动（春游，去中国的夏令营、冬令营、寻根活动等）的积极性，防止了他们节假日一味沉浸于电视机或电脑中，在有益于他们身心健康的同时，也大大减少了父母们的担忧。在日本，上周末中文学校几乎是所有华人子女的共同经历，也取得了很多成效。

1. 增加民族认同感

就读周末中文学校，大大加强了华人子女的民族认同感。在周末中文学校里，华人子女有机会接触到很多华人孩子，和他们相互交流，有利于熟悉和适应华人的文化和习惯，使中华文化、习俗和传统得到尊重和传承。还有，在周末中文学校学习的过程和结果使孩子们逐渐承认和适应与周边的差异。在文化上感受到与平时在学校接触的家长、老师、小朋友不一样，其心理上的文化冲突感便大为减少。华人子女通过参与华人社团和中文学校活动还增加了民族认同感。

对于日本出生的华人孩子，虽然在周末中文学校课间交流用语基本上是日语，所学汉字、中华文化内容有限，但在此能接触到在日本学校学不到的东西和体验不到的氛围：能接触华人文化，听中国历史故事和寓言典故，朗读唐诗宋词，背孔孟名言，通过背格言来学习儒家的家庭观、教育观和道德行为标准，唱中国传统歌曲，了解中国历史文化，学用汉字写“我是华人”、“中华民族是我们的祖先”等，从学习中了解中华家庭价值观念、处世准则、道德规范，直接或间接地感受中华历史和文化的熏陶。学习中文，用中华民族的文化传统启发学生热爱自己的文化，尊敬父母和长辈，遵守纪律，树立信心，明确目标，并以自己是华人为荣。

这些积极的情感，让他们的学习生活更加健康、丰富和美好，促使华人孩子与日本老师之间的关系变得更加融洽，也使他们在日本老师和同学面前会强调自己的华裔身份，并以此自豪。这种感情的产生，有些也是源于父母等长辈。他们的父母都是第一代移民，都与祖（籍）国有割舍不断的浓烈感情。这些孩子也曾随父母回中国探亲，看故乡的山水，听亲人的乡音，培养了他们对中国的认同感。特别是参加寻根夏令营，去工厂、下农村、观市容、看展览，让他们目睹中国改革开放的巨大成就；行山川、游名胜、参观博物馆、游览纪念馆，让他们认识中国的地理、人文、历史，领略中国的壮美河山。这些活动使他们在较早的时候便建立了对祖（籍）国的感情。

2. 扩大朋友圈

周末中文学校形成了一个小集体，大家互相关心，互相帮助。在这里，华人子女有机会接触其他华人小孩，相互交流，有利于熟悉和适应华人文化和习惯，使华人习俗和传统受到尊重。

去周末中文学校几乎是所有华人子女的共同经历。在学校里，华人子女通过参加华人社团和中文学校活动，增加了他们相聚和交往的频率，也扩大了他们自己的朋友圈和社会关系网。华人子女在个人行为上，也继承了中华文化的优良传统，讲礼貌，懂礼节，尊敬师长。

周末中文学校向华人子女提供了一个安全、健康、有趣的学习环境，在不受外界各种压力的情况下，通过老师的引导，使他们能够自由地、毫无拘束地表达自己的心情和愿望。同源中文学校的杨林校长说："我们一定要把具有'留根工程'意义的华文教育办好。"

3. 增加华人家长之间的交流机会

周末中文学校成为华人父母的聚会处，是"第一代移民"生活中不可或缺的社会网络和交流育儿经验的平台。由于路途远，家长必须接送孩子。因此，许多周末中文学校便在教室旁开辟另一个场所，供家长们休息。孩子们上课时，家长就自动组织起来开展各种活动，例如召开各类研讨会，开展各类文体活动等。有的父母还义务担任管理人员，协助学校做行政工作。周末中文学校成为华人家长们社交活动的好去处，家长位在这里学跳舞、练健身操、讨论股票市场行情和家庭理财经验，特别是讨论如何提高子女的学习成绩以及改进教育方法。家长们在这里可以交流教育子女经验，共同商量教育子女大计。一位母亲说："每周我都盼望着来周末中文学校，因为这里是我与其他华人用汉语交流的唯一机会。"

周末中文学校也编织了一个华人交流的、有利的社会关系网。例如，东京同源中文学校举办的年度主题为"分享喜悦、分享成长、分享经验"的讲座，使该校学生家长聚集在一起，分享经验和体会。

4. 升入名校的学生增多

在中文和日语两种语言的转换过程中，孩子学到的不光是语言，还有思维能力和适应能力。

近年来，从周末中文学校毕业的学生已经逐渐到了考大学的年龄，因此不断传来好消息。例如，毕业的学生中，有的去了欧美国家留学，而更多的则是考入了东京大学、中央大学、明治大学、庆应大学、东京药科大学等名牌学府。一位考入东京大学的华侨子女说："在大学选修上级中国语作文讲座课程时，班里的学生共11人，其中有7人和自己一样是现役（没有经过复读，高中毕业直接考入）考上东京大学的华人，我感到非常吃惊。"

5. 习得汉语

语言学家认为，人的大脑语言区在21岁之前还未僵化，因此比较适合语言学习。华裔孩子学习汉语年龄偏小，恰占优势。以下是一些孩子的学习体验。

一位孩子说："五年前，我随爸爸妈妈来到了这个陌生的国家——日本。上了日本小学后，我有了很多新朋友，我每天在学校说日文，在家和父母说中文。可是渐渐地我发现自己的中文开始退步了，许多学过的字都已经忘记。有些时候，我想用中文说些什么，可偏偏怎么也想不起来。为此，爸爸妈妈很担心，于是就让我参加了横滨地区的同源中文学校。从此，我的每个星期天就在那里度过了。冬去春来，一转眼我在这学中文已经有3个年头了。刚开始上中文学校时，我的中文能力很低，觉得中文很难，只能读一些带有汉语拼音的书。后来，在中文学校里学习了一段时间，认识的字也变多了。现在，我觉得中文并不像想象中的那么难，相反觉得很有趣。"

另一位孩子说："在我读小学一年级的时候，有一天，爸爸和妈妈带着我一起到樱木町去参观中文学校。当时的我心情很紧张，因为看中国老师教小朋友们学中文的场面，我还是第一回呢！参观完后，妈妈硬逼着我参加这里的学习。那时的我真是又气又恨。一开始学中文时，我很紧张，又害羞又怕出错，是老师给了我一次又一次的鼓励。时间长了，渐渐我的心情也变得轻松了，从最简单的拼音发音、词语、句子到文章的阅读和写作，我竟然在不知不觉中喜欢上了中文。妈妈也夸奖我的中文进步得很快。在中文学校，就这样一学就学了五年。转眼间，我也成了一名小学六年级的学生，那时正处于考中学的关键时刻。每天学校的学习都很忙，加上私塾补习的作业，都累得我喘不过气来。每星期的中文作业就成了我额外的负担。我想放弃，但是妈妈却绝不允许。妈妈告诉我，现在全世界的人都在学中文，说明中文很重要。我已经学了那么多年，如果轻易放弃了，真的太可惜。现在我即将升入中学二年级，我很高兴在中文学校里遇到了那么多的好朋友，学习到了那么多的中文。"

第四节　周末中文学校的完善与改进

尽管周末中文学校的教学取得了很大的成就，但笔者在调研的过程中，发现需要注意和改进的问题如下：

一、发音

刚开始学汉语时，拼音对学生来说是最基础的，同时也是比较难掌握的。孩子们的母语基本都是日语，而在日语里是没有卷舌音的，因而发卷舌音时学生们就很难发好。所以，老师们在教学中要尽量纠正他们的发音，让孩子们在初学汉语时就争取掌握正确的发音。

强化发音声调训练也很重要。同源中文学校的一位教师谈到四声（声调）教学时说："我找四个同学到黑板上来画四幅画：一声画一个小孩走平路；二声画小孩上坡；三声画小孩先下坡后上坡；四声画小孩下坡。"

周末中文学校的课堂上孩子们口音各异，多数学生带有很浓的日本发音语调，不够纯正。笔者认为解决发音问题的办法是：利用手势等来指导，把手势与声调结合起来，讲解中日发音系统的不同，进行辨别声调的训练。学生们随着老师的手势练习，简便而又形象；学生自己也边读边打手势，课堂气氛活跃，不易疲劳。

二、注重汉语汉字与日语汉字的区别

日语中有"当用汉字"，对孩子学习汉语来说是有利有弊。课堂上不认真强调中日汉字的区别，会成为今后学习的障碍。汉语和日语中尽管有相同的文字，但发音却完全不同，表达的意思有相同的，也有完全相反的。初学汉语的孩子不了解日语和汉语的不同，往往从日语的角度滥用这类词和字，产生各种误解甚至闹出笑话。教学中要强调相同汉字字形之下的不同语义及不同用法，要使学生能从汉语的角度理解和使用这类异义同形的词和字。

解决的办法是：选择字形相同而词义不同的汉字进行比较讲解，在对比中区分各自的特点，使学生更准确地把握汉字和词汇。随着年级的增长，接触的日语汉字越来越多，有许多汉字和汉语汉字是一样的，也有不一样的，教师要强调对中日汉字的比较记忆。一位华人小朋友谈到他学中文的体会时说："我喜欢的小说《哈利·波特》在日本被翻译为厚厚的两大本，可是用中文翻译的只有薄薄的一本。内容其实都一样，但是中文一个字就有一个意思，而日语得用长句子才能表达出来，所以我可以选择读中文版，而不用选择厚厚的日文版。另外，日本的汉字和中文的汉字很像，有时在学校记不得日文的汉字时，我就回忆中文的写法，然后就可以想起来了。”

另外，学生通过听、读、讲以辨认字形是学习中文的基础，而习字、书写则是练习、巩固和应用所学语言文字的必要阶段。汉字的近音字、同音异形字或异义字甚多，需要认真辨识。为激发学生书写汉字的兴趣，老师们在识字教学中，可充分利用汉字既表音又表义的优势，讲解汉字发展的演变过程以及书法艺术的发展历史，并结合童话、谜语、书法作品，拓展学生视野，提高认字和书写汉字教学的趣味性。

三、家长配合

通晓汉语是华人儿童得天独厚的优势，只要家长多上心，就可以使得他们的汉语和日语一样好起来，但现实是，家长们没有太多耐心帮助他们。

在日华人子女普遍的情况是，孩子上了幼儿园后，日语学得比中文还快、还好，而他们在那个年龄段起就不想学中文、说中文。有些是在家里和父母说中文，和小朋友在一起说日语，甚至和父母也说日语。他们整体的汉语水平不高，会说而不会写、不会认的情况大量存在。

大多数华人孩子学习汉语和接受华文教育，是因为受家庭影响。有些孩子学习汉语甚至只是父母的意愿，孩子有时想放弃学习。这时，要让孩子乐于接受汉语教育，首先父母不能放弃，如果父母先放弃了，那么再要学起来就难了。语言学习是有年龄段的，过了学语言的年龄，再去学就非常难。要让孩子乐于接受汉语教育，首先要给孩子一个快乐的童年，在孩子上学前让他在玩中长大；其次要在玩中慢慢培养孩子学习汉语的兴趣，尽量抽时间和孩子一起讲汉语故事、画画、写字。

父母是孩子的第一启蒙教师。如果没有良好的家庭教育，不论学校教育多么成功也是无济于事的。同样对于这些在日学习汉语的华人子女来说，家长是他们学习汉语的第一任施教者，并且由于周末中文学校的特殊性，决定了家长在子女学习汉语过程中将更多地担任施教者这一角色。因而，如果家长能帮助子女在家庭内部较多地接触汉语，对于孩子在周末中文学校的学习会起到事半功倍的效果。

1. 增强孩子学汉语的信心

家长要配合老师，让孩子按时完成老师布置的作业，让孩子有责任感。每次上完课，家长最好要和孩子一起做作业，复习老师在课堂上讲的内容。然后在每次上课的前一天，再一次默写学过的拼音和生词，争取在每次的测验和考试中都能取得较好的成绩。这样能逐渐地增强孩子学汉语的信心。

2. 坚持用汉语和孩子进行日常交流

家长平时尽量用汉语和孩子会话，即便孩子是用日语回答，也要坚持训练他的听力，这样在课堂上，才能够听懂老师的语言，积极回答老师的问题和理解讲课的内容。也可以让孩子多看一些汉语配音的动画片，尤其是一些已经译成汉语的经典的日本动画片，在中日文的比较中，孩子可以更直观地掌握汉语。

事实证明，孩子学汉语，父母很关键。辅导孩子学汉语是一件长期的工作，父母至少一方一定要花足够的时间“陪读”。不仅是周末陪同上学、放学，还要陪念、陪写、解释课文，总之要一陪到底，直到让孩子培养成自觉阅读的学习方式。当然这需要耐心和持之以恒，语言学习就是要靠时间去日积月累。有一句话说得非常好：“天下没有笨的孩子，只有懒惰的父母。”

在周末中文学校的学习是主线、是脉络，家庭学习是补充、巩固和扩展，两者为达到一个共同的目标而相辅相成。在这个过程中，有苦也有乐，但更多的是收获。孩子收获知识、积累资本，父母收获孩子进步所带来的喜悦。

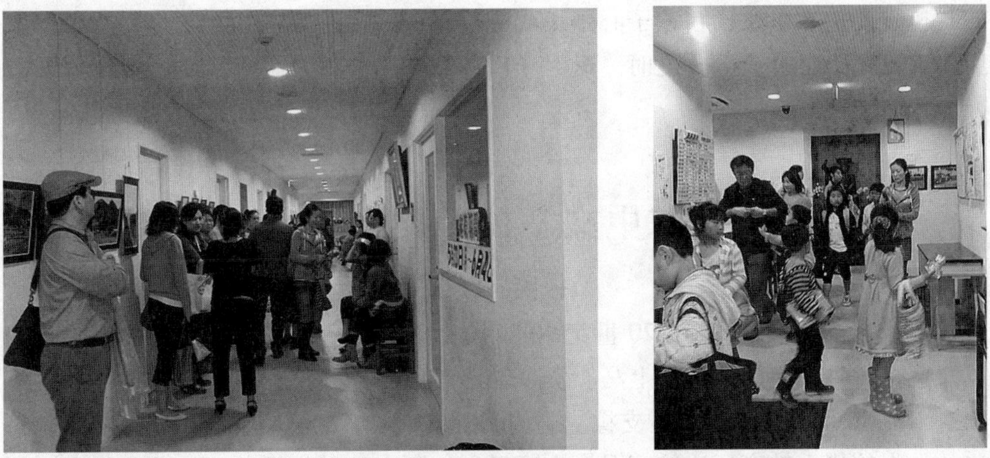

图4－9　东京同源中文学校上课时的情况

（笔者于2011年5月在东京同源中文学校调研时拍摄。）

3. 抓住机遇，设立目标

周末中文学校常见，也是比较普遍的现象是：每次学校开新班时，来参加的学生络绎不绝，新班开始后每一节课的内容和作业都一丝不苟地完成，认真听讲，坚持努力；可是一段时间过后，随着学习内容的加深，就有学生开始陆续地出现掉队的现象，并且慢慢增多。其原因是学生有的要上补习班，有的要参加部活（课外各种活动小组），还有的要去私塾（课外补习班）学习，各种原因使一周只有两节课的汉语学习难以持续，个别学生也就不了了之了。

然而，也有很多具备一定中文基础的学生又重返学校继续学习。对于这些学生，仅靠教科书已满足不了他们的学习需求。为了不再出现掉队的情况，必须抓住时机，辅导学生有的放矢地学习，给他们一个看得见、摸得着的目标。例如：利用“中国语检定”考试，帮助他们设定近期目标，在达到目标后逐步升级，创造学有所得的满足感，增加他们了解中文的欲望。

一位华人家长说：“中文对在日本成长的孩子来说已成为第二语言，与实际的生活没有了切实的关联，正因如此，好不容易开始的中文学习才更需要不断地巩固和加深，更需要有意识地去创造坚持学习中文的环境。特别是对于学得快忘得也快的孩子，尤为重要。”

还有一位老师说：“刚开始学习拼音时，中文好像一颗幼苗埋在了学生的脑海里，有限的授课时间和作业量帮助他们给这棵还弱小的幼苗浇水施肥，在渐渐地长出了嫩枝绿叶时，突然停止了，一切半途而废。对此孩子会觉得无所谓，因为生活不会因此带来任何不便。可离开了仅有的中文学习环境，就像把树从土壤中连根拔起，对于中文的掌握却是致命的打击。即便要中断学习，也要选择恰当的时机，要选在中文已在孩子心中长成一棵小树，在土壤中扎下了根，多少可以凭借自己的力量补充养分之时。这对今后的学习十分重要。”

第五节　周末中文学校需要逐步解决的问题

笔者在调研中了解到，20 世纪 90 年代初期，在日本各地办周末中文学校的风气盛行。但其中因为仓促上马、资金缺乏等原因停办的也很多。东京的中文学校有十几家，但大多是勉强支撑。在这种情况下，仅凭热情是无法持续的。目前，日本的华文教育还比较薄弱，全国只有 5 所全日制华侨学校。在日华人已达 80 多万人，可以说，华人子女的教育市场需求还会不断增加。因此，办好周末中文学校，让在日华人子女学好中文，其任务越来越艰巨。

在今后的中文教学中，需逐步解决如下几个问题。

一、确定适宜的教科书

选择适当的教材与教学方法，是搞好教学的基本保证。新华侨华人子女在日本学校接受系统教育，所以他们只能利用业余时间学习中华文化。在有限的时间内，最大限度地提高中华文化修养，其最基本要求是有一本内容符合实际要求的教材。

目前在日华侨华人开办的中文学校，使用的教材多种多样，有北京教育出版社编的《语文》，国务院侨办公室委托暨南大学编的《中文》教材，有的学生也用上海版的《语文》教材。

国内的语文教材适合于母语是中文的孩子，他们是在会说中文的前提下学习中文的。而且国内的中、小学教育，除了语文课外，还配合历史、地理等课程，也属中华文化的基础范畴。在日本的华人子女，现在很少有人会说较流利的中文，而且又是在业余时间授课，不可能消化完教材的全部内容，因而造成学习的不系统性。

还有，国内教材难度较大，内容比较枯燥。特别是有些内容政治色彩较浓，老师也很难讲清楚，学生更无法理解课文内容。国务院侨务办公室提供的《中文》教材，从内容和形式上来看，图文并茂，涉及的内容比较广泛，深入浅出，注重趣味性，每课后面有说话训练的内容。该书难易程度比较适合学生掌握，更符合海外学生学习的需要。但调查中也听到了负面意见，如只注重说话，不太注重写作等。

学龄前孩子学汉语，应该让他们在娱乐中学习。因此教师就更要多动脑筋、想办法，将课本中的所学内容改成形式多样的歌谣、书画、手工、游戏等方式进行教学，让孩子们能在一种娱乐的环境中轻轻松松地学习和掌握汉语知识。

图 4－10　东京同源中文学校教学用的中文教科书

（笔者于 2011 年 5 月在东京同源中文学校调研时拍摄。）

日本的周末中文学校，无论是学习时间，还是分科条件，都不允许照搬国内模式。因此，周末中文学校所用教材，既不同于为外国人编的中文教材，也不同于国内的语文课本，而是应充分考虑华侨华人子女的特点，即具有中国血统，父母至少有一方是中国人，父母的文化模式对他们会有潜移默化的影响。因此，在学习中华文化上他们无论是学习的动机，还是理解、接受能力，与一般外国人相比有显著不同。但是，他们毕竟是从小在其他民族的文化环境中生活，而且还要继续在这个环境中生活下去，所以，他们又和国内的同龄孩子的教育环境有着极大的差别。

因此，当务之急是选派中国国内的专家学者到日本华侨学校扎根调研，和侨校、周末中文学校有教学实践经验的教师一起，共同研究教学方法，编写出符合日本华侨华人子女学习的通用教材，探讨符合日本国情、适合华侨子女教育的教学改革之路。例如在教材编写上，日本中小学教材中有中国的马头琴、牛郎织女等童话故事，以及关于中国的一些知识内容，如果将这些内容编入中文教材，使华人子女了解到这些故事源自中国，用中国语表述会更准确，这样一来他们既学习到了语言，又增长了文化知识，还可以在用中日两种语言表达的过程中增加学习的乐趣和积极性。

近年来，中国政府为满足海外华裔青少年对华文教育的迫切需求，采取了一系列措施，华文教材的编写和发行工作得到不断加强和提高，暨南大学、华侨大学等华文教育院校已成为中国开展对外高等教育及华文教育的重要教学、科研基地。

总之，在教汉语的过程中，要加入一些中国文化与历史故事，教授这些知识，对孩子的自我认识非常重要；更要根据日本华人子女学习的特点，融语言、文学、历史等学科门类于一体，涵盖中华文化的基本知识和古典精华，编写既体现丰富的知识性，又具有系统性、新鲜可读性的教材。这样一部教材，可以在他们完成日本小学、中学课程的同时，让他们比较系统地掌握中华文化的基础和精髓，成长为中日文化兼通的人才。

二、提升师资水平

近年来，随着中国综合国力的不断增强，国际地位的不断上升以及文化影响的不断扩大，世界上学习汉语的人数也连年递增，国外有相当数量的大学开设了汉语课程，日本当然也不例外。

现在，在日本有很多从事汉语教学的教师，这些教师中多数能够胜任教授日本人学习汉语，但如果让他们从事新华侨华人子女的汉语教学，能够胜任的恐怕就为数不多了。因为要胜任这样的工作，至少具备以下两个基本条件：

(1) 必须具有丰富的中国文史知识。只有这样才能更好地应对周末中文学校的特殊性和教材内容的广博性，而在日本的这些汉语教师，虽然多数都在中国接受过高等教育，但很少是学过中文和历史专业的，而学过教育或者有过文科教学经历的就更是少之又少了。

(2) 必须能够掌握并熟练地运用日语。因为对多数华侨华人子女而言，日语几乎成了他们的母语，所以在教学中教师要能熟练运用日语与学生们顺利地沟通，这样才容易达到预期的教学效果。教师要能及时发现学生对学习中文的厌倦情绪，有些孩子即使听得懂也不愿意讲中文，出口就是日语等情况。这时候就应该改变教学策略，教师要用熟练的日语，多跟他们谈心，了解他们的心理变化、思想感情等，从而达到预期的教学效果。教师只有具备了以上两个基本条件，才能在教学过程中因材施教，也才能取得良好的、令人满意的教学效果。

但是，以上两个条件只是在日本教汉语的教师所必备的基本要素，而类似于同源中文学校这类的周末中文学校，一般都是以“担当教师负责制”的方式进行日常运作的，在这样的管理体制下，担当教师有很大的自由空间，有利于发挥教师的专长。在遵守教学主导思想的前提下，可以更灵活地运用教学资源，控制教学进度，分配教学内容，根据学生实际情况制订更适合学生的教学方案，取得更科学更有效的教学成果。

周末中文学校需要高素质的且在教学方法上有经验的汉语专业教师，来调动孩子们学习的积极性。在日本从事华人子女教学的教师中，99%以上都是改革开放后赴日留学（或家属滞在）变成华侨华人的，他们都在中国受过高等教育，既了解中国国情，又了解日本社会，他们中多数人是比较合格的。

但是，由于周末中文学校学生的特殊性和教材内容的广博性，教师必须具有宽广的知识面和丰富的文史知识，这就要求教师光吃老本不行，必须要不断地更新知识、及时充电。海外华文教育，不等同于国内语文教育。有些老师的教育理念、方法还是国内的观念，没有随环境、时代变化，不太适应海外华文教育需要。面对当前繁重的教学任务，面对各位学生家长的热切企盼，面对新教材的推出，教师仅靠热情和过去的那点老本是远远不能满足教学需要的，因此急需对来自不同的地区、有着不同经历的任课教师进行规范教学法以及汉语知识和文化知识的培训。

在目前情况下，可以首先考虑在教师间互相切磋技艺，互通有无，或者让教学优秀的教师举办公开课，用以点带面的方法，提高教师的水平。

以教学法为例，日本中小学外语教学通行的是主题教学法、沟通教学法和任务教学法，大多数的课要老师精心设计，学生广泛参与。而我们的教学还主要依赖教材，基本上一本书讲到尾。培养派在日本的汉语教师时，除了熟悉日语，还应把日本的教育体制、文化以及日本华侨华人子女的学习习惯、习得特点和常见偏误作为必修课。日本人和华侨华人子女的东方文化心理和听课习惯使他们更愿意接受阐释性的教学方式。教学法乃重中之重，教师要用各种手段调动学生的学习情绪，如果做不到，学生学汉语的兴趣就会渐渐减弱，甚至放弃学习。

周末中文学校的孩子平时接受的是日本的学校教育，而日本的小学教育可以说就是领着孩子玩，老师也是哄着学生学，更不能批评学生。因而，周末中文学校的教师还要适应日本的教学方法，要哄着孩子学中文，不论在何种情况下都不能批评学生。

因此，师资培训需要国内教师和海外教师合作，整合资源，协同发展，制定专业要求、标准和设置课程。这样培养出来的汉语教师，由于已有在日学习的经历，语言和文化障碍基本消除，同时谙熟日本的教学法，能更快适应当地教学。

三、完善教学大纲

日本的周末中文学校已有近 20 年的历史了，现在面临的一个突出的问题是：衡量周末中文学校教学质量的标准究竟是什么。或者说，周末中文学校应遵循什么样的教学大纲进行教学，学生最终应达到什么样的标准，这方面缺少科学的依据。海外华文教育尚有许多问题需要去探知、摸索，以使海外华文教学在学术上取得一定的理论基础和实际论据。

四、加强有关中国内容的中日文图书配置

周末中文学校的普及，无疑会增加华侨华人子女对祖（籍）国的了解。但在学校或社会中，介绍中国的书籍相对缺乏，有些介绍还存在着很大的片面性。一位华人子女说：“我小的时候去过中国，现在已经记不清了，对中国的了解，都是从日本学校的教科书中了解到的。书中介绍的中国知识很少，好像中国很落后。参加过几次夏令营后，觉得中国很漂亮，我也很喜欢。中国的书很多看不懂，大部分时间是读日文的书，可是书中介绍的中国和我看到的情况有很大差别。”

因此，周末中文学校在设立图书角时，不仅配置中文，也应配置日文书籍。因为中文读物在华人集中的地区普及可以奏效。对不认识汉字、没有机会接受中文教育的华人子女，最好的方式是用日文向他们介绍中国，这是让不懂中文的华侨华人儿童认识中国的最佳捷径。配置中日文的各种书籍，让华侨华人子女了解

真实的中国，应引起华侨华人社会各界的高度关注，这关乎第二、第三代华人对中国的情感问题。

五、建立教学信息系统及组织机构

虽然日本各地分布着很多周末中文学校（教室），但没有统一的规范，没有统一的教学原则，各自经营，情报互不相通。若建立一个情报互通的系统，可以为家长送子女上学提供方便，也有利于推动华侨华人子女学中文。

在促进中文全面协调、持续发展的新形势下，倘若能有人或单位来起带头作用，建立组织和情报网，就能将分散的大、小学校或教室组织起来，互相交流教学经验，还可以与国内相关部门共同组织教师培训、国际少儿作文大赛、夏令营、各种教育讲座、参观等活动，也可以解决各学校教学力量不足等问题。

六、整合资源，规模发展

现有周末中文学校规模有了一定程度的扩大。但随着社会知名度的不断提高，社会需求也将进一步增加，目前的学校规模尚不能适应这种变化。因此，应整合现有的周末中文学校，使其朝着规模化方向发展。当务之急是在东京、大阪、北海道等华人多的区域建设规模较大、运行良好的示范性中文学校，扩大影响力。在周末中文学校规模扩大后，不但能顺应社会需求，扩大学校影响，也有利于与主流教育体系融合。整合后的周末中文学校要积极融入日本社会，多参加所在地域的交流活动，争取得到地方政府和国民的理解与支持，和谐互动。社会的“大环境”好了，也更有利于周末中文学校的发展。

第六节　周末中文学校今后的发展

语言是民族的文化符号，记录着民族的文化踪迹。对于年长的华人来说，母语还是本民族语言；可是对在海外出生长大的华人子女来说，居住国的语言即是他们的第一语言，母语并非一定由出生地或血统决定。目前，海外华侨华人子女学习中文绝大多数不是通过正式的途径，学校教育传授，而是通过非正式的途径如家庭教育或中文补习学校来完成。随着全球化的进展，一些年幼的孩子从小不只会说一种语言，而习得的这些语言未必是本民族语言。

如今的周末中文学校与创建初期不同，他们已经不只是以教学中文为主要目标，而是更加重视华人子女教育的全面发展。在课程安排上，除中文、英语外，还有许多选修课程，包括舞蹈、电子琴、小提琴、绘画、插花、中国书法、中国象棋、围棋、数学、中文写作基础训练、武术、京剧艺术、健美、太极拳等。成长中的新华侨华人子女在日本已经展露出非常优秀的素质，他们继承了父母们聪颖和勤奋好学的优点，又有接受日本本土文化的优势。通过周末中文学校的学习，他们对中日两国的文化语言融会贯通、得心应手，成为未来推进中日友好交往的依靠力量。

在日华人子女的教育问题，关系到中日关系的未来。邓小平同志告诉我们，中日之间的许多问题“下一代比我们更有智慧”。我们相信今天的在日华人子女，在接受日本文化与中华文化浸透之后，将成为“更有智慧一代”的中坚力量。

总之，随着中国对外开放政策的进一步深入，走出国门的中国人将会越来越多，华侨华人子女也将会遍及世界各地。办好周末中文学校，关系到数以万计在日华侨华人子女的未来发展。周末中文学校是历史的产物，也是一个时代的亮点，而今也仍然是学中文的源泉。周末中文学校因不受时间和空间的限制，广泛分布，各有各的特色，对传授中文、推广中文、弘扬中华文化的教育，将会起到更大、更积极的作用。

第五章　日本新华侨华人子女的语言文化传承与认同

本书第一章，笔者分析了老华侨华人及其子孙的文化传承与文化认同的状况。然而，新华侨华人及其子女与老华侨华人一代相比，由于出国年代不同，受教育背景不同，所处的时代不同，同化于日本的取向和速度也有很大差异。因此，新、老华侨华人的后代在适应异国环境、融入日本社会的进程中，在文化传承与子女教育等方面所遇到的问题也有所不同。本章着重论述改革开放后走出国门的日本新华侨华人子女的语言、文化传承及其教育等问题。

日本新华侨华人子女是指中国改革开放以后赴日，在日本就职取得永久居住权或加入日本国籍的华侨华人所生子女，也包括战后归国孤儿眷属、国际婚姻的第二代子女。

据日本法务省入管协会 2011 年统计，0～19 岁（日本法律规定成年人的年龄为 20 岁）的持中国护照的在日华侨子女为 71 872 人。[①] 据日本厚生劳动省最新人口动态调查结果显示，随着日本社会的不断“国际化”，日本人与外国人结婚所生儿童数量在大幅上升。其中，中日国际家庭所生儿童数增长较快。

表 5－1　中日婚姻的新生儿统计表

年份	人数（人）	年份	人数（人）
2000 年	3 953	2005 年	4 430
2001 年	3 876	2006 年	4 874
2002 年	4 199	2007 年	5 411
2003 年	3 966	2008 年	5 424
2004 年	4 383		

根据日本厚生劳动省人口统计局的统计数字制作，http：//www. stat. go. jp/data/jinsui/index. htm。

① 日本法务省出入国管理局，http：//www. moj. go. jp/nyuukokukanri/kouhou/nyukan_ index. Html。

表 5－2　中日婚姻新生儿数量变化

年份	父母一方为外国人（人）	父母其中一方为中国人（人）	比例
2005 年	21 873	4 430	20.3%
2006 年	23 463	4 874	20.8%
2007 年	24 177	5 411	22.4%
2008 年	23 956	5 424	22.6%
2009 年	22 511	5 329	23.7%
2010 年	21 966	5 334	24.3%

日本厚生劳动省：2010 年《人口动态统计》，http://www.e－stat.go.jp/SG1/estat/List.do?lid＝000001082326。

如表 5－2 所示，2010 年中日跨国婚姻所生子女为 5 334 人，其中父亲是日本人、母亲是中国人的为 4 109 人，父亲是中国人、母亲是日本人的为 1 225 人。据统计，2008 年日本全国新生儿共 1 091 156 人，微增 0.1%，而 2008 年中日跨国婚姻新生儿为 5 424 人，比上一年增加 13 人，增长 0.2%①，连续 5 年保持增长。中日婚姻家庭所生儿童在日本国际婚姻家庭所生儿童总数中所占的比例也是连年上升，至 2010 年已达到 24.3%。

据日本厚生劳动省最新人口动态调查结果显示，1987 年，中日婚姻的新生儿还只有 1 010 人。在最近 21 年里，中日婚姻所生儿童数连年呈大量增加趋势。② 中日跨国婚姻家庭所生儿童的数量已达 82 277 人，0～19 岁持中国护照的在日华侨子女为 71 872 人，仅此两项就有 154 149 人；加之已入日本国籍的日籍华人子女，目前在日华侨华人子女的总数是 16 万多人。

第一节　新华侨华人子女中文学习状况与文化认同分析

日本新华侨中，虽然有些人加入了日本国籍，但在文化身份上始终强调“归宗”、“归根”。他们在形式上加入了日本国籍或取得了永久居住权，但对自身身份的定位往往表现出一种“落叶归根”的趋势。无论是华人画家的绘画作品，华人艺术家演唱、谱写的歌曲，或是华人文学作品，都会使人强烈地感受到他们

① 钟边：《日本提倡多子多福观念计划给新生育家庭发补贴》，日本新华侨报网，http://www.jnocnew.jp/news/show.aspx? id＝37095。

② 张石：《人才辈出：中日国际婚姻 21 年为日本贡献 7 万儿童》，（日本）《中文导报》，2009 年 11 月 29 日。

仍视自身为中国一分子的心态和民族归属意识。

语言是民族的文化符号，能记录民族的文化踪迹。因此，研究华人子女语言是研究海外华人文化传承最重要的环节之一。对于第一代华侨华人来说，母语还是本民族语，可是对于在海外出生长大的华人子女来说，所在国的语言就是他们的第一语言。目前海外华侨华人子女汉语的学习，绝大多数不是通过全日制的华侨学校教育，而是通过周末中文学校或依靠家庭的教育传授。

日本新华侨华人子女，是指父母已加入了日本国籍和在日本工作定居并已取得了永久居住权的子女。这些子女大致可分为以下两种情况：

1. 生在中国，长于日本

这里所说的生在中国，是指在中国读过几年小学，或是完成了小学、初中学业的孩子。这些孩子无论是在语言上，还是文化上都已有了一定的中文基础，他们的价值观、人生观已打上了中华民族的烙印。到日本后，基于不同的客观因素，他们的成长向两个方向分化：

一种孩子是仍能保持着在中国学校时养成的勤奋、刻苦努力的精神，到日本后仍坚持不懈地学习中文，吸收中华的优秀文化。开始时尽管由于语言不通，遇到一些困难，偶尔受到歧视，但他们不气馁，反而把它变成动力，刻苦学习，勤奋努力，得到了日本师生的认可，成了孩子们的榜样，考上日本名牌大学的不乏其数。

另一种孩子到了日本后，由于年龄小、可塑性大、接受能力强，加之日本强势文化的巨大冲击，很快融入了日本的生活和文化。由于吸收了太多的日本文化，学习中国文化的意愿低下，汉语水平迅速退化，中国文化的观念也越来越淡薄，时间一长，甚至连汉语都不愿意讲，看中国的文章因都是汉字而感到头痛。这样一来，就成了学会日语忘了汉语的例子。特别是小学入学前来日本的孩子，最初家长们非常热心地考虑怎样能够让他们快些学会日语，担心如果不会日语，在学校有可能会在“孩子社会”中陷入边缘孤独的处境。为让孩子尽快融入日本社会，就自觉或不自觉地鼓励孩子以日语为“母语”而放弃对汉语和中国文化的学习，结果使孩子在融入日本社会的同时失掉了自我特色。

2. 生于日本，长于日本

新华侨华人中，一部分是在日本结婚、在日本生子的。这里也包括学龄前来日本的孩子。这些孩子自小就进入日本保育园、幼儿园，其后是小学、中学、高中，接受的完全是日本教育，无论是语言、行为、思考方式等都已日本化了。他们的父母几乎都受过高等教育，多数具有硕士、博士学位，经济收入、社会地位也较高。基于自身的经历与条件，他们“望子成龙”心切，有人将子女送入私立幼儿园、小学、中学和高中，希望接受更加传统的日本式教育。

这些在日本出生、长大的孩子的母语是日语，能自然而然地融入日本社会，但要他们学中文就比较困难了，即使学习，也是被迫学习的多而自觉自愿求学的少。如今，在日本出生的华人子女绝大多数已经“日语化”，很多孩子学习中文是为父母所逼，因而有些抵触情绪。一位华人说：“我有两个孩子，一个是9岁的男孩，一个是7岁的女孩。现在担心的不是孩子们的日语水平，而是怎样有效地提高他们的中文水平。”

日本的一些大学、高中，甚至社会上的一些公民馆都开设中文课程，也为华人子女学中文提供极大的便利。但是，中文学得好的孩子还是很少。

新华侨华人虽然主观上有保存祖先传统的愿望，但作为少数族群，不能不受到来自主流社会的影响，在全球化与本土化的双重夹击之下，保留民族语言和传统殊为不易。在日本社会环境中成长的华人子女，对民族文化以及自身民族意识十分淡漠，还有，在日本会说中文并不是生存的必要条件，因此他们学习中文的欲望不强烈。当在调查中问到孩子要不要学中文时，十个有九个说不要学，因为太难了。家长也说，孩子“对中文有厌学情绪”。

要让华人子女传承中华语言和文化，认识到中文的重要性，是一件艰巨的任务。尤其是出生在日本的华人子女，他们在某种程度上已被当地同化，对于中国语言文化感情淡漠、存有隔膜也就在所难免。即使是走进周末中文学校或进入华侨学校学习中文的子女，往往也会抱着“中文是一门外语”的态度来学习。

尽管困难重重，华人家长仍然坚定地认为：培养下一代的民族感情，对他们进行中文教育，培育他们对中华文化的兴趣，是华人父母的责任。一位新华侨说：“由于种种原因，我们选择了留在日本学习与工作，选择了在海外报效祖国，实现人生价值。让子女不忘中文，在海外学习中华文化，这是新时期海外华人的共同课题，是一项任重道远的事业。”他们深知语言学习的重要性：一种语言中蕴藏着这个民族根本性的智慧、思维、情感等，语言在深层次上决定着民族思维的方向。正像洪堡特所说：“一个民族的精神特性和语言这两个方面的关系极为密切，不论我们从哪个方面入手，都可以从中推导出另一个方面……民族的语言即民族的精神，民族的精神即民族的语言，二者的同一程度超过了任何想象。”①

---

① ［德］洪堡特著，姚小平译：《论人类语言结构的差异及其对人类精神发展的影响》，北京：商务印书馆1999年版，第70页。

第二节　新华侨华人子女的文化传承及在中文学习上的抉择

新华侨华人是在新中国成立后成长起来的，是在国内接受了系统、完整教育的一代。他们都具有浓郁的中华情结，并希望自己的子女延续这种情结。但是，实现自身价值与子女教育难能两全其美：既然为了更充分地实现自我价值，想在日本求得更大的发展而滞留不归，那么，让子女接受中华文化熏陶的愿望就难以实现。在这种难以调和的矛盾面前，因人而异，他们作出了不同的抉择：

一、忍痛割爱，送子回中国“逆向留学”

在日本出生的新华侨华人子女，从小进入日本的保育院、幼儿园，所接受的语言、事物、生活习俗等，无不体现着日本文化的特色。尽管受过高等教育的父母想方设法努力给子女灌输一些中国文化，但这种努力在强大的社会生活包围下是多么的渺小无力。一些新华侨华人清楚地认识到，生活在这样的环境下，尽管孩子血管里流淌着中华民族的血，可是很难把子女培养成具有中华民族精神的人。有些已经加入日本国籍的新华人的孩子也随父母加入日本籍，对此父母们还有更深层次的忧虑，用他们自己的话说：“我们的‘归化’是由我们自己决定的，而孩子的‘归化’是由我们做父母的替他决定的，将来孩子会不会埋怨我们，当初替他‘归化’成了日本人呢?”① 因此，有些父母选择把孩子送回中国去接受教育，将来让孩子自己再作一次决定是做中国人，还是日本人。

近年来，送子女回中国接受教育的人越来越多。有些人是在孩子很小的时候就打定了主意，要送其回国学中文和中国文化；有些人则是目睹了小孩在日本接受教育的弊端后送孩子回国。

送孩子回国上学的家长普遍认为利大于弊，因为孩子们会说中文，并且懂得自己是中国人。家长们为了实现“再教育”，大多都付出了超常的精力。有的家庭实行“教育单身赴任”，即父亲留在日本工作挣钱，母亲领着孩子回国上学。有条件的家长则将孩子送到老家，委托父母照顾，自己一年多次在中日之间往返。为了孩子的教育，父母们心甘情愿承担着辛劳和高昂费用。

新华侨华人选择将子女送回中国，是为了使子女能够延续中华文化传统。这

---

① （日本）《东方时报》，2001年9月13日。

种培养方式有值得肯定之处，但也并非没有弊端。客观分析，其利弊分别可以归纳出以下几点：

（一）送子女回国就读的优势

1. 语言环境

语言是文化传承的首要条件，不通晓民族语言，继承民族文化就无从谈起。然而对语言的学习来说，语言环境尤为重要。作为生活在海外的华侨华人子女，生活在其他民族的语言文化环境下，要保持本民族的语言，即使付出极大努力，收效也是微乎其微的。因此，让子女回到母语的国度生活，主要是基于对语言环境的考虑。

笔者对新华侨华人家庭的调查显示，只要国内有亲属，并且经济条件允许，很多人都打算趁孩子年幼，让孩子回中国的学校读书，顺利通过语言关，以实现让子女延续中华文化的愿望。正如一位华侨所说："在日本，很多老外对中国文化很感兴趣，都在学汉语。作为中国人，自己的子女不会写中国字、不会说中国话，这是不能原谅的。我们希望自己的孩子长大以后做中国人——不仅仅是国籍上的，更是一个人的自我感觉之中的中国人。"

送子女回中国，不仅是为了实现华人家长延续中华文化、掌握汉语的愿望，同时也是为子女的前途发展增添本领，如一位刘先生所说："女儿在国内读完幼儿园，到日本两年后又送回国学中文。小孩子学习语言的能力强、速度快，日语、英语学得快，可中文遗忘的速度也很快，所以，我们决定让她利用假期重拾中文记忆。让孩子在两三种语言之间流利转换，在这一转换的过程中，学到的不光是语言，还有思维能力和适应能力。另外，从小培养她对中国的感情，这种'中国背景'对女儿的成长是不可少的。"因为有了让子女学习汉语的强烈愿望而选择送子女回国接受教育的华人家长不断增多。

2. 文化氛围

环境是语言学习的主要因素，而文化的继承更难脱离必备的文化氛围，民族文化不是仅靠书本就能学到并领会的。身处民族文化的氛围之中，通过日常生活潜移默化的熏陶，才能更真切地体会民族文化的根本。新华侨华人充分地认识到这一点，他们克服各种困难，利用各种资源，将子女送回国内读书，在浓郁的中华文化氛围内接受中华文化的滋养。

这些被送回国的子女，一般因在日本生活了一个时期，回到国内需要一个适应过程。王女士曾这样叙述这个过程："把儿子送回国，让姥姥、姥爷一起回国照顾，自己和孩子的爸爸轮流回国看管。回国时赶上暑假，请来家教专门苦攻拼音，进入学校班级就读后，开始考试成绩很不理想。后来，在老师、亲友的支持、鼓励下，他才慢慢入了门。现在，儿子的中文说得挺流利，成绩也跃居班级前茅。并在学校交了许多朋友，学吹黑管，学画国画，对祖国有了很深的感情。”

华人家长普遍认为，中国的历史、文化教育，只有在国内才能感受深刻，而国外即便是有着优质的教学环境、福利待遇也是无法给予的。父母在子女世界观形成前，让其回国接受传统教育，了解中国的历史、文化，形成中国人的认知观，是一种有远见的选择。

让子女回国接受中华文化的熏陶，并不是新华侨华人的唯一和最终目的，而只是培养子女成为国际性复合型人才的一环。很多事业取得成功的新华侨华人认为：如今事业成功，生活安定，虽然有众多因素，但是，其中一个重要因素是自己的“国际人”的地位；兼通两种以上语言，熟知不同民族文化，为事业的发展提供了便利条件。因此，新华侨华人希望子女们也能成为跨越中日两国的国际人才。一位家长说：“让孩子回中国留学不仅仅是为了增长汉语文化，其实，在很多没有想到的方面也能够获得收益，这包括个人素质、生活能力和专业教育等。最大的收益是，孩子在留学时，在中日文化的碰撞中，会懂得多方面观察这个世界，这是仅接受一个国家的教育所不具备的优点。”

事实正是如此，随着时间的推移，一些早期被送回国内，接受了传统文化滋养的孩子又返回日本后，或是升入大学，或是就职，在学习和工作中，已展现了经历两种文化熏陶而具有的优势，为今后发展奠定了坚实的基础。

3. 基础教育扎实

中国自古便以重视基础教育而闻名世界。近代以来，中国基础教育体系仍然有别于西方，或者可以说有众多优于西方之处。如今众多成名的学者、政要及企业家怀念他们的少年学习生活，认为自己事业成功的基础，取决于自小受到的良好的教育。确实，尽管中国的基础教育存在某些不足之处，但其严格的训练为一个人未来的发展打下了牢固的知识基础。

受过国内教育的新华侨华人，深深体悟到中国基础教育的优势，尤其在与国外的基础教育进行比较之后，他们更清楚地看出中国基础教育的优势所在。他们认为，接受国内的基础教育，对子女的一生都会产生一定的积极作用。

华人家长心中对日本教育体制既普遍认同，也有所担忧，其最担心、焦虑的是日本弹性自由的教育方式导致孩子基础教育不够扎实。一位华人家长说，她所在社区的日本孩子放学后很多都去户外结伴玩耍、跑跑跳跳，但是自己对孩子却不敢放松，要求他们在家学中文、练钢琴、补算数。

中国基础教育的深度、难度超过许多国家，扎实的基础教育也是推动家长让孩子回国读书的重要原因。相比之下，日本公立小学的教育环境宽松，教材深度较浅，几乎无课下训练，而且课程容量小，教学速度普遍较慢，使学生处于游玩与学习之中。尽管目前国内教育界对现行教育体系也有所诟病，认为学生负担过重，但新华侨华人则更肯定这种严格的教育体系，他们担心在日本教育体系下，自己的孩子学不到更多知识，甚至会丧失竞争意识。

送子女回国的家长认为，国内中小学教育体系完备，学生能够学习到更丰富的知识，接受更严格的训练，打下更坚实的基础。同时，在国内学校的升学压力下，激烈的竞争更利于培养孩子的上进心。孩子们在感受国内教育氛围的同时，也培养了竞争力。因此，送孩子回国读书对孩子的发展更有利。一位把孩子送回国内的家长在面对孩子的变化时，深有感触地说："孩子回国读书后进步很大，成绩名列班级前茅。尽管这种选择以放弃自己的工作为代价，但也是值得的。让孩子在国内学习两年，看似耽误两年的在日学习，其实对孩子学业的影响不大，而从长远看，这一段人生经历的影响是利大于弊的。华人的后代在今后的竞争中，具有了扎实的基础，培养了顽强拼搏的品格，同时具备了通晓两种语言的优势，可以增强竞争的能力。"

还有一位家住京都的华人，曾经告别在日本工作的丈夫带着上小学的孩子回到家乡北京，在国际学校学习了4年。起因是她不满意儿子在上幼儿园时接受的日本的"宽松教育"，不希望到小学时仍接受这种"宽松教育"。她说："日本小学作业少，自由度大，老师很随和，很多课程都跟玩儿一样。（我）曾经看到区立小学的教科书，对其页数之少和内容之浅感到吃惊。"她的愿望是将来让儿子到美国的大学读书，但又不认可日本的小学教育质量。当然，日本私立小学相对公立学校要严格一些，但费用较高。经过比较，她觉得，与其让儿子进日本私立小学学习，还不如到学费便宜且还可以学习中、英双语的北京国际学校去上小学。

谈起中国的小学教育，一位新华人感触颇深。她至今记忆犹新的是自己上小学时的一个场景：算术老师手拿秒表，挨个叫起学生，让他们每个人站起来连续回答20个习题，规定时间内答不出来就要到走廊去罚站。她说："我绝不认为中国的教育方法是最好的，但是人生就是竞争，就业是竞争，婚姻也是竞争，没有竞争的人生是不存在的。经过比较，中国的初等教育，更适合我'望子成龙'的要求。"

目前，日本的初等教育存在不少问题，从20世纪80年代开始，日本开始实施"宽松"式的教育，数次减少了在校学习的时间和教学内容，因此产生了有些学生不爱学习、教学质量明显下降的消极情况，缺乏理想的人也在日益增多。

一位在日本公司就职的李先生说："无论如何，送孩子回国都是一个大胆而苦涩的选择。不喜欢日本公立小学的宽松教育，想让孩子进私立小学目前又没有这个财力，怕孩子输在起跑线上，想想国内小学基础教育扎实，也令人放心，就选择了送孩子回国读书。”注重国内教学质量，让孩子接受中华文化的熏陶，是新华侨华人将子女送回国内就读的主要原因。

为升入中国或日本的名校而送子女回国读书，更是为了子女的前途着想。以这样目的送子女回国读书的家长又分两种类型：

（1）送子女回国读高中，然后考回日本大学。根据日本政府的规定，在国外取得高中文凭，报考日本大学者，按照留学生对待。以留学生身份报考日本大学，相对要容易得多，并且往往能够考入名牌大学。陆先生 20 世纪 80 年代赴日，已经取得了永久居住权。他的儿子在日本出生。刚上高中时，他就将儿子送回广州，在国内高中毕业后，便回到日本考取了日本京都大学，大学期间又以交换学生的身份到澳大利亚留学两年，英语水平有了一定提高。等孩子大学毕业后他还想送孩子回中国再系统地学习语言和文化，“以后的中日贸易商机无限，无论就职还是自己单干都一定用得上”。

（2）让子女在日本读完高中，报考国内大学。采取这种方法的家长，一般是日籍华人。中国的政策与日本一样，即加入外国籍的华人子女报考中国大学也以留学生对待，比较容易考入名校。有一位华人对孩子的期望就是上名牌学校，但孩子是初中来日本的，高中毕业后，成绩不尽如人意，难以考入日本的名牌大学，于是送他回国学习，先学习了一年汉语。由于有中文基础，因而与其他留学生相比，他的优势很大，轻易就考入了北京一所名校。对于这种做法，华人们称为“曲线考名校”。这些家长认为，大学本科时期的学校选择，对孩子的一生都有影响。

随着中国名校在世界上的地位越来越高，基础教育又扎实，这一选择会对孩子将来进入社会带来很多好处。虽然这种做法似乎有点功利，但对培养子女接受中华文化的作用是相同的。

综上所述，在日华侨华人中的多数人认为日本的教育很宽松，宽松得几乎到了误人子弟的程度，若想让孩子争当精英，是不能指望日本教育的。于是，很多在日华人纷纷将自己的孩子送回国受教育，或加强课外辅导，另辟子女教育之蹊径。他们认为孩子在中国成长有许多优势，不仅能接受到扎实的基础教育，同时可以培养孩子独立坚强的性格。特别是有很多成功的案例给了这些父母很大信心，也为他们提供了许多宝贵经验。

2011 年 3 月 11 日，日本东部发生大地震、海啸，继而引起核泄漏。此次大震灾使日本的经济遭到重创，也对华侨华人的心态和一些观念产生了影响。在日华侨华人经历了大灾大难后，他们的生存观、生活模式、人生设计也发生了悄然的变化，特别是对孩子未来的规划、设计发生了很大的改变。

例如：华侨李女士的小女儿生在日本，长在日本，李女士原计划高中毕业后安排她像大女儿一样去美国留学，毕业后回日本工作。但是，“311”大地震和核污染事件发生后，留在日本已经不成为选项了，安排她回中国读大学成为最新选择。采访中，李女士说：“本来想着女孩子在日本读书工作，过平静的生活，有安稳的人生，也不错。但大地震对我们触动很大，也成了改变孩子人生设计的一个契机。小女儿生在日本，长在日本，一直接受日本式教育，即使今后从日本的大学毕业，也没有特长，没有优势，在国际化环境中会缺乏竞争力。大地震以后，感觉日本政局很乱，社会复兴缓慢，在未来几年里难以摆脱低潮期。与其这样在日本耗着，不如让孩子回中国上大学，接受一下中国的教育，换换环境，改变思想，获得另外一种生存能力，对今后的人生也许更有利。大地震前我们对孩子的设想，一是美国，二是日本，但震后的重新规划首选是中国，其次才是美国，而日本已经不成为选项了。”

像李女士一样震后安排子女回国的人数增多。随着中国的发展和崛起，到底是让孩子接受中国教育还是日本教育，孩子的未来究竟是定位在中国还是日本，或是其他地方，正困扰着很多华侨华人家长。

（二）送子女回国就读的弊端

要孩子掌握好中文，在国内上学是最好的选择。然而，送子女回国对孩子人格等其他方面的培养、教育，则很难以好坏一语概括，各人看法不一、褒贬不一，应该说各有千秋、利弊参半。其不利的一面是：

1. 不利于亲子情感的培养

将年幼的子女送回中国，这一举措可谓用心良苦。然而，中西文化的碰撞，隔代寄养存在的教育理念不同等问题给有些孩子留下了“成长的烦恼”。子女教育不仅仅是文化教育，亲情的融合对孩子品德、情操、人格的形成具有更重要的作用。长久与子女分离，势必造成父母与子女感情的淡漠，无疑将会影响孩子在今后的人际关系中的正常观念。对孩子来说，能够在父母身边长大，在每一次成长的关键期都有父母的陪伴是非常重要的。

祖辈养育孙辈有时间和经验上的优势，但在隔代养育中容易出现不能合理定位，甚至越位、错位等状况。父母对孩子承担着谁也无法替代的教育责任和义务，孩子对父母的依恋感和从父母那里得到的安全感是一种天然的情感关系，是谁都无法取代的。

2. 教育观念、方法的不同

子女从小与父母长期分隔两地的“跨国抚养”，容易导致亲子关系和孩子行为、情绪、人际关系、学习等方面出现诸多问题。对于大多数老一辈（外）祖父母来说，他们能够给予孙辈的只是温饱式哺育，真正意义上的家庭教育基本上是处于缺失状态。特别是祖辈与父辈之间，由于生长的时代不同，形成了不同的教育观念、不同的教育方法，虽然不太会发生正面的、明显的冲突和碰撞，但投射到孩子身上的，却是一种隐性的冲突，带给孩子的是一种迷茫和无所适从。

祖辈与孙辈的关系是一种“隔代亲”的情感依恋。很多祖辈会认为父母不在孩子身边，应对孙辈更加疼爱，因而容易产生祖辈对孙辈百依百顺、迁就溺爱的情况。然而，这样过度的宠爱，会造成孙辈对祖辈过分依恋，影响孩子独立性的培养，更容易使孩子养成“以我为中心”的处世态度。还有，因父母不在身边，祖辈由于担心安全及责任等问题，而对孩子过度限制和保护，则容易扼杀孩子的好奇心和冒险、创新精神。

3. 性格形成的影响

将年幼的孩子寄养在祖辈家中，容易造成许多孩子在孤独中度过童年或少年时期。调查显示，父母在国外的留守孩子由于缺乏父母的关爱，有41%的孩子感到孤单，有25%左右的学生缺乏远大理想，有18.3%的孩子喜欢我行我素，此外还有10%的学生厌学自卑。[①] 心理学认为，一个人的人格、能力和健康等因素第一来源于教育——家庭的教育、父母的教育、幼年的教育。因此，幼年时期人格的培养对人的一生有着深刻的影响和至关重要的作用。孩子在成长过程中，容易出现种种思想、行为偏差，需要父母随时发现、及时引导，如此才会给孩子提供一个和谐的成长环境，保证孩子健康成长。

4. 文化的再适应

新华侨华人家长送子女回国的目的，并不是准备让子女永远在国内发展，而是想让他们在国内读完小学、中学之后再来日本上大学。然而，隔代寄养导致孩子与父母之间感情疏远，当一些从小在祖父母或者外祖父母呵护下成长起来的孩子突然回到父母身边，来到陌生环境时，生活规律、生活方式都改变了，这时子女面临重新接受、适应日本社会环境和融入日本文化的过程，这些会给他们在日本的生活带来难以想象的困难。

在祖辈呵护下成长的有些孩子，回到日本后也会因常常想念国内的亲人而变得情绪失落、沉默寡言。还有，由于语言、生活习惯、文化影响等方面在国内已经形成一定习惯，他们在刚来的几年里很难适应日本的生活。如果有的父母每天忙于工作，和孩子在一起的时间很少的话，他们会越发感到孤独和无助，自然而然地就把情感寄托在孩提时的环境不能自拔。而这些情况也是造成很多子女与父母间代沟严重，甚至厌学失学的因素之一。

---

① 史词：《华侨华人海外打拼不应忽视国内留守儿童》，《人民日报》（海外版），2012年11月6日。

综上所述，为了使孩子能够学习、掌握中华文化而将孩子送回中国，远离父母，其最终结果恐怕是利弊兼半，也许并不是最理想的模式，并且会有违父母的初衷。而且，新华侨华人家长的目的仅在于努力使子女学习中国的文化知识，他们对日本的文化并不排斥，也不希望子女游离于主流文化之外。那么，在实施这种教育方式的同时，要注意消除弊端，使其最终达到成功的效果。

二、选择亲情与学习中文兼顾

送子女回国接受中华文化的教育，或许是一种理智但无奈的选择，但对大多数新华侨华人来说，很难下这个决心，感情上承受不了与子女分离所带来的痛苦。

对于日本的宽松教育也有家长持不同见解。一位家长说：

“关于日本的教育，可谓众说纷纭，褒贬不一。有许多在日华人认为日本的教育太宽松，不利于英才培养，纷纷将自己的孩子送回国内接受教育，以免被日本教育断送了成为精英的前程。而我认为，且不论这样的亲子分离所带来的情感危机对孩子成长过程的影响，就从教育本身来说，也不能简单地将日本的教育一否到底。

“我认为日本的小学及幼儿教育的确是宽松的，寓教育于娱乐的育人方式从中得到了充分的体现。除了学习书本上最基本的文化知识外，还要通过教育培养基本的礼貌礼节，养成良好的生活习惯，练就最基本的生存能力。

“比如，要求学生讲礼貌，要大声打招呼、问候、道谢；讲究个人卫生，饭前便后洗手，饭后刷牙，保持身体清洁；遵守公共秩序、交通规则，不在公共场所大声喧哗，按顺序排队；不给别人添麻烦，自己的事情自己做，将自己的周围收拾整齐干净；尊重他人，认真听别人讲话，等等。

“这些近乎琐碎的为人常识似乎没有必要作为学校教育的内容，但它们却堂而皇之地存在于日本学校的课堂，并真正地培养了人的基本素质。其实一个高素质、有教养的人的言谈举止不过是做到了这些做人的基本原则。”①

这番话，从另一个侧面道出了新华侨华人对日本学校教育的认识，有其可以肯定之点。正是因为如此，多数家长还是选择了把子女留在日本，尽自己所能，言传身教。但是，在不同文化背景的国度内，在强大的他民族文化的重围中，本

① 总的来说，日本的公立学校教育，可以说主要是为培养普通社会人而存在的。要想更加出类拔萃，将孩子的能力超常发挥，则要借助课外教育的力量，即去私塾。虽然日本的教育与中国的教育有很多不同之处，但在可能的情况下努力争取升入名校这一点，日本的考生与中国考生的目标是相同的，这在一定程度上反映了社会重学历、重背景的倾向。

民族的家庭中文教育功能将被削弱到十分微弱的境地。他们的子女从保育院到小学、中学，接受的是日本的文化教育，从某种意义上讲，学习中国语言和文化是他们的一种额外的外在负担，没有主动积极性。这种现象是极其普遍存在的，家长也为之焦虑。如果不能启发、调动孩子学习中华文化的内在欲望，仅注重在家庭对子女进行文化知识的灌输，而不能营造学习中华文化的氛围，即使下再大的气力，收效也是微乎其微的。一位华人朋友说："尽管我们已在日本定居生活近20年，还是要求孩子在家的时候积极用中文对话。"

孩子出生后，都是跟母亲"呀呀"学讲中文。上了托儿所、幼儿园，孩子开始不讲中文了，这时正是语言发展关键时期的开始，也是家长坚持让孩子学母语的关键时期。家长如果不重视对孩子的汉语语言能力的培养和训练，也就丧失了让其学习中文的最佳机会。对于华侨华人子女来说，中文不仅仅是第二语言或外语，也是祖先民族的语言，在这样的自然、文化、语言背景下，他们学习中文与一般外国人学习汉语在感受与理解上自然有所不同。采访中，一位家长说："我女儿学习中文很有优势，因为全家包括孩子的爷爷奶奶、姥姥姥爷都居住在日本，在家里大家都说中文。女儿会说简单的对话，但不会写和读，对成语的理解也显得吃力。后来，她和其他中国孩子一样参加中文补习班，一周一次课，进步很大。"

新华侨华人子女利用寒暑假补习中文大体有两个渠道：一个是直接回中国参加"寻根之旅"，在参观游览名山大川之中，了解中国国情和文化，学习中文；另一个是在周末中文学校学习。为了让孩子们能在假期中有更大的收获，补习学校的老师会根据学生的实际中文水平，制订出一套可行的教学计划，并规定明确的学习任务和要求，还会对课堂练习和家庭作业做充分的准备。孩子们也会因有了整块时间学习中文，没有其他科目、考试和升学的压力，可以在轻松的环境和氛围中学习。周末中文学校除了教授课本内容外，老师们还为学生们准备课外阅读资料，有趣味汉语、成语故事、儿童作文书籍等，孩子们可以在课余时间选择各自喜爱的书籍，从中汲取营养。还有，孩子们可以在这里找到和自己同民族的小伙伴，用中文会话交流、课间共同玩耍，使得周末中文学校更像孩子们的乐园和社交俱乐部。

重视家庭教育是中华民族优良传统的重要组成部分。新华侨华人是在中华民族文化的根基上成长起来的一代，因此，他们注意发挥家庭教育的功能。一位华人家长说：

"小儿子今年3岁，周一至周五要去幼儿园，只有晚上和周末在家。幼儿园里讲日语，孩子日语没有问题。但是，这么大的孩子正是建立双语系统的好机会。所以，我们就让他每天晚上和周末观看乐乐中国电视的中文幼儿节目《儿童天地》，用中文解释日用品、动植物、玩具、电器、交通工具等各种事物，孩子很喜欢看。节目有录像、儿歌、故事，帮助低龄孩子认识外部世界。我去幼儿园时，老师告诉我：'这孩子的知识比同班孩子多得多。'

"除了通过电视学中文，我们也让他实地观察。每个周末我带他去超市买菜、商场购物时，我就指着蔬菜水果和各种物品教他如何发音。这个效果也非常好，现在什么电脑、打印机、相机、番茄、芹菜、虾、鱼等，他都会用中文表达。"

新华侨华人为了使孩子掌握中文，往往煞费苦心。很多华人家长还承担起教师的职责，用中国的小学、中学课本教孩子学习，并以中文杂志、小说等作为辅助教材教授。还有通过让孩子看中国优秀的电视剧，如《一年又一年》、《雍正王朝》、《康熙王朝》、《大宅门》、《大雪无痕》、《罪证》等，使其接受中华文化的熏陶。每年的《春节联欢晚会》节目更是全体新华侨华人及其子女最期盼的节目。

将孩子送回中国好，还是留在日本好，抑或是双边兼顾，这是新华侨华人界经常讨论的课题。各大华文报刊也经常设立专刊专栏展开大讨论，参加者非常踊跃；他们各抒己见，畅谈育儿体会，共同探讨面临的问题。各地的新华侨华人组织还定期召开华人家长座谈会，使不同行业、不同教育背景、不同年龄层次的华人交流育儿经验，获取有关教育和其他方面的有益信息。一位赵女士说："来日本之前，我们夫妇两人一直在为是否带儿子同来争论了很久，和亲戚讨论，和朋友讨论，到各论坛里连夜地刷网。综合各种意见后，才作出决定把孩子暂时留在国内，让父母帮忙照顾，因为这样可以让孩子充分地学习中文，待我们事业、生活安定后再把他接来，使他能够在两种语言、两种文化背景下茁壮成长。"

华人中还有更多的家长选择在假期让孩子回国度假，或在中国的家乡聘请家庭教师，让孩子突击学习。还有的家长利用中国和日本学制的冬、春、暑假时间差[①]带孩子回到中国学习中文，并体验中国文化，让孩子在中、日的学校两边上学，以达到双丰收的效果。

例如华侨子女小丽，1985 年生，上智大学 4 年级学生。父母原是外交官，后来做中日贸易工作。她 5 岁来日本之前和姥姥生活在一起。她说：

"我来日本后进入幼儿园，开始不会日语，但性格开朗，对什么都感到新鲜、好奇，没有孤独感。日本的老师亲切、耐心，我喜欢来日本，可不到一年就不说汉语了，只说日语。父母为了不让我忘记汉语，每年都把我送回中国 2～3 个月。

① 日本是把每年的 4 月作为新学年的开始，暑假基本和中国一样，但冬假 3 周，春假 3 周。日本的冬假、春假时间正是中国学校正常上课的时间，再加上暑假，一年中大约有 3 个月的休息时间。因此，华人家长利用这样的时间差来争分夺秒地补习中文。

“和日本的课堂相比，中国的课堂上不允许孩子乱讲话，不许到处乱跑。已经适应了日本宽松教育的我刚回祖国时不习惯，当时不喜欢回中国。现在回想起来，还是在中国收获大，中国教育严格，能学到知识，对自己一生都有好处。现在中日语言交叉用，有很多朋友，各国朋友都有。

“大学期间我又去北京大学进修了一年汉语，开阔了视野，我的理想是：希望做具有国际交流性质的工作。”

华人家长多数愿意让孩子短期回国，这样他们不只是可以吃到美味的中华料理，还能体验亲情，更能在短时间内学会很多中文。在日华人只要工作、生活、家庭条件允许，家长几乎每年的寒暑假都会带子女回来。例如一位家长说：“为了让孩子们说好中文，我在女儿、儿子上小学前，带着他们回国待了一年。回到国内后，便去上了学前班，暑假又让他们参加一些培训班。这样一来，他们在国内上小学也就比较适应了。孩子二年级时又接回日本，并立即让他们进入同源周末中文学校学习，在日本小学上学的同时，继续学习中文。在周末中文学校的教室里，听到他们能用标准流畅的普通话，有表情地朗读课文时，我感到这次计划非常成功。为了让他们对中文学习有兴趣，我又从国内带来儿童故事书、磁带及影碟。睡觉前，给他们读故事或者让他们听磁带。听了很多遍后，我就让他们来读这些故事或讲这些故事给我听。这对训练他们说中文、组词造句的能力都有些帮助。”还有一位把女儿送回北京的家长说：“平时经常用电话与孩子沟通交流，了解其学习生活和思想近况，把握成长动向，每年利用固定假期回到北京陪孩子，巩固感情。这样的方式，使得自己能在工作时全心投入不为孩子分心，也能在陪伴孩子时做到全天候、全方位，不被工作打扰。这样的方法固然有风险，毕竟孩子不在身边，成长中的点点滴滴都会牵动父母的心。因此，在某些关键时刻，要采取特别措施。譬如在女儿中考时，我专门回到北京待了4个月，陪女儿补习功课，照料她的生活。”

把子女寄养在自己的父母或亲戚家中，让他们在国内接受中国的初等甚至中等教育，打下比较坚实的中文基础，然后再来日本，接受中等或高等教育，这样往返于日本与中国之间，学到了两个国家的语言和文化，在今后的竞争中具备很大的优势。一位家长说：“我的两个孩子都可以讲汉语，这是我给他们的一把钥匙。有一天，当他们自己有了欲望要进入中国文化的川流谱系时，他们的钥匙可以开启那个世界。”

在日华人家长都坚持以双语、双文化教育作为华裔青少年素质教育的重要手段，培养具有国际竞争力的人才。

第三节 华侨华人家庭对语言传承与文化认同的重要作用

在日本，被主流文化忽视、被社会现实漠视的少数民族，为改变自己地位而作的努力是：在文化上保持各自民族的文化特色（华侨、韩侨、朝侨）。新华侨华人在子女教育问题上的努力也集中于一个焦点，就是在不离开自己民族文化传统的前提下，在居住国的多元文化的语境中采取灵活务实的态度，来改变自己的生存状况。然而，现实中，华侨华人家长们也面临着新问题，那就是如何让自己的孩子学习中文和中国文化。

新华侨华人的家庭中 90% 以上都讲中文，因此他们的下一代大部分都生活在双语环境中，即在学校讲日语，在家讲中文。这些孩子大多听得懂中文，但熟练程度因年龄、母亲的日语程度不同而有所不同。笔者在调查中发现：华人聚集区的孩子 90% 会讲普通话，华人分散居住区的孩子多数不会讲普通话，孩子和家长多用中国地方方言沟通。笔者还发现了一个情况：母亲的日语程度越高，子女的中文程度越差；反之，母亲的日语程度越差，子女的中文程度越高。

本来，通晓汉语是华人子女得天独厚的优势，只要家长努力，就可以使得他们的汉语和日语一样好。但关键是家长们要有耐心帮助、鼓励和引导他们。

笔者根据在日本多年对子女教育的观察感到，父母们必须坚持不懈地在家庭中营造一个中国语言环境和文化的氛围，在家里要坚持以中文交流，保证孩子中文的语感。孩子养成了在家里讲汉语的习惯，随着年龄的增长和知识面的扩大，中文口语能力和词汇量就不会太费气力而得到提高。具体做法是：

1. 提高学习兴趣

华人子女的主要时间、精力都是在接受日本的系统教育。随着年级的升高，学习压力的增大，孩子们势必对学习中文产生厌倦情绪。如果不能启发、调动孩子学习中华文化的内在欲望，仅仅通过灌输文化知识，收效便微乎其微。

提高孩子学习汉语的兴趣，调动孩子学习汉语的主动性和积极性，是孩子们学好汉语的大前提。子女们在用日语交流完全没有任何困难和障碍的情况下，很难领悟到学习汉语的必要性，也很难理解父母要求他们学习中文的良苦用心。因此要想让孩子学好中文，家长首先就要从培养孩子的学习兴趣和主动性入手，平时要有意图地多给孩子讲讲中国的风土民情，带孩子去参加华侨华人举办的各种有关中国的活动，让孩子看中文动画片等，耳濡目染地让他们对中文和中国产生兴趣。与此同时，家长还要不断地帮助孩子排除学习过程中的困难和畏难情绪。

2. 学会用拼音识汉字

汉语拼音是掌握汉语言文字的基础，是学习汉语言文字的第一步，国内小学教育便从学习拼音开始。但是，在日本上小学的华侨华人子女没有这个过程，也就缺乏这样的训练。然而学会了汉语拼音，不但可以使孩子打下牢固的基础，也为以后学习提供了方便。孩子学会拼音，就掌握了学习中文的工具，就能自学汉字，不断提高中文的阅读书写水平。

新华侨华人充分认识到拼音对孩子掌握中文的重要性，便利用各种条件，想出多种方法让孩子学习汉语拼音。他们或在国内购买拼音卡片，或自做形式多样的贴图、挂表等，并将其放在房间醒目之处，想尽方法加深孩子对拼音的记忆。

同时，华人社会也认识到汉语拼音对学习中文的重要性，利用各种条件传授汉语拼音。如日本华人创办的“乐乐中国”华语电视台，开办了拼音教学节目，采取学习汉语拼音效果最佳的教学方式，寓教于乐，让孩子学拼音变得很轻松，非常受华人家长及孩子的喜欢。

3. 抓住学习中文的最佳期

儿童时期是语言学习的最佳时期，而 4～12 岁则是学习、掌握汉字的关键时期。在此期间，应使孩子从初识汉字到快速扩大汉字的识字量，达到能够阅读儿童读物的程度，使孩子能够尽快从中文阅读中找到乐趣。使用中文去交流，利用中文增长知识，这是一个艰难的阶段。因此，在开始时，父母应以家长与孩子一同阅读的方式，帮助孩子提高中文识字能力，同时享受与孩子相处的时间。华语电视台“乐乐中国”的《汉字赢》节目，将动漫形式与汉字教学内容相结合，并穿插有趣的情景动画和容易上口的歌谣，非常有助于培养孩子完整的思维和语言能力。儿童有时难以理解读物的内容，父母要陪同和配合讲解，使孩子不感到枯燥与烦闷。一位家长深有感触地说：“现在给他们一篇儿童读物，除少数不认识的生字外，他们基本上能读出来，而且日常的中文会话也能说。如今，他们就要从同源中文学校毕业了，但学习中文还将继续。”

儿童读物是孩子最好的启蒙老师，它不仅可以增加儿童的识字量，而且对提高儿童语言思维能力、事物理解能力等具有重要作用。有一位家长说：“我努力寻找各种有趣的中文读物来给儿子阅读，他的中文阅读水平基本上可以保持与日文的阅读水平相当。这样，他的中文和日文的知识结构就会有一个大致的平衡。他对中国的历史产生了很强的兴趣，经常问我一些关于中国各朝各代的历史问题。一个很偶然的机会，他被《三国演义》的故事吸引，我立刻找来了《三国演义》简易版给他读，现在他已经对《三国演义》里面的人物耳熟能详了。我相信，他一定会从博大精深的中华文化之中汲取更多的营养，并不断地从他自己的角度进一步了解中国和中国文化，并进一步了解世界。所有这些，都将成为他成长的背景，帮助他找到适合自己的发展道路。”

由此可见，在国外要保证子女继承中华文化，一定要在儿童时期开始培养，利用一切可以利用的条件，以识字为基础，以阅读中文读物为媒介，以培养兴趣为手段，最终达到理解、传承中华文化的目的。

4. 营造一个讲中文的环境

生活环境是语言学习的重要条件，不同的语言环境将制约或促进语言的学习。海外华侨华人生活在其他民族语言的环境之下，本民族语言不是社会生活语言，尽管家长无力改变大的语言环境，但要利用自身条件，在家庭中营造有利于子女学习中文的小语言环境。

为孩子营造一个讲中文的环境，最重要的是在家要同孩子讲中文。华侨华人的子女大多数都是利用周末去中文学校学习，而且几乎所有的中文学校的教学时间差不多都定在周末，每次两三个小时。从时间上看确实比较少，因为这些孩子虽然是在学习自己的母语，但都属于第二语言学习者。因此，在国外最好的学习汉语的环境莫过于每个华人家庭。一位家长说：“孩子小的时候，家长说什么他们基本上都会听。但随着年龄的增长和对日语越来越习惯，他们开始不爱说中文了，你说中文他用日语回答。在这个时候，我会跟他们说，你们是中国人都不愿意说中文，人家日本人还在努力学中文呢。而且强行规定，跟爸妈说话只能用中文，不能说日语，或者规定吃饭的时候只能说中文。说错或者不会说时，我们都会及时纠正或告诉他们。平时我们给国内亲人打电话时，只要他们在都要让他们说上几句，过年过节那是必须得说的。这样既可联络他们与国内亲人的感情，也让他们练练用中文打电话。”

如果在家庭中营造出一种说汉语、用汉语的语言环境，并持之以恒，孩子的进步自然就不言而喻了。因为在校学习的东西，必须要有一个实践的机会，而家就是最好的，同时也是唯一的实践中文的地方。

由此可见，要想让下一代很好地掌握汉语和继承中华民族的传统文化，只靠周末中文学校的教育是远远不够的。如果每个家庭都能配合学校，在家庭中营造出说汉语、尊重中华文化与传统的氛围，孩子就会在不知不觉中得到进步和提高。一位家长说：“我在家就注重给儿子提供一个好的学习环境。如从小就坚持跟他说标准的普通话，唱中文歌。在他牙牙学语的时候，我就教他唱《丢手绢》、《小燕子穿花衣》、《世上只有妈妈好》等脍炙人口的儿童歌曲。两三岁时，就拿很多中文小册子，如《宝宝启蒙问答故事》，给他讲故事、看图画，让他从小就对中文这个图形文字有很深的印象，并激发他对中文的兴趣。四五岁时，开始教他读唐诗。富有韵律的唐诗读起来抑扬顿挫，便于儿子诵读和记忆。同时我也开始教他读汉语拼音、写很简单的汉字，如教他写自己的名字。六七岁后，他便在周末中文学校系统地学习中文。无论多么忙，每周我都会抽出一个半小时的时间与他一起学中文，辅导他做中文家庭作业。在学习《中华字典》的时候，我与他一起制作小字卡、认字，还比赛谁背诵得快，常常有意地让他赢。识字的成就感使他的中文学习兴趣不断增强；反过来，中文知识的增加也对他其他文化学科的学习起到了一定的帮助作用。”

5. 让子女“常回家看看”

由于在日本出生和成长，这些华人子女在融入当地环境和文化氛围时已经没有障碍，中国对他们而言却是遥远和陌生的。孩子们现在所学的汉语课本，其文化背景是中国国情，而让孩子们仅仅从课本上理解中国的风土人情是非常抽象且不具体的，也是远远不够的。

在孩子学习汉语的过程中，家长们利用每年的寒暑假带他们回到中国，经常能够给他们创造机会“常回家看看”，或集中学习汉语课程，或游览名山大川和名胜古迹，接触中国的人、物、事，与亲朋相聚、交流，培养他们对中国的感情。特别是能够亲眼看到他们在书本中学过的中国山水，亲身体验当代中国的风土民情，吃地道可口的中华料理等，将大大提高孩子们的学习兴趣，对他们的中文学习起到很大的促进作用，能够收到明显的成效。

一位家长说：“我深感儿子与中国文化的疏离，于是让他参加了世界青少年中国寻根之旅。从首都北京，到上海、苏州、杭州，然后又到古都西安，一路追本溯源，他开始了解中国的地大物博、悠久的历史和灿烂的文化。他渐渐地理解了父母对故乡的思念和浓浓的亲情。当我看到当初从外表到内心与日本孩子没有什么两样的他，已变得中文流利、与祖国不再生疏；想到他不久将成长为兼通两国语言、文化和社会的复合型人才，有比父辈更广阔的发展前景时，不禁感慨万千。”

还有一位华人说：“子女有幸在中、日生活过较长时间。两个不同国家的优秀文化和价值观，能够像绚烂的七色光，照进他们的心田。多元文化如美食，能给孩子全方位的营养，让孩子具有阳光般的性格，光明磊落、开朗乐观、温暖他人、贡献社会。”

总之，中国在走向世界，世界也在向中国靠拢。随着汉语实用性的增强以及中华文化对现代经济社会意义的凸显，掌握汉语和中华文化无疑将成为华人子女的一大优势。

顺应知识经济的潮流，培养双语、双文化、多语、多文化、具有国际竞争力的人才，日显紧迫和重要。我们不能仅仅满足于下一代将来能看懂我们写的文章，在日华人子女的教育问题也关系到中日关系的未来。中日之间的许多问题，“下一代比我们更有智慧”，那么，今天的在日华侨华人子女，受日本文化与中华文化浸透之后，他们将作为“更有智慧一代”，成为中日交流的中坚力量。

第六章　日本华侨华人的家庭教育与子女文化认同

家庭是社会的细胞，是孩子成长的重要环境，也是影响子女发展最重要的因素。在众多影响孩子发展的家庭因素中，家庭成员的教育背景、家庭结构、家庭物质条件等，具有最大、最直接的作用。特别是父母的一言一行，包括他们的情感、品行、爱好、志趣、习惯、追求等，都会对孩子产生潜移默化的影响，成为孩子学习效仿的榜样。

人们常说，家庭是孩子的第一所学校，而父母又是其不可选择的第一任老师，父母的养育对孩子的健康成长有着十分重要的影响。教育工作者也常说，家庭教育对孩子的世界观、价值观的形成影响很大。

当年怀着改变人生命运的愿望赴日的留学生或来日本的新华侨华人，如今已成为人父人母。他们深知自己的生活得益于国际化，因此，他们更希望自己的子女能够成为跨越中日文化的国际人。

第一节　华侨华人家庭在文化传承中存在的问题

子女教育是一个艰巨的任务和责任。生活在不同民族和不同文化的环境中，子女教育的任务与责任更加艰巨。在同一民族和文化中，子女教育只有代沟的问题；而在不同民族和文化中成长的子女教育不但有代沟，更有文化冲突等问题。新华侨华人家长的日本社会适应程度，包含政治、经济、教育、文化、语言沟通、生活习惯等差别，都会引发他们对子女教育方式及态度的差异，从而造成家庭与子女之间的矛盾与摩擦冲突以及学习中文困难等问题。

家庭是文化传承的中心。华侨华人家庭常常会成为两种或多种文化冲突和代际矛盾激化的主要场所。成长于华人家庭之中的子女时刻感到身处两种文化之中，很多子女对父母的教育方法不认同。

一、过分注重学习成绩

中国人历来有重视教育的传统。敬重祖先，尊重长辈，节俭生活，严格律己，奋发读书，力争上游，这些都成为家庭和个人的价值尺度和行为标准。在中华传统观念中，人们重视子女教育，父母将子女看成自我乃至家族的延伸、扩展。2011 年，中国社会科学院社会学研究所和社会科学文献出版社在北京联合发布《社会心态蓝皮书》，在其关于生活动力问卷调查的九个选项之中，期望子女发展排在首位，也就是说“望子成龙”排在九大生活动力之首。① 这种重视教育的观念在海外华人身上也得到了传承和体现，并延伸和发扬。

在海外，华侨华人家庭中的普遍现象是：子女教育占优先地位。父母都会在时间上、精力上、经济上对孩子有较大的投入。只要是对子女的学习有益的，无论是书籍、电脑、家教，还是其他与教育有关的课外读物、课外活动等，父母都会不惜代价，为子女作毕生的奉献。

即便是那些收入水平较低的华人家庭也不例外。很多母亲把辛勤打工的钱几乎都用在孩子的教育经费上。一位母亲说：“一门功课听课费加教材费就要近万，3 门功课下来就是 3 万。这样月支出就是 12 万，我现在每天辛苦打工的钱用在私塾费上，正好扯平。以前孩子没有上学时存下来的钱也全花在教育上了，现在还只是小学，待进入初中、高中、大学后，庞大的教育费，依然需要‘持久战’。”她接着说：“没有办法，这就是我们做父母的本分。”

此前，日本政策金融公库所作的“教育费负担实态调查（就职者家庭）”结果表明：包括学费、交通费、补习班费等的教育费（不含考试和入学费用）在年收入 200 万 ~400 万日元的家庭中占 55.6%，在年收入 400 万 ~600 万日元的家庭中占 33.8%，在年收入 600 万 ~800 万日元的家庭中占 27.3%，在年收入 800 万 ~900 万日元的家庭中占 24.8%，在年收入 900 万日元以上的家庭中占 23.2%。由此表明，教育费所占的比例在低收入华人家庭中更高，在日华人家庭年收入在 200 万 ~600 万日元的居多，教育费负担给华人家庭财务状况带来很大压力。② 几乎每户在日华侨华人家庭都调动大量的经济资源和社会资源对子女进行教育投资，并尽可能地为子女教育的成功寻找机会。

笔者抽样调查发现，日本华侨华人在孩子身上花费的时间和精力，甚至教育

① 李莉：《社科院：“望子成龙”成中国人最大生活动力》，《北京晚报》，2011 年 5 月 4 日。

② 《日本平均教育费用占家庭年收入的三分之一强》，新华网，http://news.xinhuanet.com/world/2008－10/28/content_10267165.htm。

经费，比日本普通家庭还要多。有78%的华人家长在学龄前的孩子身上每月花费为25 000日元，而64%拥有三年级以上孩子的家庭教育月支出高达40 000日元。

大多数华人家长都会让孩子参加各种补习班，学习英语、数学、中文，还学钢琴、芭蕾舞、画画、游泳等。家长把孩子的课余时间安排得很满，有的甚至减少了孩子应有的睡眠时间。一位华侨说："记得儿子上小学时，我们曾邀请一位华人小朋友来我家玩。后来那孩子的父亲打电话来，婉言谢绝了邀请，理由是太忙。我说，如果父母忙，我们可以去把那孩子接来我家。但被告知，不是父母忙，而是小孩太忙，是孩子没时间过来玩。"

其实，课余活动确实对孩子们的身心发展大有益处，但安排得太多会适得其反。华人家长尽管十分关心子女教育，但较多地是重视子女成绩是否优秀，不太尊重子女的兴趣爱好，而是根据自己的喜好和认为对孩子发展的重要程度来判断，然后强压给孩子。一个孩子说："妈妈为我安排星期一是英语、星期二和星期四是数学、星期三是排球、星期五是钢琴、星期六学中文，学习压得我都喘不上气了，我不喜欢这样的生活。"

华人如此重视学习成绩，其主要原因是：

（1）传统的"科举意识"依然很强。在华人家长的脑海中，"科举意识"观念依然很强。传统的中国教育制度，也一直是根据考试分数来择优录取。因此，尽管华人家长十分关心子女教育，但他们最关心的还是子女的分数，看重的仍是孩子的学习成绩。他们坚定地相信，勤奋刻苦读书是通往成功之路。华人孩子们也发现，自己虽然比日本同学更为勤奋刻苦，但父母还是认为他们不够努力用功。有些家长甚至经常把孩子的努力程度与自己当年进行比较，因此，对孩子的现状更加不满。

同时，华人父母也更加重视子女所选修的课程对子女的前程是否有用，而忽视子女成长过程中的其他因素，如各阶段情绪变化和心理健康，不太认真考虑子女的兴趣爱好。他们把孩子送进各种各样的补习班进行强化训练，即"学习，学习，再学习"，对子女的学习成绩有很高的要求。

（2）现实生存的需要。华人父母认为孩子要在日本站稳脚跟，学习是唯一的出路，进名牌大学是最好的途径。孩子只有努力学习，成绩拔尖，进入名牌大学，才是将来获得较高的社会地位和声望的可靠途径。例如，家住东京的王女士每天都要做一件事，在儿子的练习册中，把学习内容用中文一条一条写在习题空白处，让儿子理解和背诵。王女士曾经是北京一所大学的物理教师，和儿子一直住在北京。为了与在日本工作的丈夫团聚，她刚刚携子来日本。她说："现在儿子有语言障碍，我很担心他是否真的听懂了老师讲的课。"她还说："考不上好大学，就等于拿不到人生的通行证。"在华人父母中这种想法很普遍。

还有一位家长为了掌握孩子的状况，甚至在家中安装闭路摄影机监督孩子的学习。笔者在询问孩子对母亲的做法是否认同时，她坦诚地说："最初也痛恨母亲的安排，并与母亲爆发争吵，但母亲告诉我说，她的经验是：'好大学是进入另一个精彩世界的护照，它会决定你的命运。'听了这话，我也就有些理解母亲的做法。"

华人家长认为通过教育之路可以融入主流社会，在日本坚实地生活。一位家长说："对孩子们施加压力可能引起激烈的碰撞和冲突。但我们处于激烈竞争的世界，孩子不努力，不严格管教是不行的。"还有一位家长说："孩子刚来日本不久，一天放学回来说，在学校被骂，不想去学校了。我不断地向她询问'在学校被骂'这话是什么意思。我听了以后，多次向学校、教委反映和了解情况，却得不到一个满意的答复。"她得出了一个结论：外国人只能靠自己。为此，华人的孩子们为了回应家长的厚望，在考试中努力拼搏，要取得最好的成绩。

（3）责任与面子。华人家庭中强调子女教育，学习取得优异成绩，当然是为了孩子的个人成功，能有个美好前程。但与此同时，还有"孩子表现出色，父母脸上有光"这一想法，要为父母争面子、争光，为家族添彩。受儒家文化传统熏陶的家长，要求子女把家庭和群体的利益置于个人利益之上。华人注重家庭，强调集体责任，而日本家庭虽然也重视教育，却更注重孩子个人的责任，重视个人能力和天分，强调量力而行，不会将其当成一种家庭责任。

华人父母为子女学业和成绩承受巨大的压力，原因是亲友同事之间进行子女攀比的情况比比皆是。他们抱着"我的孩子要比你的孩子好"这种心态，希望孩子当成功人士，出人头地，光宗耀祖，给父母脸上增光，这正是许多华人家长的通病。父母不断地提醒子女，读好书是对父母和家庭应尽的义务和责任。身为移民第一代，他们难免会用自身的教育经验与价值观来培养孩子。不少华人家长说，自己吃苦是为了子女将来有出息、有成就，"我这么辛苦为了谁？还不是为了你"。孩子学习成绩好是对父母最大的孝顺。因此，孩子承受着巨大压力，要争取好成绩。

督促子女考上名校是华人家庭最大的事，这种集体观念有正面和负面的双重影响。从正面来看，家长优先考虑子女的教育问题，在物质和精神上全力支持，可以帮助孩子取得优秀的学习成绩。负面的影响则是很多孩子学习压力过大，失掉了儿童时期的许多欢乐，使孩子性格内向等，有的甚至影响孩子身心健康，还有的孩子可能失去了发掘和发挥自己个人才能的机会。

（4）圆自己未能实现的梦想。新华侨华人刚出国时，省吃俭用，靠埋头苦读获得文凭，然后成家立业生子，他们希望孩子能超过自己。父母亲这一代没有机会学习（经历“文革”的人较多），在其青少年时期受教育的机会被剥夺，理想被毁灭，因而希望下一代能抓住机遇，受到良好的教育，好好学习，有所作为，弥补这一缺憾。然而，家长单方面强化华人文化传统的价值观和行为准则有时并不奏效，甚至会引起抵触。华人家庭往往对子女期望过高，当子女觉得难以实现父母的期望而又没地方去发泄自己的失意和焦虑时，就会失去自我，疏远家人和学校，父母的心愿会适得其反。

调查中发现，在日大多数新华侨华人的子女都比普通的日本孩子要努力，都有学习的主动性，学习成绩较好。但是他们依然认为家长给他们带来太大的学习压力。很多华人孩子想不通，日本孩子的妈妈虽然也重视教育和学习成绩，但更注重孩子个人的责任，重视个人能力和天分，强调量力而行，很尊重孩子的选择；而自己的父母为什么要他们这样努力地学习，而学习的目的又是什么？对家长们所设定的目标，孩子们不能够完全地理解。调查中，有41%的华人孩子表示对自己的父母不满，他们认为父母剥夺了他们与同学玩耍的权利，有的甚至认为父母减少了他们的睡眠时间。

由于华人家长在日本生活的时间有限，不能够深入了解日本社会和学校情况，往往会指导不当，甚至指导错误，致使父母的权威大打折扣，也影响了华人家庭的教育功能。家长总是希望孩子学习优秀，可他们没想到，子女面对新环境，背负着来自父母的压力，应付着沉重的学业和激烈的竞争，可能会有一些孩子不知所措，变得孤僻、“不合群”。

在日本，无论是社会还是学校都有一个无形的潜规则，即主流意识。逆主流而行，必将遭受围攻或被排斥在团体之外，通常是被欺侮的对象。这种欺侮或排斥有时是公开的暴言或暴力相加，而更多的是隐蔽、无形的，如不理不睬、冷漠、心照不宣地暗中排挤。一个华人孩子说：“我没有时间和其他同学玩，他们相约着去哪里，我都不能去。很快我便与同学有了一些距离。但我不愿意这样，我想和同学一起玩。妈妈为什么剥夺我玩的权利？”

在孩子们的世界里，跟别人不一样最容易遭到排挤、歧视。本来在学校里族裔的疏离和种族的嘲笑已时有发生，这种“不一样”、“不合群”，在学校常常会导致孩子被孤立，往往会影响孩子们的自尊心和自信心，有时甚至会影响学业。特别是对想要得到认同、想要迅速融入日本文化的华人子女来说，感觉被疏离、排斥，甚至被欺辱是最大的痛苦。

在中国，孩子以学习为主业是普遍现象，家长管教孩子、督促学习也很正常，已经形成了一种社会氛围，所以一般孩子不会对家长不满。而在日本宽松教育的环境下，华人家长对子女的强化教育就显得颇为另类。重视教育有助于督促子女好好学习，取得优异成绩；但负面影响是，如果处理不好就会发生激烈的碰撞和冲突，使代沟加深。①

二、不注重参加社会活动和对生存能力的培养

如前所述，华人家长非常注重子女学习成绩是否拔尖、突出，而不太重视让子女参加社会活动，只是要求他们“好好学习、天天向上”，考第一、进名校。一个孩子说：“我想去做义工，妈妈说耽误学习时间，我们来日本不是为学雷锋做好事来的。”

其实让孩子多参加学校及社会的各种活动，对孩子的成长和将来考大学极其重要。许多名牌大学在录取学生时，对其社会活动一项看得很重。做义工，为救灾、救助筹款筹物等社会活动，在孩子们报考大学时，都会成为申请表上一个个闪光的亮点。

家长的日本社会适应能力、语言状况、心情会直接影响孩子。很多华人本身也不太介入所在地区的社区服务，不喜欢参加志愿活动，不太愿意捐款，不订当地报纸，与邻里见面也不爱打招呼。因此培养孩子时，他们也不太注重其社会责任、奉献精神的培养。

日本在小学的综合学习课上，会带领学生种植水稻、红薯等。秋天收获的季节里，学生和家长会一起用孩子们亲手种的糯米做年糕，会在焚烧落叶的火焰中烤红薯。家政课上，老师让孩子自己制作围裙、背包，学习做饭菜，学习家庭生活所必备的常识，如服装商标上的标记表示的是什么意思，如何清洗衣物，垃圾的分类知识等。这些看起来与学习没有太大关系的活动，带给孩子的是成熟和成就感，是他们从父母身上很难直接得到的，同时其对基本生存能力的培养则是十

① 日本的幼儿及小学教育的确称得上宽松。小学时期的考试虽然有成绩，但不排名次，也没有优良中差的评价，只有老师对每个学生目标达成度的判定，用“◎（很好）、○（一般）、△（需努力）”来表示，外加一些具体的评语。到了中学，学习难度加大，家庭作业增多，学习氛围开始不太宽松，尤其是进入“受验”（中考、高考期）阶段时。而且年级开始按考试成绩排名次，还对每个科目有了5分制的评价。但是所排名次并不公开地张榜公布，而是被发到每个学生自己手里，让其做到自己心中有数，只有本人知道自己在年级中的名次。为了取得好成绩，有些学生选择了去上课外补习班，即“塾”。因为学校的教学进度及内容很难满足所有水平学生的需求，所以为了能考取自己满意的、更高水准的高中，需要进行补习或提高。除此之外，还可以选择各种各样的教育教材，用于做课外练习。一些知名的“进学塾”，教学管理非常严格，几乎每次考试成绩都会在全国范围内排名次，与学校不同的是，名次不仅要公布，还在班上按名次排座位。“进学塾”里的模拟考试也是家常便饭，三天一大考，两天一小考。不仅考试不断，而且节假日也都被课程占满，包括年底的新年长假。在公立学校中，学习难度加大，增加许多应考内容，以及严峻的考前气氛，使学生处于紧张状态。然而，学习内容的增加并不会影响该做的教科书之外的内容，该上的课程如音乐、体育、美术等一门也不少。

分具体而实用的，对子女的成长更是十分有益。

特别是在培养儿童的团队精神方面，日本人更可谓不遗余力。随着国际化进程的日益加快，人们具备社会沟通能力更加重要；社会分工的日益细化，要求人们能够通过团队的合作共同实现一个工作目标。对于目前正处于成长时期的华侨华人子女而言，能否融入团体和承担起社会责任就成了一个严峻的课题。

三、不重视自立能力的培养

华人在对子女的评价、学习情况、行为表现、学历期待、人生期待以及对孩子的养育等方面的态度，与日本家长有很大不同。

日本母亲比较注意对孩子的日常生活习惯，特别是公共道德、文明礼貌行为及自立能力的培养，而对孩子的学习则主要依靠学校及各种补习机构。相对来说，日本母亲对孩子的成长及教育较为宽容，即鼓励个性发展，独立思考，文体德兼顾，身心健康成长第一。

很多华人家庭则偏重学习，而忽视孩子自立能力的培养。只要好好学习，家长可以代替孩子在生活上做一切事情。一位孩子已经上了大学的家长深有感触地说："我去探望女儿时，见她的房间脏乱不堪，换洗的脏衣服都堆在一边，我足足整理了两天。我现在很后悔孩子在身边时只督促她学习，忽视了对自理能力的培养。"

在日本，生活教育是幼教的重点。在日本的马路上、公园里，都经常会看到孩子们（即使是正在蹒跚学步的孩子）自己背个小包。日本的父母之所以这么做，就是要让孩子从小就习惯自己的东西自己拿，哪怕背包只是象征性的，哪怕只是空包，但对孩子来说，背起它，就是一份对自己的责任。孩子从小就懂得"自己的事情要自己做"的道理。

许多日本学生的家距离学校很远，孩子们每天上学都要背着重重的书包，或骑自行车，或乘电车、地铁，有的还要步行很长时间才能到学校。笔者在日本时，曾亲见一位小学一年级的学生为了学校搞活动，抱着两个比他个子还高的叠扁了的纸盒箱，身后背着书包，走几步歇一歇地向离家有一千二百多米的学校走去。当时笔者想，日本几乎每一家都有汽车，家长为什么不开车送呢？日本教师回答："开车或骑车接送孩子上学这种事情，在日本是不可想象的，因为这样不利于培养孩子的吃苦精神和自立能力。"

日本教育界十分重视对孩子自立能力的培养，为了弥补生活条件日益优越、磨炼意志的机会日益减少的缺陷，要求各中、小学校要有意识地给孩子提供机会，培养孩子们的自立精神和责任感。一位日本老师说："现在日本社会出生率越来越低，出现了‘少子化’现象。独生子女多了起来，家长也比从前娇惯孩子，但要求孩子从小就自己的事情自己做、不给他人添麻烦依然是基本的教育准则。”而在华人家长中，因过分担心而接送孩子，甚至替孩子拿书包、包办一切的现象很普遍。在中国，家长接送孩子上下学是非常普遍的现象。

四、代替孩子选择志向

新华侨华人因为没有在日本读中、小学的经历，不太了解日本的教育方针和教学方法，又很少与老师、学校沟通联系，不了解子女在学校的具体情况，对日本社会的整体状况、社会发展趋势也不能很好地掌握，所以不能及时、恰到好处地帮助指导孩子，不能耐心倾听孩子的诉说。他们只是一味地秉承中国传统，对子女严格管教，设立成名成家的目标。面对日本的教育模式，很多华人家长都希望通过中式家庭教育的“施压”来平衡。因此，很多华人父母从孩子小时候开始就逼迫他们学这学那，煞费苦心替子女选读他们所认定的学校或专业，代替他们作重大决定，而很少考虑孩子的兴趣爱好，忽视子女成长过程中的一些其他因素。子女们虽然可以理解父母的苦心，但十分不满父母替他们选择人生目标。

一个华人孩子说：“我长大想当一名护士，这是我的理想，但是父母却一定要我考大学，学经贸，但我并不喜欢。我想不通，日本的家长都那么开明，让孩子自己选择自己的人生，而我的人生却要父母安排？”还有一个孩子说：“我做什么事情都由妈妈做主，我不要这样的人生。”

日本的多数家长对孩子的学业、未来的发展只行使建议权，并不强迫或者代替孩子作决定。华人子女们希望自己能像日本孩子一样自由发展，没有约束地成长。①

五、批评多，鼓励少

有知识、受过高等教育的父母，多数能够掌握教育方法、分寸，适时适当地与子女沟通交流，并指导他们进步。但也有华人家长过于苛求孩子，责备多、鼓励少。如果孩子在成绩单上不是前几名，甚至不是第一名，家长就会不太高兴，甚至责骂孩子。在现实生活中，一些家长对孩子的过错，往往采取“鸡毛掸政

① 日本的中、小学教育中，文化知识、基本教养、生活技能、社会常识都是学习的内容。这些内容涉及的面很宽，内容也很多，却不一定像国内的学校学的那么难。总的来说，日本的公立学校教育（特别是义务教育）重视的是培养一个合格的社会人，而不是精英，教学内容也因此更具有实践性、实用性。

策”，让孩子在切肤之痛中“吸取教训”。训斥、批评，甚至打骂，其结果有时会适得其反，孩子会产生惧怕、怨恨，甚至“逆反心理”。

然而，在日本的中、小学，老师时刻都在鼓励、肯定孩子。一位家长说：“儿子上小学二年级时，学校开音乐会，一群孩子在台上演奏小提琴。那吱吱呀呀的琴声，怎么听都不好听。可是刚刚演奏完，老师就登上台。第一句话就是：‘孩子们，你们的琴拉得太好了！我真为你们感到骄傲！’听了老师的话，我在反省自己的同时，深为老师的睿智而感动。我深刻地认识到，那么小的孩子们，如果没有鼓励，他们怎么成长？试想，如果老师把孩子们斥责一番，他们中可能就会有人再也不想拉琴了。”

要激发孩子的潜能，我们应该积极地营造和谐、愉快、充满爱心的家庭和社会氛围，这样对孩子成长是有益的。试想，如果孩子沐浴着父母爱心浸润的智慧成长，内心必将开出幸福的花朵。

第二节　华人母亲与日本母亲教子的比较

众所周知，日本是全世界最重视教育的国家之一，基础教育非常普及。他们的历届政府都把教育视为立国之本，投入巨额的教育经费以确保教育机会均等，重视维持和提高国民教育水平，成功地实现了成为“教育发达的国家”。

在日本，幼儿园的入园率达到61.1%，小学入学率一直保持在99%以上，初中毕业生升入高中的比例为97%左右，大学已经进入“全入时代”，想上大学的人都可以上大学，尽管如此，还是有40%的大学名额招不满。日本没有文盲，每年每人平均看34本书和杂志，人均每日订阅1.2份报纸，每年有2.2亿人次利用公民馆，2.3亿人次利用图书馆，2 000多万人次利用青少年设施，4.5亿人次利用社会体育设施。1.3亿的日本国民正在适应或自觉地走向终身学习化社会。①

日本教育所取得的成果是与家庭教育和广大日本母亲的努力分不开的。家庭教育对孩子的成长与世界观、价值观的形成影响很大。一般来说，母亲自身受教育的程度及个人素质将直接影响其对子女的教育水平。在他国的社会中，华人子女生活的世界远比我们所想象的复杂；因此，家庭教育中对孩子的指导、管教尺度的把握难度更大。华人母亲与日本母亲成长的文化环境、受教育的社会环境不同，因此对子女教育的观念、方法的不同会反映在对子女教育态度的差异上。笔

① 陈永明：《日本教育——中日教育比较与展望》，北京：高等教育出版社2003年版，第3页。

者在日本期间对150位华人母亲和150位日本母亲进行了问卷调查，以下是对育儿观念、状况进行的调查比较。

一、华人母亲与日本母亲对子女教育的相同之处

从下表中可以看出：华人母亲与日本母亲在期待子女获取较高学历、对子女生活照顾、将来经济不依赖子女等问题上有较一致的态度。

表6－1　华人母亲与日本母亲比较表A

	期待高学历	对子女生活照顾	将来经济不依赖子女
华人母亲	88%	95%	90%
日本母亲	86%	98%	96%

（1）华人母亲与日本母亲对孩子的学历都有较高的期待。华人母亲多数希望子女能够上大学，而且尽最大努力考上名牌大学，她们认为高学历、名校是人生成功的“通行证”。日本虽然也是一个高学历备受重视的学历社会，但大学教育已经大众化（80%的人能够上大学，2007年以来每年报考大学人数与招生人数持平。中国目前大学入学率是24.2%）。日本母亲也希望孩子接受高等教育，但她们基本上是从人的一般教养需要出发，让孩子具备知识、人文素养，在高度竞争的社会中立足。

（2）在生活方面都对子女照顾得比较周到。不仅是华人母亲和日本母亲，天下父母都一样。她们非常注意孩子的身体健康、营养搭配，保证充足的睡眠，创造良好的学习环境，关心孩子的学校生活，等等。

（3）在经济生活方面，华人母亲和日本母亲有着比较一致的想法，即在经济上不依赖孩子，在生活上尽量不给子女添麻烦。虽然，华人母亲多少还留存一点传统的养儿防老观念，但随着对日本社会的融入，这一观念在逐渐淡化。

二、华人母亲与日本母亲对子女教育的不同之处

（一）学习、家务劳动的差异

表6-2 华人母亲与日本母亲比较表B

	对学习“非常介意”	对学习“比较介意”	不让做家务劳动
华人母亲	68.2%	22.8%	63.5%
日本母亲	15.4%	27.6%	26.5%

从表6-2中可以看出，华人母亲非常看重孩子的学习成绩，在“您是否介意孩子的学习成绩”这一问题上，华人母亲表示“非常介意”和“比较介意”的比率为91%，远远高于日本母亲的43%。华人父母普遍对孩子的学习严格要求，非常注重子女是否取得好成绩。很多华人父母从小在中国接受传统教育，又在竞争激烈的教育环境中长大。在他们看来，对孩子严格要求，让他们保持优异成绩，同时多才多艺，是非常自然的事情。日本父母则迥然不同，他们看重让孩子享受童年，做自己喜欢的事，而不是一味地学习。

相比之下，很多华人子女在日本文化中成长，对日本的价值观念具有天然的认同感，无法接纳中国式的家庭教育，因此，他们认为自己的家长不民主，甚至因此怨恨。华人家长的良苦用心，虽然提高了孩子的成绩，却不被孩子理解，面对有这样想法的子女，难免会产生文化碰撞，这是华人家庭普遍存在的问题。

日本家庭教育与学校教育有着较明确的责任区分，即孩子的日常生活习惯，特别是公共道德、文明礼貌行为及自立能力的养成主要靠家庭，而孩子的学习则主要依赖学校等教育机关及社会上的各种补习机构。特别在公共道德及文明礼貌行为方面，日本的小学生不仅在学校一定要参加课外活动小组，回到家还要参加户籍所在地组织的学生委员会活动。如参加所在的街道为孩子举办的街头募捐、支援地震灾区的义卖等，在整个活动中家长只能是后台指导者，而不能代替孩子充当决策者和实施者。在孩子们自己制作募捐箱、筹备义卖物品的过程中，家长完全不插手，只是配合。这样，孩子们在活动中学会了如何与社会上形形色色的人交往，在活动中如何与他人相处等一系列问题。

在孩子的活动中，允许孩子们出现决策性错误。一位日本家长的看法是“应该给他们预留出犯错误的机会和空间——人不可能永远犯同样的过错，犯过错误，他们就明白了应该依循怎样的思路做事和与别人相处”。在这些活动中，孩子们即便

犯了错误，或者在自己调整和安排活动时出现误差，也没有人去刻意地责怪，而是善意地提醒孩子发现问题，让孩子学会及时调整。相对来说，日本母亲对孩子的成长及教育较为宽容。华人家庭教育中则偏重学习，只要努力学习，母亲会包办孩子的一切生活上的事情，而忽视对孩子自立能力的培养。家长们时刻担心自己的孩子交友不慎，控制孩子与同龄人的交往，对孩子的朋友划分了三六九等，严令孩子不许与哪些孩子一起玩耍；当孩子参加集体活动的时候，后面总跟着一大堆家长远远地盯着，孩子之间稍有争执或遇到困难，站在一旁观望的家长便马上出来帮助解决，久而久之孩子便养成了依赖性。因此，可以说中日家庭教育的最大差异在于家长的参与程度，这也反映出文化差异是华人子女教育问题的根本症结。

日本家长鼓励孩子更多地走入群体、融入社会。当孩子与同龄人在一起的时候，势必要为自己能在这个群体中处于合理的位置而动脑筋，孩子群体中有自己的社会原则。将孩子送到同龄人中，不仅可以让他们在一个单纯的环境中学会自立，更为孩子长大后的社会交往奠定基础。让孩子参加一定的社会、集体活动，在活动中自己动手做事，培养自立能力。孩子喜欢与同龄人相处，更喜欢与家里人分享自己的经历，这是促成家长与孩子之间交流的极好机会，而此时也正是家长向孩子传授经验的时候。当孩子再次走入集体活动时，就会将家长传授的经验运用到自己的活动实践中。

调查中发现，日本母亲在周到地照顾孩子生活的同时，适度地让孩子做些家务，表 6－2 显示，63.5% 的华人母亲表示不让孩子做家务，而日本母亲此项的比率只有 26.5%。从数字上可以看出双方母亲在让孩子做家务劳动的态度上有较大的差异。

（二）“对子女期待”的差异

华人母亲与日本母亲在对子女的学习、性格、做事积极性方面的期待也有一些差异。

表 6－3 华人母亲与日本母亲对子女期待的比较表

与期待的差距	学习	性格	做事积极性
华人母亲	61.2%	44.6%	50.4%
日本母亲	24.7%	12.8%	23.2%

从表 6－3 可以看出，华人母亲对子女期待、要求过高，满意度不够，因此“比期待的差一些”的比率，学习方面为 61.2%，性格方面为 44.6%，做事积极性方面为 50.4%，反映了母亲的期待与孩子实际成长水平的距离。而日本母亲

“比期待的差一些”的比率，在学习方面只有24.7%，性格方面为12.8%，做事积极性方面为23.2%。

这些数字反映出日本母亲对子女认识比较客观，其孩子的成长与自己的期待差距不太大，满意度高于华人母亲。在访谈中，特别是对日常生活中子女“丢三落四”、“反抗家长”、“偏食”、“不满意时爱发脾气”等生活自立能力及性格方面的评价，华人母亲对子女的满意度均低于日本母亲。

（三）观念的差异

华人母亲职历较长，婚后仍继续工作。家庭生活中，基本上是夫妻共同劳动，家务、子女教育等也是共同承担。华人母亲由于工作忙、劳累，在时间、精力上与日本母亲相比有些缺失，但父亲加入子女教育，夫妻协力更有利于孩子的成长。日本母亲职历较短，婚后多数成为家庭主妇，日本社会传统的“男主外、女主内”观念根深蒂固，家务及家庭中的子女教育主要依赖母亲，母亲有充足的时间和精力与子女进行交流和接触，有利于家庭教育的实施。但日本父亲一般忙于工作，接触孩子较少，是家庭教育、亲情培养中的一大缺憾。最典型的例子是一个华人孩子说：“在学校，中午吃饭时自己总是不好意思将饭盒拿出来，因为妈妈做得不好看。日本孩子的妈妈几乎都是家庭主妇，饭盒做得花样多，色、香、味俱全，把苹果、梨等做成各种小动物，把橘子做成花瓣等，一看就很有食欲。有时小朋友之间也相互交换着吃。因此，那时我对妈妈不高兴，现在长大了，渐渐地理解了妈妈，她既工作又操持家务，也很辛苦。”

总之，华人家庭和日本人家庭的子女教育方式各有利弊，他们的教育方式，对子女的心理健康、性格形成、行为取向和待人接物以及今后的生活能力等都会产生正负两方面的影响。

华人母亲会为孩子一辈子的生活、工作状况操心，不仅对孩子的学历期待很高，对其终身的发展也给予极大的关注。而日本母亲则认为孩子成人后就应该任其自由发展，持较宽容的态度，对孩子将来的社会生活及家庭生活的期待，则因教育和抚养义务的完成，而不像华人母亲那样会继续投入较多的精力和关心。因此，在日本，离家上学或就职了的子女罕见回家的现象很自然，很普遍。

笔者对年老以后是否与子女的家庭在一起生活进行了调查，其结果显示：67.7%的华人母亲表示年老后愿意与孩子共享天伦之乐，而日本母亲的相应比率只有15.8%，华人母亲明显高于日本母亲。许多日本母亲不指望年龄大后和子女生活在一起，得到孩子照料，其原因是日本“二战”后受美国文化、意识形态的影响，家庭制度观念发生了很大的变化。日本人普遍认为抚养子女、教育后代是家长必尽的义务和责任，而赡养老人则不然。

第三节　华侨华人子女传承中华文化所取得的成绩

如前所述，华人一般拥有重视教育，培育下一代勤奋向上的优良传统，对子女的教育高度重视，几乎每户华人家庭都调动大量的经济资源和社会资源对子女进行教育投资，即便是那些收入水平低的华人家庭也不例外，他们乐意为子女的发展作毕生的奉献。例如：有了一定经济基础的华人在购房时，只要条件允许，都会选择“好学区”、“安全区”，以利于孩子的学习和成长。特别是华人家长要求孩子在学校的表现要出色，学习要数一数二。因此，华人家庭在子女教育方面尽管存在不足和问题，但取得的成绩则令人瞩目；父子、母子之间尽管有冲突，但多数新华人的子女总体上能够达到父母对他们的期望，取得一定的成就。

一、继承优秀文化传统，自律、自立

华人家庭教育中强调中华传统、伦理道德，这对孩子的发展影响很大，他们普遍懂得尊老爱幼、孝顺父母。新华侨华人子女是第二代移民，在父母的影响之下，多数孩子对祖（籍）国有一定的认同感，期望中国在国际上地位越来越高。

即使是在日本的学校中，华人子女也可以学习到中国的传统文化。日本高中教科书中，中国古典文化知识的分量可以说不少于中国的高中课本。日本学生学习的《国语综合》相当于中国高中的语文课本。

例如，日本教育出版株式会社出版的《国语综合》（在全国国语综合教科书的发行量中排行第二，采用率为26.9%）教科书中，根据笔者统计，主要内容分为三部分：第一部分是现代文篇，是日本现代的小说、随笔和诗歌，占181页；第二部分是古文篇，有和歌、物语、军纪物语，为182～263页；第三部分是汉文篇，为264～338页，全是中国古代文化知识，包括中国的寓言故事如守株待兔、自相矛盾，《史记》的节选故事如“管鲍之交”，《战国策》的节选故事如“鸡口牛后”、“先从隗始”，唐诗如王维的《送元二使安西》、王之涣的《登鹳雀楼》、李白的《早发白帝城》以及《论语》的部分章节等，这些篇幅占到《国语综合》教科书的近四分之一。

除了《国语综合》之外，还有选修课本《古典》和《古典讲读》。其中，《古典》里中国古代文学的内容占了一半，而《古典讲读》几乎全是中国古代文学的内容。还有《伦理》，这一相当于中国的德育课本的教材中，总共分为五章，涉及中国的内容也不少：在“人的自觉”一章中，主要介绍了中国的儒家思想和老庄思想；在“人与宗教”一节中，介绍了中国的佛教；在该书第二章“外来思想和日本传统思想”一节中，介绍了佛教对日本人的影响、儒教在日本的展开等。由此可见，日本很注意用中国传统文化的精华教育日本的年轻人；华人子女尽管在日本学校上学，但也可以学到中国的传统文化。

中华文化传统注重教育，提倡尊师敬老、严格律己、勤奋好学、刻苦自律等美德，都非常有助于华人子女学有所成。

华人家庭中浓厚的儒家文化氛围、严格的家庭教育，使其子女从小受到文化熏陶，为他们的成长打下了良好的基础。日本的华人家庭大部分是双职工，在他国新环境中打拼，每天工作时间较长，有人晚上加班，工作忙碌。有的家庭夫妻日夜倒班处理家务，早出晚归，和孩子见面的时间很少，家里又没有老人或可依赖的亲戚朋友照看孩子，出现了海外的“留守儿童”、“钥匙儿童”。他们即使很关心子女的学习，也没时间对其具体过问，给予谈心、辅导等。虽然有时孩子们会在精神上有情感空虚、孤独之感，但也从另一方面锻炼了自立、自强的生存能力。

笔者在调研中了解到，有很多华人母亲是靠留言条来和孩子进行笔谈，相互交流和传递信息的。例如：一位华人母亲上班临走前，用留言簿来叮嘱女儿应注意的事项和要做的事情（放学回到家后先写作业，然后玩一个小时，晚饭母亲给准备了什么，女儿还需要怎样做等）。孩子晚上睡觉前以写纸条的形式留言回复妈妈，将自己一天的学校学习情况、生活状况（包括用餐内容、在家所做的事情）、交友情况、遇到的困难等，都逐一向母亲汇报。这样的留言形式，锻炼了孩子的写作能力，从写纸条变成了写日记、写文章，渐渐地养成了写作的习惯，并在无形中提高了写作水平。这名女孩在日本的小学、初中、高中毕业后，考入早稻田大学经济学部，现就职于德国宝马公司。

华人父母在异国新环境中打拼，工作忙碌，他们在日本社会生活中经历的顺境或逆境，都会对子女的成长有所触动和影响。“穷人的孩子早当家”，在这种特殊环境中长大的孩子思维活跃，独立思考能力比较强，更可以理解父母操劳养家的万般辛苦。相对来说，他们比一般日本同龄孩子早熟。一位华人子女今年就要毕业了，当笔者问她未来有何打算时，她说：“想去父亲的公司帮忙。父母的日语都不是很过关；我是家中唯一的孩子，理应要为父母分忧，帮助父亲把公司越办越好。”

二、学习成绩优秀

华人家庭营造的文化氛围，会使子女在情感和意识上逐步“走近中国”。家长的信仰、价值观念、行为规范等为子女的成长打下了良好的基础，父辈在他国环境中努力学习、刻苦奋斗的精神，使子女从小受到潜移默化的影响，使在这种特殊环境中长大的孩子思维活跃、善于独立思考。因此，多数华人子女严格律己，刻苦勤奋，学习非常用功，确实取得显著的成绩。

新华侨华人第二代的青少年大多极为刻苦上进，他们在家庭的学习时间基本上是日本学生的两倍。有的华人孩子在国内已经体验过中国学校的那种严格的管理和教育制度以及严峻激烈的竞争，来日本后也体验了开放式的自由化教育制度，使得他们更加勤奋、刻苦，保持着在国内时就养成的良好的学习习惯，因此学习成绩更加突出。他们在各种知识竞赛中经常名列前茅，在各级学校中取得优异的成绩，考上名牌大学的比例也较高。例如：一位“现役”[①] 考上东京大学的华侨子女说：“由于我的中国语写作基础差，入大学后，我选修了中国语（高级）文选课，当我进入教室后发现，在座的11名学生中有7人是和我一样的华人子女，我感到很震惊。”在华人子女中，类似情况屡见不鲜。据美国《侨报》报道，素有“小诺贝尔奖”美称的美国“英特尔科学人才探索奖”，每年华人子女入围的比例都很高，2012年公布的决赛者名单中，全美共有40人入围，其中华裔学生15名，比例高达37.5%。纽约州共有10人进入决赛，其中有3名华裔，占30%。还有一些州，进入决赛的唯一学生是华人。华人子女“捷报频传，大放异彩”[②]，无数事实证明：在不同文化的国度中，华人家庭越注重倡导民族文化精神，对子女的成长越有益处。

还有很多华人子女大学毕业后继续深造，品学兼优，获得硕士乃至博士学位，毕业后找到高薪稳定的满意职业。这些成绩的取得，应归功于华人父母的严格管教和努力。有一位华人家长为了让孩子可以上好学校，把中国小学的教科书全都收集到后，带到日本，在家起早贪黑地给孩子补习，孩子三年级时，已经把中国小学五年级的数学习题集都做完了，而她为了孩子的学习，已经三年没有看电视了。孩子上学，她就在家里备课，成为一位标准的优秀家庭教师。像这样为孩子牺牲自己业余时间和爱好的家长，在华人社会是一种普遍现象，被日本人称为“教育妈妈”。

位于东京都荒川区的“开成中学”，是号称“超级难关校”的名校。在该校张榜合格者的榜前，笔者看到一位华人父亲为儿子拍下了一张纪念照。采访中了

---

① 在日本，从高中直接考入大学的叫“现役”，这种“现役”考入名牌大学的学生更令人羡慕。复读考大学的学生被叫作“浪人”，复读一年的叫“一浪”、两年的叫“二浪”。在名牌大学中，经过复读（“一浪”、“二浪”）考入的学生很多。

② 林菁：《美国英特尔奖决赛名单公布15华裔学生入围》，中国新闻网，http：//www.chinanews.com/hr/2012/01-27/3624120.shtm。

解到，对于儿子考试合格，这位父亲一点儿也不感到意外。他非常自信地说，他只是来“最后确认一下而已”。他的儿子也参加了其他一些很难考的私立中学的入学考试，如国立大学附中，也全部合格了。这位父亲说，他从小就对儿子实行超前教育，儿子在幼儿园时就能够解联立方程式，小学就用中学的教科书来学习。还有一位教育子女比较成功的父亲说：“严格教育子女是因为：人生就是竞争。我想为儿子创造一条条件更好一点，选择方向更多一点的人生之路。”他的儿子从京都大学研究生院毕业后，进入日本能源经济研究所工作，现在已成为该研究所的骨干力量。

在日本出人头地，这是不少华人家长对孩子的期望。为了回应家长的厚望，华人的孩子们在考试中不断拼搏。大多数华人子女能如父母所愿，各门考试的平均分数都很高，学业成绩出类拔萃。他们在各种比赛中都能够取得优异的成绩，在各种知识竞赛中经常名列前茅。新华侨华人第二代大多极为刻苦上进，出勤率高、成绩拔尖，考上名牌大学的比例非常高。

私立晓星国际高中是日本千叶县的名校，全校共有304名学生，其中45名是中国学生，全部在竞争率极高的挑战快班里学习。该校副校长寺井义行说：“我校去年有4名中国籍学生考进东京大学。每年考入国立、公立大学的，几乎都是中国学生①。对于提高我校一流大学入学合格率，这些学生作出了贡献。”

一位华人家长骄傲地说：

“由于工作的原因，我和丈夫先来到了日本，把女儿留在国内跟爷爷、奶奶一起生活。国内重视教育，女儿4岁就开始学钢琴、游泳，坚持学习英语，成绩突出，自立能力很强。

“女儿10岁来日本后，是用英语学习的日语。日本老师说，她可以给同班的日本同学当小老师。女儿各科成绩优秀，经常获奖。我也继续让她学习汉语。这样，她掌握并精通了英语、汉语、日语三种语言。

“女儿长大后，考入了日本的名牌大学——京都大学的法学系。大学期间，她又开始学习韩国语。大学毕业就职时，她脱颖而出，非常有竞争力，现在就职于日本五大商社之一的三菱公司，在该公司国际部负责对外联络工作。她的志向是，先在日本工作几年，积累一些工作经验以后，去除日本、中国以外的第三国家工作。”

① 一般日本人习惯于把加入了日本国籍的华人也称为“中国人”。

三、特色即优势

新华侨华人希望子女继承中华的传统文化，在融入当地社会的同时，又能学会汉语，以双语、双文化，甚至掌握多种语言多种文化，成为具有国际竞争力的人才。这不仅是民族感情的倾注，也是为孩子的未来着想。成长于华人家庭之中的子女，时刻感到身处两种文化之中，较早地意识到自己与其他孩子不一样，逐渐适应了双重文化的不同期望。大多数子女都在努力学习汉语，也取得了一定的效果。例如，有位家长说："上音乐课的时候，老师教了一首汉语歌曲，让女儿把歌词翻成日文。女儿张口即出，让班上的同学羡慕不已。这也让女儿小露锋芒，更加喜欢学习中文了。"

还有一位家长说："儿子报名参加北京夏令营做义工，他发挥自己中日文兼通的长处，美滋滋地当了一个月的'赵老师'。他比其他同学多掌握一种语言，多了解一种文化。儿子正准备暑期到一家需要懂中文的会计师事务所打工。这足以显示他的优势。"

一位华人母亲说："女儿暑假去一家日本公司实习，正好有个中国代表团到公司访问。公司认为她是华人，要她参加接待。但是，中国代表团的发言她听不太懂，无法很好地接待。从此，她认识到讲中文的重要性。现在，中国与日本的交往日益频繁，各个大公司对会中文的人才另眼看待。她现在主动要求在家讲中文。看到这些，我心里很高兴，她从实践中理解到中文的重要性。"

还有一位母亲说："中国语目前这样受到世界的瞩目，生活在海外的孩子，如果能掌握母语，无疑是他们的特色与优势所在。如果既了解中国又了解外面世界，这样的海外华人子女无疑具有自身的优势，成为连接中国与世界的桥梁。"

在新华侨华人父母的心目中，中外文化兼备、多元文化并存是子女最理想的生存状态。他们希望子女在学校、职场学习、工作时说日语，举止像典型的日本人；在家中说普通话或方言，仍保持自己的中国特色，因为"特色即优势"。

第四节　华侨华人家庭教育中应改进的措施

家庭是子女成长的重要环境，也是影响子女发展的最重要因素。家长和孩子之间的关系如何，直接影响孩子的学习积极性及其为人处世的态度。华人子女成长环境复杂，中日两国的文化差异导致他们对周围事物的微妙变化都非常敏感。例如隐私权、价值观、社交礼仪、风俗习惯、社会生活意识领域的影响等，都会使他们与父母及同学产生隔阂。况且华人父子两代人同化的速度不一致，有些家庭产生的代沟会很深，冲突也很激烈。如何解决不同文化的正面和负面的影响，使孩子能健康愉快地成长、发展？笔者认为，新华侨华人家庭教育中，应该进一步加强以下几个方面的措施：

1. 和孩子建立良好的亲子关系

华人家长要换位思考，用孩子的视角真心诚意地和他们交谈，倾听他们的心声。要和孩子建立良好的亲子关系，尝试着进入孩子的文化观，重视互相交流，才能和孩子进行有效的沟通。多尊重孩子的天性，给孩子充分的自由空间，培养他们自信、自强、自立的性格，做实现他们梦想的坚强后盾。特别是考虑如何选择轻重缓急的策略、对孩子进行客观分析和研究遇到的问题时，应避免冲突，相互妥协，找出代价较小的解决冲突的途径。要尊重孩子、鼓励孩子，既要做孩子的父母，又要做孩子的朋友。

2. 正视中日文化差异和教育传统的区别

华人家长都希望子女在日本教育环境下有更优越的表现，所以就应该入乡随俗，学会按照日本社会的风俗习惯、思维方式和观念来思考子女教育等问题，要正视中日文化差异和教育传统的区别，认识、了解日本家庭的亲子关系，和日本家长交流育儿经验，积极主动地参加社区和各种教育组织举办的有关亲子关系、子女教育的讲座，学习正确的子女管教方法，活用日本的特别支援机构组织以及地域教育支援网络，来得到教育专家的协助。

3. 加深两代人之间的相互沟通与理解

坚守中华价值观和育儿教子方式的华人家长要摒弃命令式的管理，代之以倾听、再倾听，了解孩子在想什么、干什么，深入孩子的内心世界。很多细节也要注意，比如要用目光注视着孩子，语调要平稳，要有耐心，要做到平等相待，使家长与孩子间的交流更顺畅。在与孩子进行情感交流时使孩子感到家庭的温暖和父母的爱，孩子就会有良好的心境学习，就会亲近、信任家长。父母与孩子一起交流人生经验，让孩子表达出其观点，品评社会。在这一过程中，会有同感，更有争论，可以加深两代人之间的相互沟通与理解，使二者的关系从单向的传授，到相互交流，再走向彼此教育。

4. 重视孩子的中文学习

新华侨华人第二代的成长，虽然仍受到一定条件的制约，但是日本主流社会的大环境已经变得越来越开放和宽容，华人子女已有机会在日本社会中比较自由地拼搏。因此，家长们在教育孩子做人，培养他们诚信、自立等优秀品格的同时，更要重视孩子的学习。如果孩子能熟练掌握日语、英语、汉语这三种语言，那么他们人生的奋斗舞台将会变得更加广阔。有位华人家长深有感触地说：“我的两个孩子都可以讲汉语，这是我给他们的一把钥匙。有一天，当他们自己有了欲望要进入中国文化的川流谱系时，他们的钥匙可以开启那个世界。”① 双语、多文化的教育，对培养华人子女成为具有国际竞争力的人才非常重要。一位华侨更富有远见，他说：“儿子的日语、英语都很好，可汉语较差，所以，我们决定让他回国一年，学好汉语。让孩子在两三种语言之间流利转换，在这一转换的过程中，学到的不只是语言和文化，还有思维能力和适应能力。从小培养他对中国的感情，这种‘中国背景’对儿子的成长是很有好处的。”

事实证明，只要家长持之以恒地鼓励子女学习汉语，以比较科学的方法进行强化训练，子女在他国文化的社会中完全可以掌握运用汉语。

5. 多与孩子进行情感交流

家长和孩子之间的关系如何，会直接影响孩子的学习积极性以及为人处世态度。家长应该多与孩子交流情感，让孩子体验到亲情的可贵和生活的美好，这样不仅可以促进亲子关系和谐，而且能使孩子的心态更健康，思维更活跃。

家庭生活中，家长应该积极地营造和谐、愉快、充满爱心的家庭氛围。当孩子生活中遇到困难时，家长要表现出爱和支持，善于包容和沟通，不要冲动，因为渡过难关需要时间；要支持孩子，激发孩子的潜能；要对孩子真诚、关心、宽容，使教育过程更富有人情味。

家长尤其要重视子女的心理健康和应变能力，培养他们在既有充分自由又存在激烈竞争的新环境中求生存、争上进，不断健康地发展。华人母子也会在两种文化的碰撞和融汇中，求同存异，汲取多元文化的营养，各自发展出自己的一片天。

6. 对孩子进行适宜的指导和教育

日本社会的多元性和开放性，为孩子展示了世界的另一面。多元文化如同美食，能给孩子全方位的营养。但若家长不能很好地对孩子进行指导和教育，也会让心智尚不成熟的孩子消化不良。作为家长，就要像营养学家一样，为孩子制定适宜的食谱，使孩子能吸收到与其年龄相称的足够营养，从而一天天茁壮成长。

① 袁静：《海外华人子女在转变：从“香蕉人”到“芒果人”》，《人民日报》（海外版），2007 年 8 月 7 日。

第七章　日本新华侨华人子女的文化传承与文化认同

相比老一代华侨华人，新华侨华人及其子女更明显地面对着一个更多元的文化生存环境。他们拥有父母原有的母国文化背景，并置身于日本的文化环境中，同时又时刻处于新旧文化和中外文化的碰撞、磨合之中，并都不可避免地被拖入到国际化、全球化的浪潮里。

本章所探讨的是，在父辈文化和日本主流社会文化交错的境界中，在中国或在日本出生、成长的新华侨华人子女对中华语言学习、文化传承的状况；分析他们在两种或两种以上语言和文化的境界、交错中，在经历文化冲突、调适、融合的过程中，家庭教育所应发挥的作用；新华侨华人子女在文化传承、文化认同、文化境界跨越中的成长过程，即新华侨华人子女在家庭的代际关系与跨文化冲突及由此发生着的复杂多元的纠结，以及纠结之后的文化跨越和所产生的新的文化认同。

新华侨华人子女是第二代移民，与父母生长在不同的时代，成长于不同的文化环境，因此，华人家中不仅存在任何家庭中都常见的父子两代的代际冲突，也时常发生移民家庭中特有的文化冲突。随着时间的推移，两代人之间产生代沟，子女与父母的文化冲突日增，新华侨华人子女教育面临着新问题和新挑战。

华人父母如何处理家庭关系，如何解决不同文化所带来的正面和负面的影响以及给子女们带来的困惑和彷徨，如何与子女顺畅及时地沟通，从而确保下一代的健康成长，是值得新华侨华人思考和亟待解决的问题。

第一节　新华侨华人与子女的代沟及文化认同的差异

新华侨华人属于改革开放后第一代移民，虽然在海外受到不同价值观念、思想意识及不同文化的强烈撞击，但业已形成的民族文化观念，使他们始终保持着对中国故土的鲜明记忆和眷恋，大多都执着地继承和传播中华语言和文化。而在海外出生、长大的新华人子女，却本能地适应、融入所在国的文化之中，对本民族的文化或淡漠或遗忘，使家庭传统的文化教育陷入困境。

社会学者认为，两代人之间的认识有差异是社会上普遍存在的代沟问题。但新华侨华人与子女两代人之间又存在中日两国教育背景不同、文化和行为准则不同，同化的进程不同、语言沟通不畅等问题。华人子女们跨足于两个世界中成长，一个是华人家长想要在家中维持的传统氛围，另一个是外面快速变化的社会。因此，华人家长和孩子们比国内的两代人之间更容易产生不同文化方面的摩擦。和已经"日本化"的子女因认知观念、饮食习惯、风俗文化等不同而引发的一系列子女教育问题，使华侨华人家长忧心忡忡。

教育人类学家在对受教育中的个人、群体特征，文化形式、内容，以及共同的观念作田野调查时发现，在不同的文化社会中，教育存在着属于他们自身独有的社会化方式。成年人（家长）是孩子社会化的引导者，他们教给孩子们一定的技能本领、行为规范和价值观念，让他们学习一定的文化知识。其目的是通过这样的社会化使他们自己的文化能够得到传承。① 然而，面对生活在两种文化中的新华人子女，这种文化传承模式受到严重挑战。

一、语言传承的忧虑

语言是民族最鲜明的属性之一，是一个民族身份和认同的重要标志。德国著名学者赫德尔（Herder）说："人们世世代代的思想、感情、偏见等都表现在语言里，说同一种语言的人正是通过语言的传承而具备相同的历史传统和心理特征，以共同的语言为基础组成民族是人类最自然、最系统的组合方式，而语言就是各个民族最神圣的属性，也是他们之间最重要的区别性特征。"②

继承民族文化，首先要通晓民族语言。华人子女如果丢失了民族语言，对民族文化必将淡漠，民族属性也会随之模糊。

日本的华人社会中，父母在 1980 年后移居日本的占三分之二以上。这些华人在家庭生活中，夫妻之间讲中文的占 95% 以上。而在日本出生的华人子女，日语可以说是他们的"母语"。这些孩子自幼就进入日本保育园、幼儿园，其后是小学、初中、高中，接受的完全是日本教育，语言、行为、思维方式等都已日本化了。这些孩子能自然而然地融入日本社会，但要他们学习中文却是难上加难。

新华人对此往往是欲挽大厦之将倾，以个人、家庭或社区之力实施中文教

---

① 钱民辉：《当代欧美教育人类学研究的核心主题与趋势》，《北京大学学报》（哲学社会科学版）2005 年第 5 期，第 208 页。

② ［德］赫德尔著，姚小平译：《语言的起源》，北京：商务印书馆 2009 年版，第 12 页。

育，使子女掌握中文，进而传承中华文化，但是收效甚微。从中国来日本的孩子，尽管多少具备一定的中文基础，但由于日本强势文化的巨大冲击，他们吸收了太多的日本文化，学习中国文化的意愿薄弱，汉语水平迅速退化，对中国文化的观念也越来越淡薄，时间一长，甚至忘了中文。语言是传媒载体，如果语言不通，很多约定俗成的价值观念便难以理解，更难以传承。因为，在绝大多数的情况下，一旦语言消失了，文化就会随之消亡。

笔者采访一位日本华侨时，他说："女儿三岁时和我一起来日，孩子日语比我学得快，不久就成了我的小老师。然而，和学日语速度一样的，是中文忘得也快，就好像是日语进来了，就把汉语赶走了似的。到了六岁，女儿几乎一句汉语也不会讲了；后来，连听都成问题，渐渐地变成了汉语小文盲。真急坏了我们做父母的。"①

还有一位华人说："我当时为了学会日语、尽快适应日本生活，与女儿完全讲日语，养成直接以日语表达的习惯，而不是将汉语译换成日语。可当我的日文语感形成了、日语'上手'了，女儿的汉语也快忘光了。女儿上初、高中时在学校选修学习英语，我没意见，毕竟是世界通用语，而上大学时选修外语课中有法语、德语、韩国语、西班牙语、中国语。我觉得这是学习中文的好机会，让她选修中文，可她就是不肯学，选择了法语，我与丈夫在家里讲汉语，和孩子之间只能通过日语来沟通。"

新华人面对不会汉语的子女，相互之间需要运用日语沟通，让他们既感到万般无奈又心有不甘，一位新华侨的话，道出了这种感受："一家人讲两国话，同族不同语，让我感到心酸。"

还有一位家长说："我有两个在日本出生的孩子。为了让华人子女学会中国语，我便使用中国教科书，自己也作为中国语教员来教授。可是，这在我的家中却行不通，因为他们听不进我苦口婆心的劝说。我和妻子用中国语和他们讲话，他们却用日本语回答。这是在日中国人家庭共同的苦恼。特别是上了高中以后，孩子出现了反抗父母的情绪。外出时，我和妻子用中国语讲话，他们感到厌烦，声音大一点他们就会不高兴，嫌会引起周围人的注目。"

这几位华人的感受很有代表性。

华人子女因融入了日本文化，失去了自己民族的语言，渐渐地也失去了对于自己民族文化历史的记忆。华人母亲不十分（完全）具备生存于日本主流社会

---

① 笔者 2010 年 10 月至 2011 年 7 月赴日本进行社会调查，在东京、大阪、京都、神户、横滨等地进行走访、问卷调查、座谈（包括与笔者的朋友，从日本再移民到欧美的同学、同事的座谈）。本章中之引文未注明出处的，均为此次调研采访所得之记录。

所需的日语和日本文化，而日本出生的子女则不太具备他们血脉所在的汉语语境，母子之间无法理解和接纳对方的语言和语境中的文化，因此有时会产生矛盾。华人母亲与日本出生的子女之间在语言学习、表达中的矛盾，揭示了新华侨华人与子女在语言差异上会遭遇的文化冲突。可以说，华人母亲有时不能够和子女很好沟通这一现象，正是语言作为生存本身而包含的文化冲突。语言的转换不只是一种交流工具的变换，更意味着一个人的身份、文化认同的变更。另一方面，父母与孩子拥有共同的语言，会增加很多共同关心的话题，顺畅交流也会成为建立幸福家庭的重要因素之一。

在华人家庭中，子女不学习中国语会很难传承中华文化，语言是文化的载体，语言的缺失必然导致文化认同、文化观念的隔阂乃至冲突、碰撞。一位新华人家长说："和孩子一起看电视，他笑得前仰后合，我却感觉不到任何可笑之处。问他笑什么，他说三言两语说不清楚。我知道，这实际上是我们之间的文化差异。"①

以不同的语言为媒介去看待相同的事物，往往会产生不同的感受，因为语言与文化有一种"互塑互动"的作用②。如果语言不通，很多习惯俗成的价值观念便难以理解，更难以传承。正如德国语言学家洪堡特所说："语言的'迁移'、'变异'，会反映出一种文化及相应思维方式的变迁。个人更多的是通过语言而形成世界观，每一种语言都包含着一种独特的世界观，每种语言都包含着属于某个人类群体的概念和想象方式的完整体系。"③

华人子女如果丧失了民族语言功能，将不仅仅成为交流的障碍，也势必会影响到他们对民族文化的理解和认同。

二、习俗传承的尴尬

在日本定居的新华侨华人，因早年的文化积淀与思乡情感，更重视延续具有悠久历史的传统习俗，如春节、中秋节等。但是，子女们对这些传统节日不感兴趣，他们热衷于当地的节日，如新年、圣诞节、感恩节、情人节等。

在饮食习惯上，尽管新华侨华人对日本及其他饮食文化持开放接受的态度，对日本餐、西餐等不排斥，偶尔吃也完全接受，但他们无论在日本住多少年，依

① Mrs. LA：《华人母子"文化沟"趣闻：同住不同食　同族不同语》，洛杉矶华人咨询网，2007 年 9 月 28 日。

② ［德］加达默尔著，夏镇平译：《哲学解释学》，上海：上海译文出版社 1994 年版，第 62 页。

③ ［德］洪堡特著，姚小平译：《论人类语言结构的差异及其对人类精神发展的影响》，北京：商务印书馆 1999 年版，第 70 页。

然偏爱中华料理，在家里大多做中国饭菜。可孩子们却恰恰相反。一位华侨说："孩子在日本住上半年后就喜欢吃寿司、生鱼片、大酱汤等日本饭菜，西餐的汉堡、热狗、比萨饼、意大利面等更是他的最爱，中餐则不喜欢吃了。由于饮食习惯发生了变化，母子饭菜吃不到一起，减少了家人交流的机会，也减少了用中文传播中国文化的机会。因为，饮食习惯不仅是生活方式，食物不仅滋养了健康，同时也体现并影响着文化的理解与认同。"这位华人的想法真实地反映了新华人的文化情愫。

大多数华人家长都希望子女在饮食、生活习惯、情感等方面多一些华人的痕迹，以记住自己民族的文化之根。因此，许多华人父母为了教育子女煞费苦心。他们经常带孩子参加一些华人社会的活动，带他们到中华街购物，到中华料理店吃饭。家长深知，饮食是家庭文化生活的一部分，对于在日本出生、长大的一代人来说，吃中餐，听家长讲解中国菜，就是在学习中国文化；文化价值观可以通过吃中华料理、在中餐馆用餐等形式得到传递，对他们的文化认同产生影响。与此同时，通过一家人共同用餐，还能不断增加父母与孩子之间的对话、交流的机会，这是建立幸福家庭的基础。全家人一起吃饭时愉悦的气氛，轻松、自由的交谈是最好的沟通方式，不仅对孩子的身体健康有益，对他们的心理发展也有深远的影响。父母尽心费力做出的中式饭菜飘出的香气，已经将父母的爱自然地传达给孩子，孩子由此得到的满足感、信赖感能使他们开朗、坚强地成长。

然而，新华侨华人父母的这些努力，虽然起到了一定的作用，但在强势的他国文化冲击下，不得不面对一些子女敷衍的尴尬。

三、身份认同的迷茫

尽管新华侨华人愿意在海外定居下来，谋求较好的工作机会和学习、研究的环境，但是他们不愿意抛弃一些核心价值观念和文化传统。他们即使加入了居住国的国籍，也会在心理上自觉或不自觉地感到自己不是居住国人。但他们的子女则明显不同，他们对自己是移民的认同感没有那么强，他们对外部加给他们的"中国人"、"外国人"、"华侨"、"华人"等称呼不能够很好地理解，体验、经历着身份认同的困惑、苦恼。一位德籍华人子女说："德国是我的出生地，德语是我的母语。我从小在德国文化下长大。你非要让我说自己是个中国人，我肯定说，关键是我的内心会说——我不是。"①

① 袁静：《海外华人子女在转变：从"香蕉人"到"芒果人"》，《人民日报》（海外版），2007 年 8 月 7 日。

虽然这个孩子依据法律认为他是德国人，但他的话语却反映出内心对个人身份认同的彷徨。因为身份认同并非仅仅是主观的意愿，还有客观评价，即所生活的具体环境（居住国）内，多数人认为你是中国人而不是某国人，那么主观认定并不能起到改变作用。因此，很多华侨华人子女有时感到自己既是“中国人”，也是“居住国人”；或处于既不是“中国人”，也不是“居住国人”的“异种混合”状况；或者是生存在“中国人”、“居住国人”、“华侨”、“华人”的交错之中，体验、经历着身份认同、文化认同的迷茫。

新华侨华人子女们从不讲汉语，到不爱吃中国饭菜，以至于到后来，价值观念和行为方式也都发生了改变。一位日本华人半开玩笑地说：“小孩好像变成了别人的孩子。”

新华侨华人生长在中国，接受的是中华传统文化教育。他们虽然来日多年，但他们的价值观、人生观、生活方式、思维方式和心态，基本上仍属于中国传统范畴。然而，在日本长大的子女接受的完全是日本教育，每天看的是日本报纸、电视，接触的是日本文化，他们的交友状况、社会生活、思维方式基本上已经和日本孩子没有差别，日本社会的价值观和世界观成了他们为人处事的基础。

华人家长与子女的成长和教育背景迥异。子女们看不惯父母生活上讲究节省，生活态度比较严谨，为人处事谨小慎微的行事作风。然而，作为第一代移民的父母显然是不能完全接受子女们的观点，他们认为勤俭节约是美德，生活态度严谨是自律，谨小慎微是认真。有的孩子不愿与家长一起出游，为家长说出不地道的日语而有些难为情，为家长偶尔在公共场所大声说话感到不舒服。

华人子女对中国并没有太多的切身生活经验，也没有太多实质性的联系，更谈不上深厚的感情。一位华人说：“我特意带女儿回国游览名胜古迹，谁知她除了对美食和美景感兴趣以外，对其他的一切都很排斥，使我感到很是困惑。”

华人子女大多数认同自己的出生国、生长国，对中国有陌生感。他们不重视自己的家谱，与远隔重洋的亲戚每一次见面也只不过是短短数日而已，一切对他们而言都是生疏的，他们没有太深的亲戚观念。在日本的新华侨华人，其家庭结构一般是双亲核心家庭，几代同堂的大家庭很罕见。在他们的生命中，亲情关系只有父母两人，只是三到四个人的世界。他们更不太明白祖先、祖（籍）国意味着什么。而这些，恰恰是他们的父母最想向自己的孩子传授的。

当华人家长向孩子解释、讲述中国的历史文化、中华民族的风俗习惯，希望孩子能够继承民族传统时，讲述自己在中国的往事、自身成长的人生经历，希望孩子从中对自己今后怎样走好人生之路有所感悟时，他们常常会遭到孩子们的不理解，甚至厌烦，因而引发一些摩擦或冲突。

例如：华人传统文化中，孝敬是父子关系之原则，子女孝敬父母天经地义，孩子必须服从父母的管教。因此多数新华侨华人从孩提时就逐渐养成了这种习惯：老师说什么，听；家长说什么，即便不想听，在训斥后也得听。所以，那些有点性格、叛逆性强的孩子就这样在重重“压制”下变得听话了。在海外生活的新华侨华人也在不同程度上继承了这一传统，认为“我是家长，是长辈”，子女要无条件地服从，有时甚至要求子女屈从，无论自己的需求是否合情合理，都不允许争辩。因而，坚持中华价值观和育儿、教子方式的家长与接受了日本文化、在民主自由的氛围中长大的子女时常会产生矛盾，甚至是发生激烈的冲突。

一位父亲讲述他和儿子辩论产生碰撞时说，他对儿子说：“你再和我顶嘴，我就打你”，可儿子回答说：“我又没打你，你为什么打我？”父亲一愣：“难道你还要打我？”儿子回答说：“不是，我是说，因为我没有打你，所以你也不应该打我，我们是平等的。”在华人家长的意识中，仍有些人信奉“棍棒出孝子”的传统观念。可在日本长大的孩子的脑海中，并没有这种中国的传统观念，他们认为人与人之间是平等的，包括父子关系。

四、文化认同的纠结

新华侨华人的家庭与日本主流社会之间的文化差异，家长与子女之间不一致的文化认同步调，使父母与子女之间的“代沟”出现了。父母与在日本生长的子女之间价值观念和行为规范本来就有很大的差距，再加上语言文化的差距，“代沟”就更为明显。子女们不仅追求有形的物质上的成功，更要寻求精神上的满足。文化鸿沟致使“代沟”进一步加深。

华人子女由于从小就在日本文化环境里成长，接受的是日本教育和生活知识，他们的行为准则、道德观念更接近日本人，社会公德意识、正义感已经自然地渗透在意识中，成为他们社会观中最坚实的一部分。可以说，在公德观念方面，华人子女要比家长更加健全，更加成熟。他们像日本人一样，事事按规则办事，不差离一分一毫。有位华人感慨自己儿子的“多管闲事”：“一天，我和儿子出门买衣服。在公共汽车上，儿子看到有人靠在老幼妇残优先的座位前用手机打游戏，就对那人说：‘你不要在这里打手机，靠近优先座位时应把手机关掉。’（在日本，公共场所关闭手机或让手机处于静音状态，这是规则）听到这个小家伙的正义直言，我都不知道该高兴，还是该担心。说实话，要是换成我，怎么都不会开口的。”看到子女的变化，华人家长内心的感受往往是喜忧参半的。

新华人与子女两代人被日本同化的取向和速度不同。作为第一代移民，新华人在心理上总自觉不自觉地感到自己不是日本人，常常会有意无意地与同是移民的华人相比。而子女们在日本这个大环境下长大、受教育，对自己是移民、外国人的认同没有那么强，他们大多数认同自己的出生国或生长国。

很多华人子女对政治不太热衷，喜欢日本漫画和电子游戏机，生活学习上的参照物也不是华人孩子，而是一起学习的日本同学们。东京都的王女士说：“儿子在日本念书念到小学五年级，平时只说日语，不肯说中文。看球赛的时候，儿子一个劲儿地为日本队加油。在中国队和日本队比赛的时候，我和丈夫为中国队加油，儿子却为日本队呐喊。没想到辛辛苦苦在日本挣钱养孩子，孩子对祖国的情感却如此疏远。这令我们沮丧不已，感到不能这样下去，经过再三犹豫，决定送儿子回上海。”

还有一位华人说：

“令人汗颜的是，在日本和其他国家的比赛中，儿子永远是帮日本队呐喊；在中国和其他国家的比赛中，他们完全站在中国队一边。中日两队比赛中，孩子就沉默着，任我在那里为中国大叫助威，他就是不哼声，显示出复杂的心态，但有时还是不禁为日本队高呼。

“我问他，为什么支持日本队？他说，支持日本队，并不一定是热爱日本这个国家比热爱中国更多。而事实上，在日本电视节目中，经常在比赛前连日播放选手的赛前消息，选手便成为全国人民的偶像。所以，与其说他们支持的是一个国家，不如说他们是为自己喜欢的偶像呐喊助威。

“对于父辈的激烈反应，孩子说：‘支持哪一个队，或支持哪一国的选手，真的是一个很严重的问题吗？如果这个问题真的让父母难过的话，我以后支持中国队好了。’”

在他们幼小的心灵里，还没有爱国主义的思想。对于中日战争的那段历史，新华侨华人家长因为从小在中国接受教育，有比较正确的认识。但是下一代的小华人们在日本出生长大，一方面是日本政府淡化历史教育，另一方面是他们在上一辈的聊天中知晓的历史末梢细节，面对两方言论的冲击，他们无从真实地分辨，于是他们选择回避，很少与朋友、家长谈论有关中日历史和中日目前的政治等问题。当中日关系出现波折时，他们往往不会添加更多的感情色彩。他们像大多数日本孩子一样漠视政治，过多追求自我品格的完善。

在海外生长，受家庭文化熏陶的华人子女，都经历着“居住国的本土意识”和“中华意识”间的内在纠结、相通、统合的过程，并会一直伴随着他们的成长。

一个华侨孩子说：“我妈妈一直强调：‘你是中国人，必须这样做。’对我们来说，和同学们友好相处，彼此相互了解地在一起，其实也是在做中日友好的工作。同学们透过我，也了解中国和中国人，不是吗？”这位华侨子女的话，反映出他们在异文化国度与周围同学接触的过程中，渐渐地形成了一种自觉的文化交流意识，并不断地努力协调族群关系。

第二节　新华侨华人子女文化认同的焦虑

认同问题是一个复杂的理论问题，人越是有自我意识，越是有多样的可能，越是有选择的必要，认同就越是一个必要的问题。认同既体现着同一，也意味着差异。实际上在越有差异的地方，认同就越成为一个问题。①

在认同问题上，新华侨华人表现出来的是族裔韧性，而不是一味地同化。他们依旧保留、传承着中华民族的传统习惯，并力图将其发扬光大。他们不认为这种生活方式与他们的日本生活存在冲突。在学习、工作时，他们说日语，与同事谈笑自如，举止像典型的日本人；在家中，他们说普通话、粤语、沪语或其他中国方言。他们喜欢听中文广播，看中文电视频道，读华文报纸，食用中餐。然而，要求从小在说日语、看日剧的大环境下成长，远离祖（籍）国氛围，接受日本文化熏陶的孩子做到这一点确实不容易。

一、新华侨华人子女面临的困惑

华人子女在成长的过程中，对文化认同和自我认同等问题，产生很多的困扰。根据来日年龄、来日时期、在日时间的长短不同，华人子女产生自我意识、文化意识的程度有所不同。其问题主要是：

1. 父母不能给予子女日本文化要素的支援

由于华人子女从进入幼儿园起便使用日本语，而父母在家庭中使用中国语，两代人之间对日本文化理解不同，使相互意识不能共有，父母不能给予子女日本文化要素的支援。特别是对子女所在的幼儿园、学校的一些情况有时不能正确地反映，在遇到复杂的心理问题时，子女得不到父母的理解、支持和指导，时常会产生对不同文化理解的烦恼和成长障碍。

华人子女尽管在日常生活的幼儿园、学校中，语言交流没有困难，但在父母、老师、同学、朋友之间，在学校、社区的生活中，当多种因素的影响而引发误解时，由于华人家长对日本文化理解不足，很难很好地、正确地解决问题，家长和学校协力处理孩子产生的问题时，会遇到一些障碍。

2. 在家庭中学习日本文化困难

由于家庭生活和学校生活、社会文化等存在差异，子女承受着不同文化、不

① 韩震：《全球化时代的华侨华人文化认同问题研究》，《华侨大学学报》2007年第3期。

同语言环境下的纠结及压力。因家庭内不同文化、不同价值观而引发的冲突、碰撞，有时会使子女产生孤独感或焦虑感。子女尽管在日本生活中的语言方面没有障碍，但有时却难以完全理解语言所包含的内在文化、风俗习惯，也得不到家长在此方面的帮助。还有，华侨子女不能知道和判断将来在哪个国家生活，过早产生不安；不能决定将来是继承父母的文化，还是扎根日本文化，对未来缺乏稳定感和安全感。他们在“本土意识”和“中华意识”间进行着挣扎和内在的沟通。

二、文化认同的焦虑

生活中的富足条件，优美的自然环境赋予了华人子女美感和品位，他们很享受当下的物质生活。然而，华人家长们却十分担忧子女过于西化的价值选择和过多享受物质生活，这会使他们缺少努力拼搏的精神。现实生活中的思维方式、生活态度的不同，往往会成为绝大多数子女和他们的父母经常发生争论的源头。

1. 生存在两种文化的夹缝中

全球化的发展，使文化差异更加表面化，多种语言、多种文化的教育也随之发展起来。华人子女对祖籍国的意识已经不如上一辈人强。

日本的新华侨华人子女生长于日本，对日本的感情是真切而实在的，而对中国的感情完全是依靠父母对他们的间接影响，是依靠传统的血脉意识和家庭熏陶产生的。他们的幼时记忆、少年经历都跟日本密不可分，其具体真实的经历使他们很自然地把自己看作日本国民。

然而，尽管他们认同日本文化，也自然地融入了日本社会，但现实生活中仍会遇到身份认同、文化认同等问题。老一代华侨华人在日本已经是几代人，在日本生活了几十年甚至上百年，有些人也已很早就“归化”加入了日本国籍，然而，他们在社会生活中还是会被日本人称为“在日中国人”、“华侨”。一个孩子说：“在中国，我说自己是日本人时，连我的爷爷奶奶都说：‘你不是日本人，你是中国人。’”

这种生存在夹缝中的状态，利弊参半地影响着新华侨华人子女的日常生活，也影响着他们的身份认同。

2. 双重或多重身份的纠结

由于历史和文化的各种因素，华人的家庭关系中，子女在自我确立上受家庭的影响极大，这期间无论是接受还是拒绝父母的影响，子女都会在自我确立的过程中出现烦恼和忧虑，承载着许多的无奈和迷惘。例如，一位新闻传媒专业的华侨子女，在大学三年级时，在日本驻中国记者站实习，在谈到当时的体会时说：“我会日、中、英、韩4种语言，在日本电视台驻北京分社实习当记者时心里很矛盾。因为撰写报道时，报道中国不好的地方心里不舒服，报道好的地方又会被总编辑删掉，稿子不被采用。特别是报道中国不好的事情时，总有一种帮日本人说中国坏话，好像自己是个叛徒的感觉。我很想当记者，可是就有一个国籍的问题，不变国籍工作不方便。有紧急情况时，记者需要马上紧急出国，奔赴现场，可中国国籍去哪里都要签证，但如果归化了日本国籍，又怕将来后悔。”

身处日本社会，而生活在华侨华人家庭，子女成了拥有双重或多重文化身份的人。他们在幼年期起，就在两种文化环境中成长，面对着祖（籍）国传统文化的缺失，体味着居住国不认同的边缘化，时常弄不懂自己是哪国人，有时感到自己既是“中国人”，也是“日本人”，或既不是“中国人”、也不是“日本人”的“异种混合”。他们更多地生存在“中国人”、“在日中国人”、“日本华侨”、“日籍华人”的交错中，生活在父辈的中国文化和日本文化的夹缝之间及代沟的烦恼之中，体验、经历着文化认同的困惑和彷徨。

3. 两种语言文化的“双栖”状态

第二代华人子女在语言上也处于“双栖”的状态，他们一方面通过父母教授及中华学校的学习，生活在民族语言及传统文化的熏陶之中；另一方面，则要通过日本的“语言”获得现实生存。这种状况凸显了他们最基本的生存状态。

在接受了中国传统文化教育的华人父母们的心目中，当然希望子女能够认可中华文化，中外文化兼备是最理想的状态。例如，对于过圣诞节，一位华侨家长说：“孩子还小，过圣诞节就是图个好玩，这对于她融入当地圈子有帮助。但是我们很注意引导她，不要疏离了中国传统的节日和习俗，最好能做到两者兼顾。”

一个孩子说：“我们这一代人长在国外，过圣诞节已成为习惯。不过我们家最重要的节日还是春节。因为奶奶在我家，每年春节的时候很多亲戚都会从其他国家赶过来一起过节，非常热闹。”

由此可以看出，孩子们对于民族节日，最初只是感受它的气氛、场景，并不深思它背后的文化内涵。然而，倘若长此以往，孩子就会淡漠承载着本民族文化的民族节日，而热衷于当地的民族节日，失掉了民族传统。

第三节　新华侨华人子女文化重组过程中的“分流”及多样化

美国学者塞缪尔·亨廷顿在《我们是谁？美国国家特性面临的挑战》一书中指出，认同是一个人或一个群体的自我认识，它是自我意识的产物：我或我们有什么特别的素质而使得我不同于他们。认同有五个特征：第一，个人有身份认同，群体也有身份认同。个人可以是许多群体的成员，身份是可变的。群体的身份认同则主要取决于它定性的特性，不易改变。第二，在绝大多数情况下，身份认同都是构建起来的概念。人们是在程度不等的压力、诱因或自由选择的情况下，决定自己的认同。第三，个人有多重身份，群体在较小的程度上也是如此，认同包括归属性的、地域性的、经济的、文化的、政治的，社会的以及国别的。第四，认同由自我界定，但又是自我与他人交往的产物。他人对一个人或以群体的看法影响到该个人或群体的自我界定。第五，对个人和群体而言，各种认同的重要性是随情况而定的。有时人们强调自己跟与之交往的人们的共性、同一性，有时却强调自己与别人的差别，强调自己的特性。① 正如塞缪尔·亨廷顿所述，随着世界形势的风云变幻和所处的复杂生存环境，新华侨华人及其子女将自身的文化认同、身份认同放置于各种冲突中来审视自己的不确定性和相对性。他们将自身的价值观、生存状态、身份认同更多地视为多种资源的重组，而在这一重组的过程中，情况因人而异便产生了较大差异。

新华侨华人的第二代子女，在自身文化认同、身份认同的重组过程中的“分化”、“分流”现象更是多样化、多元化，产生着族群中的跨越文化现象。

1. 视日本为自己的祖国

对于新华侨华人来说，母语是汉语。可是，对于在日本出生长大的华人子女来说，日语是他们的第一语言。由此可见，母语并非一定由出生地或血统决定。目前海外华侨华人子女掌握汉语，绝大多数不是通过正式的学校教育，而是通过非正式的家庭教育传授或在中文补习学校的学习。随着全球化的进展，一些年幼的孩子从小就不只会说一种语言，而这些语言未必是他们本民族的语言。

新华侨华人子女出生并成长于日本社会，接受的是日本学校、社会的教育，他们的童年记忆、少年经历都跟日本密不可分，日本的文化已经植入意识形态之

① ［美］塞缪尔·亨廷顿著，程克雄译：《我们是谁？美国国家特性面临的挑战》，北京：新华出版社2005年版，第21页。

中，其具体真实经历使他们很自然地把自己看作日本国民，视日本为自己的祖国。还有些子女，很清楚自己是华人，但对日本充满了故乡般的情感。

2. 保持华人文化及华人个性

尽管华人子女由于和文化背景不同的父母之间有时不能顺畅地交流、沟通，因而产生认识上的“文化摩擦”，发生纠纷冲突。但他们受中华文化熏陶或接受过华文教育，有说汉语的父母和有着中国文化氛围的家庭。特别是华人父母都坚持让子女参加华侨社会的各种活动，用中国的传统文化吸引并感染着下一代。还有很多家长，每到寒暑假让子女参加由国务院侨务办公室和各机构发起主办的各种形式的海外华裔青少年寻根夏令营，说汉语、学京剧、游故宫、登长城，使他们接触更多的中国传统文化，感受民族的自豪。通过这些活动，通过家庭中“中国母亲”的中国历史、风俗习惯的中介，子女们潜移默化地受到中华文化的传授和熏陶，最终在情感和意识上逐步走近“中国”。一位华人深有感触地说：“当子女自己有欲望要进入中国文化的川流谱系时，他们会找到自己在地图上的那一点，这是一种自愿的行为。”

因此，用和风细雨式的文化滋润，可以使在日本的华人子女认同并延续中华传统文化。

3. 超越多种文化、追求新的文化认同

很多华人子女受到父辈们的文化影响，或接受华文教育（有些人在中国出生），或受到汉语、日语的双语教育，这些人大多主张将两种文化统合，出入于多种文化而不完全属于其任何一种。他们把社会的公正和平等摆在族群文化与族群特性之上，在接触不同文化之中参与着文化的传承、颠覆、重建，在这一过程中产生出新的文化认同。有人说：“移居对我来说是尤其难以忘怀的。从一种确定、具体的生活方式转变或移入另一种方式……人们需要理解、学习某一传统，但是不能真心归属它。”①

这种文化超越是建立在文化认同的基础之上的。因为只有认同不同文化的各自优势，并能站在本民族文化的基盘上，才能实现真正的文化超越。

第四节　新华侨华人子女文化境界的跨越

教育人类学者认为，理解文化身份的可能方式至少有两种：一种是本质论的，狭隘、闭塞；另一种是历史的，包容、开放。前者将文化身份视为已经完成

① 陆建德：《流亡者的家园——爱德华·萨义德的世界主义》，《世界文学》1995年第4期，第296页。

的事实和构选好了的本质；后者将文化身份视为某种正被制造的东西，总是处在形成过程之中，从未完全结束。[①] 在社会文化迅速变迁的境遇中，海外新华侨华人子女如何协调“文化适应”、“文化传承”与“文化认同”的问题尤显重要。在日益复杂的生存环境中，文化属性都会因人而异发生着变化，华侨华人子女在精神归依、文化认同、身份认同等方面都会产生多样、多元性，产生文化跨越的现象。

一、保持民族性、求得文化的多元

华人子女多数在日本出生长大，深谙日本特有的文化、道德规范，能够流利地运用标准的日语，有的甚至已经加入了日本国籍。然而，“认同与融入”后，他们在一定程度或一定范围内“有时仍被疏离”，时时被日本人称为“在日中国人”、“在日华侨”。在学校中，他们有时还会受到排斥，在公共场合和娱乐场所也会偶遇欺辱，尤其在就职找工作时偶尔会遇到不公正的待遇。遇到这种情况，他们也会对日本社会产生一些失望或埋怨情绪。

因此，受家庭的熏陶，有些第二代华人子女仍视中国为祖国，日本仅是他们“人往高处走”的跳板。例如，现在已经高中三年级的小雯，在10岁时来日本，10岁以前一直在爷爷、奶奶、姥姥、姥爷身边长大，因此“我是中国人”的意识很强。来日本后，这种中国意识时时有所表现。如在班级开研讨会时，听到歪曲中国的言论时，她就会站出来据理力争、辩论。被问及“你是中国人还是日本人”时，她毫不犹豫地说：“我爷爷、奶奶是中国人，所以我是中国人。”

一位华侨子女说：“只要你自信、自强，堂堂正正地做人，无论你是哪国国籍，人家都会尊重你。”这位华侨子女从不讳言自己是中国人。现在，这样的华人子女越来越多，他们在父母教导及自身的努力之下变得中文流畅，与祖（籍）国不再生疏。应该说，他们从“香蕉人”[②] 变成了“芒果人”（“芒果人”，顾名思义，其外在黄，其内在亦黄）。

一位华侨母亲说：

“儿子曾认真地问我：‘妈妈，我们是中国人，为什么却不在中国生活？’我

---

① 钱民辉：《当代欧美教育人类学研究的核心主题与趋势》，《北京大学学报》（哲学社会科学版）2005年第5期。

② 最能表现新移民子女在多元文化环境中身份认同的是被称为“香蕉人”的形象，就像香蕉——黄皮其外，白瓤其内。这些孩子虽然是中国人的面孔，但由于他们从小就跟随父母定居海外，所以中文功底不深厚，思维方式也完全是西式。也有人将“香蕉人”隐喻为一些旅居西方多年的华人子女失却了东方传统文化，却又无法被西方完全接受的命运。

觉得这个问题很难给出一个简单的答案。海外的华人，因各种原因旅居或定居海外，我们做着自认为对自己同时也是对孩子最好的选择。

"在海外生活和成长，孩子会面临我们不曾经历的困惑。我们能够做的只是帮助孩子培养能力，接纳自己，树立信心，找到适合自己的发展方向。

"帮助孩子接纳自己并建立信心，需要在生活中一点一滴地积累。其中很重要的一部分就是接纳我们的中华血脉和中国文化。而语言作为文化的载体，是实现这个重任的桥梁。

"正是基于这样的考虑，自从旅居海外之日起，我就非常留意孩子的中文教育。我觉得，语言是一个工具，而不仅仅是一门功课。要想学好语言，就一定要学会使用这个工具去交流、利用这个工具去探索新的知识，在培养孩子的中文语言能力方面应该这样做。"

还有一位华人家长说："我们不可能要求子女保持百分之百的中华文化传统，但决不能让他们成为数典忘祖的没有文化根源的人。"

华侨华人子女在跨文化的追求中仍保持自己民族的根性，在文化交流中求得文化的多元化。

二、协调和融合多种文化、实现共生

文化认同的目的是寻求生存方式的连续性，这种寻求的起因之一，源于生存的社会空间的转换。在同一国家、民族的社会中，人们更多是无意识地接受既有文化；而在日本生存的新华人子女，新环境和不断变化的社会，迫使他们思考自己的文化、身份的归宿和价值观的选择。华人子女在意识的自我形成过程中，在与其他民族、身边人日常交往的相互作用中，随着年龄的增长，会不断地调适自身，在文化传承和文化融入之间找到协调和平衡。例如，一位美国华人子女说："我们住在中国文化的家里，又出入于美国社会；上了美国的高中，周末又上中文学校学习。我们无论到哪里做什么，都需要融合和运用我们所接触的中西文化。"①

由此看出，华人子女在异文化国度与周围同学接触的过程中，渐渐地形成了一种自觉的文化交流意识，并不断地努力协调族群关系。他们努力不固执只接受一种文化，而是包容和接受多种文化，摆脱不能完全成为日本人，也不能完全成为中国人的苦恼，摆脱两种文化之间"夹缝"的尴尬，苦恼过后的结论是双方

---

① 张红：《从"香蕉人"到"芒果人"　华裔新生代热盼故土寻根》，《人民日报》（海外版），2010年3月2日。

都要接受。在多元文化中寻找协调，超越华人家庭父辈文化、居住国文化，使其融合在同一种人格之中，学会与其他文化的共处、交融，接受双方，融合两种文化、实现共生。

华人子女通过长期在日本的学校、家庭、社会生活，使他们具有了跨越文化的能力，他们不断地努力构建文化的新思路、新精神，发展并创新出一种与所属祖（籍）国的文化和日本文化都迥然不同的崭新文化。

三、文化、身份认同的不确定性

人生活在社会文化中，人与人之间的交往方式、生活习俗、家庭形式、亲属制度、社会分工、应该遵守的社会规则等等，都是以文化的形式存在着，文化对人的影响和塑造远远大于生物遗传因素。① 华人子女在成长的过程中，身份认同带有较大的不确定性。然而，在现实生活中，正是这种不确定性，逐步转化为一种丰富的资源，使他们的文化交流意识渐渐地变为主动和自觉。例如，在美国成长的华人新移民第二代布兰达（Brenda）说："我现在认识到是个华裔是件多么好的事情，当你还小的时候，你不愿与别人有差别，而是想融入整个圈子里，但现在我长大了，我想与众不同，特殊与差异是件多么有益的事情。"②

从以上事例中可以看出：民族认同表达了民族成员强烈的归属感，但它并非经久不变的。它在表现出高度稳定性和连续性的同时，也在不断演化。正是这种对文化、身份的思索、碰撞和不确定性，使华人子女逐渐地懂得了文化身份不是给定的，应该是自己设计，并有选择文化的权利；也正是这种文化、身份的不确定性，使他们的文化交流意识逐渐地变为主动和自觉，包容和开放，摆脱狭隘性，奔向更广阔的舞台。日本的多数华人子女通过长时期的生活和实践，会渐渐地走出文化认同、身份认同的迷茫，汲取各方的优秀文化，显现"视角越界"的文化生存状况。

四、重新审视自己的族裔

文化认同，通常指某一特定文化所具有的特征，是"一个个体或族群安身立命的根本，是判断是非善恶的标准，是确定自身身份的尺度。换言之，认同问题

① 钱民辉：《当代欧美教育人类学研究的核心主题与趋势》，《北京大学学报》（哲学社会科学版）2005 年第 5 期，第 206 页。

② Nazli Kibria, *Becoming Asian American: Second – Generation Chinese and Korean American Identities*, Baltimore: The Johns Hopkins University Press, 2002, p. 98.

解决的是‘我是谁’、‘我从哪里来’、‘我向哪里去’的问题。有了这个自我确认的标准，人在与世界相处时就有了确定的方位方向；与此相反，认同危机的表征则是失去了方位定向，不知道自己是谁，从而产生不知所措的感觉。”①

在生活中，让日本人从心理上承认华人是和他们一样的国民非常难。在这种环境中成长的华人子女，如果感知到因本身的中国背景而不被接受或受到歧视，就会有一个很强的自我意识支持他们抵抗歧视，不自卑，从而更加向上。例如：一位8岁时来日本，现正在早稻田大学读书的华侨子女说："刚来日本时，我特别想成为日本人，可周围的小朋友总叫我‘中国人’。还有人欺负我。有一次电视报道有中国人犯罪，嫌疑人姓王，同学就说：‘是不是你爸爸呀？’我感觉受到侮辱。于是我就暗下决心，更加努力，表现出色。周围同学便说‘你是中国人那么好，还会说中国语’。大约从高中时开始，在我的意识中逐渐地感到自己还是中国人，很有自豪感，现在我很感谢父母没有把我变成日本人。"

从以上事例中可以看出，在幼儿园或小学期间，华人子女有一种强烈的求同倾向，不愿意表现自己和别人不同。然而随着年龄的增长，随着自我意识的增强，特别是受到歧视的一些体验，会使他们自强、努力，表现更加优秀，从另一方面加强了其对自己身份的认同。这更使有些人会意识到学习汉语的必要，上了大学反倒喜欢学习中国语言和文化，甚至后悔小的时候没学汉语。这一现象还反映出海外华人子女身处文化差异和文化交融的环境中，直面各种族群和文化的相互浸染、交叠，经历着自身的流变过程。在强调文化多样性与多元文化的今天，华人新移民第二代认为多族裔认同具有很多有利的条件。他们在自我成长的过程中，"中国人"、"日本人"、"华侨"、"华人"的区分不是固定的，会随着年龄的增长而不断地发生变化，更会随着自我意识的增强发生对族裔文化进行重新审视和确认这便是"族裔文化的发现"。

这一成长过程，即在学校或社会感受到疏离、孤独—求同的心理压力—为消除差异努力融入和同化—伴随着广泛地接触其他文化，自我意识的增强，再重新审视自己的族裔根源。

总之，日本华侨华人子女生活在两种或多种文化状态之中，他们继承延续中华传统文化要克服种种不利因素，因地制宜地制定行之有效的方法，其中华人的家庭教育与父辈的重视尤为关键。在西方，由于人种形象和文化价值方面存在巨大反差，华人二代移民在欧美社会容易陷入外黄内白的"香蕉人"尴尬境地，而在日本则不存在视觉形象上的障碍，华人子女可以更大胆更主动地融入主流社

① 陶东风：《全球化、后殖民批评与文化认同》，王宁、萨晓源主编：《全球化与后殖民批评》，北京：中央编译出版社1988年版，第203～204页。

会。但是，融入主流并不意味着失去自我。日本华人子女的文化认同状况是动态而又富有生命力的，日本的文化、族群、性别、宗教以及各自的地方生活经验都给华人子女的认同带来了不同程度的影响，他们在接受家庭教育、熏陶的同时，不断地汲取着其他文化的营养，并调适自身，使不同文化兼容互补，在其他文化、不同族群的互动、融合过程中，在文化的碰撞、冲突、融合的过程之中，汲取双方文化的优秀部分，产生既相同又不同、具有超越意义的新文化。与此同时，华侨华人子女在自我归属的寻找，生存的悖谬、博弈中，渐渐地会走出身份认同的迷茫，使文化传承、文化认同具有吐故纳新的自我发展能力，使他们具备更多元、更开阔的看世界视角。正像英国学者安东尼·吉登斯在《现代性与自我认同》一书中所说："东方与西方、传统与现代、反叛与皈依，都成为'香蕉人'精神追求的层面，……但它也有助于建立适应性的反应和新的创新精神。"①

① ［英］安东尼·吉登斯著，赵旭东译：《现代性与自我认同》，北京：生活·读书·新知三联书店1998年版，第14页。

参考文献

一、专著类

1.［日］内田直作:《日本華僑社会の研究》，東京：同文館 1949 年版。

2.［日］横滨市役所编:《横滨市史》第三卷（下)，1963 年。

3.［日］厚生省援護局:《引揚と援護三十年の步み》，1978 年版。

4.［日］鸿山俊雄:《神户大阪の華僑——在日華僑百年史》，東京：華僑問題研究所 1979 年版。

5.［日］戴国辉:《華僑——〈落葉歸根〉から〈落地生根〉への苦悶と矛盾》，東京：研文社 1980 年版。

6.［日］法务省入国管理局编:《出入国管理の回顧と展望》(1981 年版)。

7.［日］日本経済新聞社编:《華僑：商才民族の素顔と実力》，1981 年。

8.［日］山田信夫:《日本華僑と文化摩擦》，東京：严南堂 1983 年版。

9.［日］实藤慧秀著，谭儒谦、林启彦译:《中国人留学日本史》，北京：生活·读书·新知三联书店 1983 年版。

10.［日］吉冈增雄:《在日外国人と日本社会——多民族社会と国籍問題》，東京：社会評論社 1984 年版。

11.［日］宫崎大學教育文化學部社會経済研究室:《華僑学校教育の国際比較の研究》，豊田財団助成研究報告書，長崎：日本紙工印刷株式會社 1988 年版。

12.［日］菅原一孝:《横浜中華街の研究——華僑商人にみる街づくり》，東京：日本経済新聞社 1988 年版。

13.［日］華僑学校国際比較研究会编:《華僑学校教育の国際的比較研究(上)》，宫崎大学教育学部社会経済研究室 1988 年版。

14.［日］游仲勲先生古希記念論文集編集委員会:《日本における華僑華人研究一游仲勲先生古希記念論文集》，東京：風響社 2003 年版。

15.［日］田中宏:《在日外国人——法の壁，心の溝》，東京：岩波新書 1991 年版。

16.［日］西村俊一：《現代中国と華僑教育》，東京：多贺出版株式会社1991年版。

17.［日］杜国辉：《華僑華人の多文化への適応》，豊田財团助成研究報告書，1991年。

18.［日］菅原幸助：《日本の華僑》，東京：朝日新聞社1991年版。

19.［日］须山卓：《華僑経済史》，東京：近藤出版株式会社1992年版。

20.［日］坪井健：《国際化時代の日本学生》，東京：学文社1994年版。

21.［日］渡边利夫編：《華人経済の世紀》，東京：日本PRESIDENT出版社1994年版。

22.［德］伽达默尔著，夏镇平译：《哲学解释学》，上海：上海译文出版社1994年版。

23.［日］斯波义信：《華僑》，東京：岩波新書1995年版。

24.［日］福崎久一编：《華僑、華人文献目錄》，東京：亚洲経済研究所1996年版。

25.［日］岩崎育夫：《華僑资本の政治経済学》，東京：東洋経済新報社1997年版。

26.［日］内藤湖南著，储元熹等译：《日本文化史研究》，北京：商务印书馆1997年版。

27.［英］安东尼·吉登斯著，赵旭东译：《现代性与自我认同》，北京：生活·读书·新知三联书店1998年版。

28.［日］饭島涉：《華僑、華人史研究の現在》，東京：汲古書院1999年版。

29.［日］過放：《在日華僑のアイデンティティの変容—華僑の多元的共生》，東京：東信堂1999年版。

30.［德］洪堡特著，姚小平译：《论人类语言结构的差异及其对人类精神发展的影响》，北京：商务印书馆1999年版。

31.［日］兵库县外国人学校协会編：《外国人学校结成五周年纪念志》，2000年。

32.［日］神户中华同文学校編：《建校100周年纪念册（1899—1999）》，2000年。

33.［日］王维：《日本華僑における伝統の再编とエスニシテイ—以祭祀と芸能を中心に》，東京：風響社2001年版。

34.［美］E. M. 罗杰斯著，殷晓蓉译：《传播史学》，上海：上海译文出版社2002年版。

35. ［日］可儿弘明、斯波义信、游仲勋主编：《華僑・華人事典》，東京：弘文堂 2002 年版。

36. ［日］莫邦富：《海外军团——世界市場を変える新しい中国人》，東京：日本経済新聞社 2002 年版。

37. ［日］别府雅人：《チャィナマィンド》，東京：株式会社ピジネス社 2003 年版。

38. ［日］驹井洋主編：《多文化社会への道》，東京：明石書店 2003 年版。

39. ［日］町田三郎、潘富恩：《朱舜水与日本文化》，北京：人民出版社 2003 年版。

40. ［日］王维：《素颜の中華街》，東京：洋泉社 2003 年版。

41. 朱慧玲：《日本華僑華人社会の変遷》，東京：日本僑報社 2003 年版。

42. ［日］段跃中：《日本の中国語メディア研究（1985—1994）》，東京：北溟社 2003 年版。

43. ［日］段跃中：《現代中国人の日本留学》，東京：明石書店 2003 年版。

44. ［日］神户华侨华人研究会編：《神户と華僑：この150 年の歩み》，神户：神户新闻総合出版中心 2004 年版。

45. ［日］横滨山手中华学校：《日本横滨山手中华学校百年校志（1898—2004）》，2005 年。

46. ［美］塞缪尔・亨廷顿著，程克雄译：《我们是谁？美国国家特性面临的挑战》，北京：新华出版社 2005 年版。

47. ［日］刑志强：《留学生を日本の宝物として扱おう——中国人留学生・就学生十万人のパワ－活用のすすめ》，東京：日本僑报社 2006 年版。

48. 陈焜旺主編：《日本華僑・留学生運動史》，東京：日本僑報社 2006 年版。

49. ［日］三谷香子：《エスニック・バウンダリ－の「創出」——横滨中華街における華僑女性史》，東京：日本僑報社 2008 年版。

50. 郭玉聪：《日本華僑華人と中國新移民の研究》，東京：日本僑報社 2008 年版。

51. ［德］赫德尔著，姚小平译：《语言的起源》，北京：商务印书馆 2009 年版。

52. 卢冠群：《日本华侨经济》，台北：海外出版社 1956 年版。

53. 孙中山：《孙中山全集》第一卷，北京：中华书局 1981 年版。

54. 孙中山：《孙中山全集》第四卷，北京：中华书局 1984 年版。

55. 林同春：《学校法人神户中华同文学校八十周年纪念刊》，1984 年。

56. 何瑞藤：《日本华侨社会之研究》，台北：正中书局1985年版。

57. 宋越伦：《日本华侨概况》，台北：正中书局1987年版。

58. 中国中日关系研究会编：《日本的中国移民》，北京：生活·读书·新知三联书店1987年版。

59. 梁启超：《饮冰室合集》（饮冰室文集之四），北京：中华书局1989年版。

60. 陈鹏仁：《日本华侨概论》，台北：水牛图书出版事业有限公司1989年版。

61. 陈昌福：《日本华侨研究》，上海：上海社会科学出版社1989年版。

62. 小草：《日本留学一千天》，北京：世界知识出版社1987年版。

63. 沈殿忠、沈殿成：《中日交流史中的华侨》，沈阳：辽宁人民出版社1991年版。

64. 王晓秋：《近代中日文化交流史》，北京：中华书局2000年版。

65. 池步洲：《日本华侨经济史话》，上海：上海社会科学院出版社1993年版。

66. 罗晃潮：《日本华侨史》，广州：广东高等教育出版社1994年版。

67. 罗晃潮：《扶桑觅侨踪》，广州：暨南大学出版社1994年版。

68. 中国海外交流协会文教部编：《海外华文教育文集》，广州：暨南大学出版社1995年版。

69. 王良主编：《横滨华侨志》，横滨：财团法人中华会馆1995年版。

70. 涂照彦：《华人经济圈与日本》，東京：有信堂1998年版。

71. 陈水发：《横滨的华侨社会和传统文化》，東京：新風会1997年版。

72. 陈文寿编：《华侨华人新论》，北京：中国华侨出版社1997年版。

73. ［日］段跃中主编：《负笈东瀛写春秋　在日中国人自述》，上海：上海教育出版社1998年版。

74. 黄昆章：《从落叶归根到落地生根》，广州：暨南大学出版社1999年版。

75. 黄昆章主编：《华侨华人百科全书·教育科技卷》，北京：中国华侨出版社1999年版。

76. 吴文焕主编：《华人的文化适应和文化改造》，菲律宾华裔青年联合会2000年版。

77. 任启亮主编：《华文教学论文集》，广州：暨南大学出版社2000年版。

78. ［日］段跃中：《在日中国人媒体总览》，東京：日本僑報社2000年版。

79. 华侨博物院编：《陈德仁先生纪念集》，厦门：厦门大学出版社2000年版。

80. 曹云华：《变异与保持——东南亚华人的文化适应》，北京：中国华侨出版社 2001 年版。

81. 徐之先主编：《中日关系三十年（1972—2002）》，北京：时事出版社 2002 年版。

82. 周南京主编：《华侨华人百科全书》，北京：中国华侨出版社 2000 年版。

83. 浙江大学日本文化研究所、神奈川大学人文学研究所编：《中日文化论丛——一九九九》，北京：北京图书馆出版社 2001 年版。

84. 郝时远：《海外华人研究论文集》，北京：中国社会科学出版社 2002 年版。

85. 朱慧玲：《中日关系正常化以来日本华侨华人社会的变迁》，厦门：厦门大学出版社 2003 年版。

86. 周南京：《华侨华人问题概论》，香港：香港社会科学出版有限公司 2003 年版。

87. 周望森主编：《华侨华人研究论丛》第六辑，北京：中国华侨出版社 2003 年版。

88. 张启雄主编：《近二十年来的海外华人》，台北：中华民国海外华人研究学会 2003 年版。

89. 世界华文传媒年鉴社编：《世界华文传媒年鉴》，北京：世界华文传媒年鉴社 2003 年版。

90. 陈永明：《日本教育——中日教育比较与展望》，北京：高等教育出版社 2003 年版。

91. 吕伟雄主编：《海外华人社会新观察》，广州：岭南美术出版社 2004 年版。

92. 周小兵、朱其智主编：《对外汉语教学习得研究》，北京：北京大学出版社 2006 年版。

二、期刊类

1. ［日］长田五郎：《留日華僑の人口と職業》，《経済と貿易》1963 年第 83 期。

2. 朱慧玲：《日本华侨学校的特点及其面临的课题》，《华侨华人历史研究》1994 年第 2 期。

3. 陆建德：《流亡者的家园——爱德华·萨义德的世界主义》，《世界文学》

1995 年第 4 期。

4. 谭天星：《变异与继承——谈从“华侨文化”到“华人文化”的发展》，《华侨华人历史研究》1996 年第 1 期。

5. ［加拿大］丁果：《新华人崛起前的反思》，《华人世界》2002 年第 2 期。

6. ［澳大利亚］庄伟杰：《边缘族群与“第三文化”空间——以多元文化背景中的澳洲华文文学为参照》，《华文文学》2003 年第 5 期。

7. 生安锋：《后殖民主义的“流亡诗学”》，《外语教学》2004 年第 5 期。

8. 钱民辉：《当代欧美教育人类学研究的核心主题与趋势》，《北京大学学报》（哲学社会科学版）2005 年第 5 期。

9. ［日］過放、刘晓民：《近现代日本华侨社会的进展与变化》，《南洋资料译丛》2005 年第 1 期。

10. ［日］過放、刘晓民：《日本华侨的认同变化》，《南洋资料译丛》2005 年第 3 期。

11. 鞠玉华：《日本周末中文学校教学现状研究》，《中国语教育与研究》2006 年第 3 期。

12. 韩震：《全球化时代的华侨华人文化认同问题研究》，《华侨大学学报》2007 年第 3 期。

13. 符顺和：《中華學校をとりまく教育事情——横濱中華街を中心に》，《華僑華人研究》2009 年第 6 期。

14. 裘晓兰：《试论日本政府华侨学校的法律地位及其所带来的问题》，《华侨华人历史研究》2009 年第 1 期。

三、报纸类

1. ［日］朝日新闻编辑部：《国立大学中 70% 承认考试资格》，（日本）《朝日新闻》，2003 年 10 月 4 日。

2. ［日］中文导报编辑部：《日本中文媒体调查显示在日华人正向社会中层挺进》，（日本）《中文导报》，2004 年 1 月 7 日。

3. ［日］吴福旭：《在日华人陆勇白手起家创办礼品王国》，（日本）《东方时报》，2004 年 12 月 23 日。

4. ［日］远藤英湖：《建立给在日中国人梦想的社会》，（日本）《东方时报》，2004 年 11 月 11 日。

5. ［日］周宏：《数字证明日本在日华人族群有能力挺进日本中流社会》，

（日本）《中文导报》，2004年1月7日。

6. ［日］远藤英湖：《日本文科省要求大学和科研机构增加外国人研究人员》，（日本）《东方时报》，2005年4月27日。

7. ［日］段跃中：《恭贺辛平博士提升东芝陶瓷株式会社部长》，《日本侨报电子周刊》，2005年7月20日。

8. ［日］石神和美：《新薬開発を支えゐの新華僑リーダー》，（日本）《朝日新闻》，2005年2月12日。

9. 张石：《在日华人总数超过75万　集中定居促进社区多样化》，（日本）《中文导报》，2008年12月21日。

10. 张石：《人才辈出：中日国际婚姻21年为日本贡献7万儿童》，（日本）《中文导报》，2009年11月29日。

11. 陈玳珩：《日本新老侨校合作出现双赢局面》，《日本新华侨报》，2010年7月4日。

12. 孙盈：《中华学校招生火爆　报名人数达预期四倍》，（日本）《中文导报》，2010年11月19日。

13. 王婧：《日本2009年在册中国留学生最多》，《日本新华侨报》，2010年1月18日。

14. ［日］山下毅：《飞向天空歌声的力量》，《日本经济新闻》，2005年6月3日。

15. 张红：《从“香蕉人”到“芒果人”　华裔新生代热盼故土寻根》，《人民日报》（海外版），2010年3月2日。

16. ［日］周宏：《日本华文学校人气飙升　生源国际化趋势日益明显》，（日本）《中文导报》，2010年12月17日。

17. 李莉：《社科院：“望子成龙”成中国人最大生活动力》，《北京晚报》，2011年5月4日。

18. 林道国：《树立“华文教育华人办”的风气　华人企业家向同源学校捐赠电脑》，《日本新华侨报》，2011年2月28日。

19. ［日］周宏：《每三个在日外国人中就有一中国人》，（日本）《中文导报》，2011年6月8日。

20. 盛若蔚：《中国留学人员总数达224.51万人　回国人员81.84万》，《人民日报》，2012年3月15日。